天津市重点出版扶持项目

津沽名家文库（第一辑）

古籍整理讲义

来新夏 著

南开大学出版社
天 津

图书在版编目(CIP)数据

古籍整理讲义 / 来新夏著. —天津：南开大学出版社，2019.8

（津沽名家文库. 第一辑）

ISBN 978-7-310-05822-8

Ⅰ. ①古… Ⅱ. ①来… Ⅲ. ①古籍整理 Ⅳ. ①G256.1

中国版本图书馆 CIP 数据核字(2019)第 161808 号

南开大学出版社出版发行

出版人:刘运峰

地址:天津市南开区卫津路 94 号　邮政编码:300071

营销部电话:(022)23508339　23500755

营销部传真:(022)23508542　邮购部电话:(022)23502200

*

天津丰富彩艺印刷有限公司印刷

全国各地新华书店经销

*

2019 年 8 月第 1 版　2019 年 8 月第 1 次印刷

210×148 毫米　32 开本　12.125 印张　6 插页　294 千字

定价:78.00 元

如遇图书印装质量问题,请与本社营销部联系调换,电话:(022)23507125

来新夏先生(1923—2014)

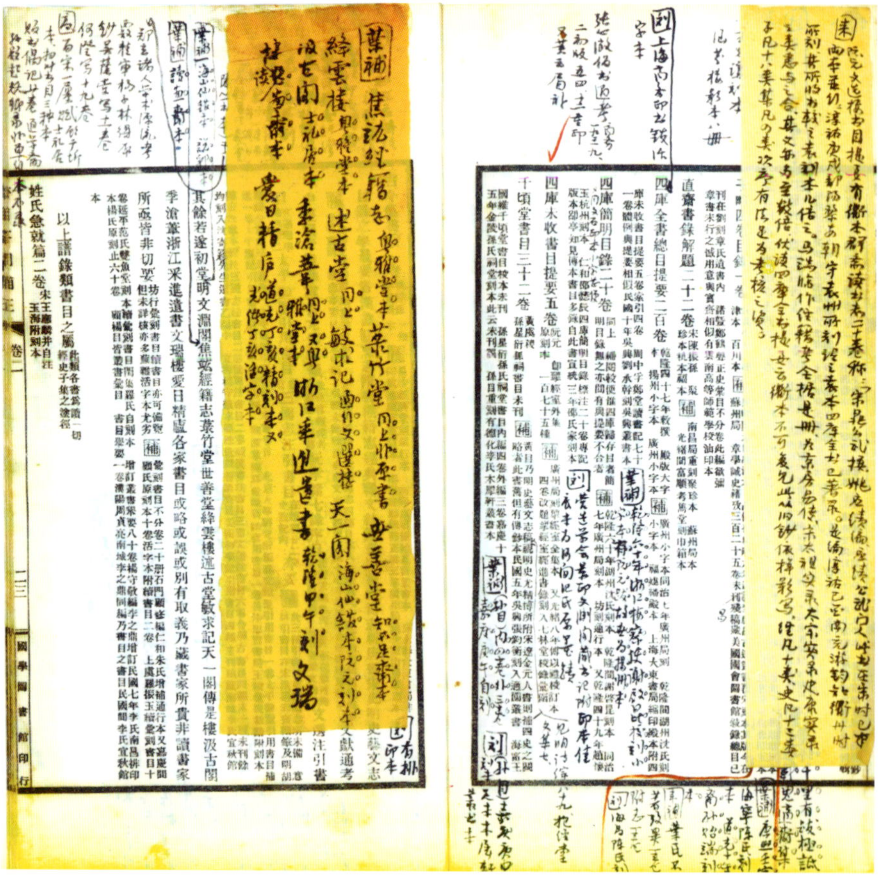

来新夏先生手迹

出版说明

津沽大地，物华天宝，人才辈出，人文称盛。

津沽有独特之历史，优良之学风。自近代以来，中西交流，古今融合，天津开风气之先，学术亦渐成规模。中华人民共和国成立后，高校院系调整，学科重组，南北学人汇聚天津，成一时之盛。诸多学人以学术为生命，孜孜矻矻，埋首著述，成果丰硕，蔚为大观。

为全面反映中华人民共和国成立以来天津学术发展的面貌及成果，我们决定编辑出版“津沽名家文库”。文库的作者均为某个领域具有代表性的人物，在学术界具有广泛的影响，所收录的著作或集大成，或开先河，或启新篇，至今仍葆有强大的生命力。尤其是随着时间的推移，这些论著的价值已经从单纯的学术层面生发出新的内涵，其中蕴含的创新思想、治学精神，比学术本身意义更为丰富，也更具普遍性，因而更值得研究与纪念。就学术本身而论，这些人文社科领域常研常新的题目，这些可以回答当今社会大众所关注话题的观点，又何尝不具有永恒的价值，为人类认识世界的道路点亮了一盏盏明灯。

这些著作首版主要集中在20世纪50年代至90年代，出版后在学界引起了强烈反响，然而由于多种原因，近几十年来多未曾再版，既为学林憾事，亦有薪火难传之虞。在当前坚定文化自信、倡导学术创新、建设学习强国的背景下，对经典学术著作的回顾与整理就显得尤为迫切。

本次出版的“津沽名家文库（第一辑）”包含哲学、语言学、文学、历史学、经济学五个学科的名家著作，既有鲜明的学科特征，又体现出学科之间的交叉互通，同时具有向社会大众传播的可读性。具体书目包括温公颐《中国古代逻辑史》、马汉麟《古代汉语读本》、刘叔新《词汇学和词典学问题研究》、顾随《顾随文集》、朱维之《中国文艺思潮史稿》、雷石榆《日本文学简史》、朱一玄《红楼梦人物谱》、王达津《唐诗丛考》、刘叶秋《古典小说笔记论丛》、雷海宗《西洋文化史纲要》、王玉哲《中国上古史纲》、杨志玖《马可·波罗在中国》、杨翼骧《秦汉史纲要》、漆侠《宋代经济史》、来新夏《古籍整理讲义》、刘泽华《先秦政治思想史》、季陶达《英国古典政治经济学》、石毓符《中国货币金融史略》、杨敬年《西方发展经济学概论》、王亘坚《经济杠杆论》等共二十种。

需要说明的是，随着时代的发展、知识的更新和学科的进步，某些领域已经有了新的发现和认识，对于著作中的部分观点还需在阅读中辩证看待。同时，由于出版年代的局限，原书在用词用语、标点使用、行文体例等方面有不符合当前规范要求的地方。本次影印出版本着尊重原著原貌、保存原版本完整性的原则，除对个别问题做了技术性处理外，一律遵从原文，未予更动；为优化版本价值，订正和弥补了原书中因排版印刷问题造成的错漏。

本次出版，我们特别约请了各相关领域的知名学者为每部著作撰写导读文章，介绍作者的生平、学术建树及著作的内容、特点和价值，以使读者了解背景、源流、思路、结构，从而更好地理解原作、获得启发。在此，我们对拨冗惠赐导读文章的各位学者致以最诚挚的感谢。

同时，我们铭感于作者家属对本丛书的大力支持，他们积极创造条件，帮助我们搜集资料、推荐导读作者，使本丛书得以顺利问世。

最后，感谢天津市重点出版扶持项目领导小组的关心支持。希望本丛书能不负所望，为彰显天津的学术文化地位、推动天津学术研究的深入发展做出贡献，为繁荣中国特色哲学社会科学做出贡献。

南开大学出版社

2019 年 4 月

《古籍整理讲义》导读

王振良

南开大学教授来新夏先生（1923—2014）是著名的历史学家、方志学家和图书文献学家，因在三个领域都有卓越贡献，故被中国政法大学教授杨玉圣誉为“纵横三学”。根据孙伟良编《来新夏著述经眼录》统计，来新夏先生撰写和主编的著述多达百余种，形成了一个堂庑特大的学术体系。如果仅是粗略浏览，我们看到的可能只有广博芜杂，而且还时常旁逸斜出。但如果做些精心梳理，就会发现来新夏先生治学素来都是有板有眼，以“文献”为中心步步为营，逐渐拓展延伸开来。甚至“衰年变法”之后，其撰写的大量学术随笔，也仍然没有远离文献主题。

来新夏先生号弢盦，斋名邃谷，祖籍浙江省萧山县长河乡（今杭州市滨江区长河街道），1923 年诞生于杭州中城的三元坊；1946 年毕业于辅仁大学历史学系，1949 年入华北大学第二部学习，随即师从范文澜先生攻读研究生；1951 年调到南开大学历史系任教。20 世纪 80 年代以来，来先生在南开大学分校创办图书馆学专业，在总校创办图书馆学系。此外，他还担任过南开大学图书馆馆长、出版社社长兼总编辑等职务。

来新夏先生治学偏于朴学路数，注重史料考辨，并多有真知灼见。史料和史识的“双修”，使得他在多个领域做出开创性业绩——如历史学方面的《林则徐年谱》《近三百年人物年谱知见录》《北洋军阀史》等，方志学方面的《方志学概论》《中国地方志》《中日地方史志比较研究》等，图书文献学方面的《古典目录学浅说》《中国图书事业史》《清人笔记随录》《书目答问汇补》等。

一　在图书文献学领域深耕

来新夏先生读高中时，也就十七八岁的年纪，即在报刊发表文章，终其一生学术生涯超过七十年。来新夏先生的诸多成果，源于其深厚的图书文献学功底；而其图书文献学功底，则源于早年的“童子功”。先生的祖父来裕恂（1873—1962）是清末秀才，少攻经史诸子，从学于杭州诂经精舍，得到经学大师俞樾提点，被誉为“颇通许郑之学”，行世著作有《汉文典》《中国文学史》《萧山县志稿》等。

1927年，来新夏先生五岁时发蒙读书，由祖父亲自督课，教以《三字经》《百家姓》《千字文》《千家诗》《幼学琼林》《龙文鞭影》等。更为重要的是，祖父时常拿来市面上的粗陋读本，让他与佳善之本对照阅读，以提高版本鉴别能力。这种最初的直观的文献学启蒙，奠定了来新夏先生一生为学的基础。

1937年至1942年，来新夏先生于旅津广东中学就读，在国文教师谢国捷（1949年后为河北大学教授）指导下，系统研读“前四史”并《十七史商榷》等，初步锻炼了检索、辨析和考证史料的能力。来新夏先生晚年，仍对恩师的教诲念念不忘，在《怀念谢国捷老师》一文中说：“谢老师对我期望甚高，为了在我未冠之年就能初窥学术之门，他和我反复研究，为我确定《汉唐改元释例》这一课题，完完整整地为我讲了搜集资料、排比考证、论述行文诸方面应有的知识和方法。经过一年多的努力，终于在我十九岁高中毕业那年，完成我的第一篇学术论文。”

1942 年 9 月，来新夏先生进入辅仁大学历史学系。他选修了“目录学”课程，授课者是著名目录学家余嘉锡。课程主要研习张之洞所编《书目答问》，具体教材为范希曾的《书目答问补正》，分两年按四部循序讲授。来新夏先生在《师恩难忘》中回忆道：“我幼稚得以为由此就可以进窥古典目录学的堂奥。孰知展卷一读，只是一连串鳞次栉比的书名，彼此毫无关联，读之又枯燥乏味，昏昏欲睡……先生告我再通读一遍，注意字里行间，并嘱以姓名、著作为序反复编三种索引，即可掌握其七八。归寓试作，果如所言。”来新夏先生去世前两年才出版的《书目答问汇补》，就肇源于余嘉锡先生当年的导引。

对来新夏先生影响更为深远的，是指导其毕业论文的陈垣先生。来新夏先生把《汉唐改元释例》文稿送请陈垣先生审订，陈垣先生同意以之作为毕业论文初稿。最后几经修改誊正，来新夏先生毕业并获学士学位。来新夏先生所受影响，更多的是治学理念，《师恩难忘》中对此有详记：“他（陈垣）把‘工具’提到与‘材料’‘方法’共为治学三大要件的高度，不为俗见所扰，深刻地指出‘兹事甚细，智者不为，不为终不能得其用’的道理，足以振聋发聩。以他这样一位智者甘愿去为‘智者不为’之事，实在难得。他更身体力行地亲手编制过《中西回史日历》和《二十史朔闰表》等等嘉惠几代学者的大型工具书。这种精神也影响了他的学生，就以我为例，我的一点微不足道的学识，视陈师的学术造诣诚若小溪之望大海，唯独于工具书一道，我一直奉行师教。”陈垣先生对于“工具”的重视，应是来新夏先生“淑世”图书文献学思想的直接来源。

1948 年 2 月，来新夏先生受聘到天津私立新学中学任教。1949 年 3 月，被保送到华北大学接受政治培训；到 9 月份结业时，因其有专业经历被留在历史研究室，师从范文澜先生转攻中国近代史。其间，来新夏先生参与了整理北洋军阀档案，进入了全新的学术领域。来新夏先生在《笔耕舌耘》说：“这批档案是入城后从一些北洋军阀人物家中和某些单位移送过来的藏档，没有做过任何清理和分类……大约经过两个多月的时间，清理麻袋中档案的工作告一段落，为了进入正规的整理工作，研究室集中十来天，让我们读一些有关北洋军阀的著作……因为看得仔细，常常会发现一些珍贵或有趣的材料，我便随手札录下来。”正是“随手札录”的好习惯，使得来新夏先生砥砺学识的同时，也产生了追索北洋军阀史的兴趣，最终取得累累硕果。

1951 年，来新夏先生接受历史系主任吴廷璆之邀，来到南开大学任教。在此前后，他凭借文献检索的深厚功底，开启了学术研究的最初实践。1950 年 12 月，来新夏先生因应抗美援朝战争爆发撰成《美帝侵略台湾简纪》，1951 年 8 月由天津历史教学月刊社出版。1956 年 1 月，来新夏先生编写的《第二次鸦片战争》由通俗读物出版社出版。1957 年 1 月，南开大学历史系中国史第三教研组又油印了其编写的《中国近代史参考资料》。这三种资料性的读物，《美帝侵略台湾简纪》服务于研究，《第二次鸦片战争》服务于普通民众，《中国近代史参考资料》则服务于教学。

1956 年 6 月，为丰富中国近代史教学内容，来新夏先生检读南开大学图书馆所藏清人年谱，随读随撰写提要，1962 年 8 月完成《近三百年人物年谱知见录》初稿。1958 年 6 月，中华书局将《林则徐集》书稿送交来新夏先生审读，他在这些资料的基础上完成《林则徐年谱》草稿。1963 年 3 月，来新夏先生又检读学校图书馆所藏清人文集与笔记，撰写文集提要曰《结网录》、笔记提要曰《清人笔记随录》。1960 年 10 月起被“挂起来”的十八年间，来新夏先生的书稿屡遭劫难，但无论环境多么艰苦，他都坚持不懈地笔耕，以惊人的毅力补写残稿，撰述新稿。

1978 年 9 月，来新夏先生恢复工作，为南开大学历史系开设“古典目录学”课程。进入 20 世纪 80 年代，丰厚的学术积累终于给来新夏先生带来学术的春天，这一时期来新夏先生出版了一系列开拓性的学术著作，其中关于图书文献学的主要包括:《林则徐年谱》（1981 年）、《古典目录学浅说》（1981 年）、《近三百年人物年谱知见录》（1983 年）、《方志学概论》（1983 年）、《中国古代图书事业史》（1990 年）等。这些著作大多为学术领域开拓或学科建设发展起到过奠基作用。

1993 年 4 月离休以后，来新夏先生在大量创作学术随笔的同时，在图书文献学领域又完成了其代表著述《中国近代图书事业史》（2000 年）、《清人笔记随录》（2005 年）、《近三百年人物年谱知见录（增订本）》（2010 年）、《书目答问汇补》（2011 年）等。

来新夏先生的图书文献学著述，影响广泛而深远的有两种——《古典目录学浅说》和《古籍整理讲义》。《古典目录学浅说》先后于 1981 年、2003 年、2014 年、2016 年四次出版或再版印行，2009 年还出版了韩文版（书名改为《中国古典目录学》）。《古籍整理讲义》的影响虽然略逊于《古典目录学浅说》，但也曾一次内部印行，三次公开印行。因为所收篇目时有增减，故其版本略微复杂一些。

《古籍整理讲义》最初脱胎于来新夏先生 20 世纪 60 至 80 年代关于文献整理的讲稿和笔记，1987 年 1 月由南开大学图书馆学系以《文献整理十论》之名（来新夏先生在鹭江出版社 2003 年版《古籍整理讲义》中误记为《古籍整理十讲》），作为研究生“文献整理”课程讲义油印出来，用作初学者的参稽。课程讲义所收“十论”包括：“论分类第一”“论正史第二”“论目录第三”“论版本第四”“论工具第五”“论句读第六”“论校勘第七”“论考据第八”“论传注第九”“论类书与丛书第十”。《文献整理十论》存世数量极稀，目前仅知绍兴孙伟良的来新夏民众读书室藏有一部。

1994年6月，书目文献出版社正式出版来新夏先生的《古籍整理散论》，在油印讲义基础上删去“论正史第二”“论类书与丛书第十”两篇，其余次序亦略做调整。此本除了“序言”之外凡八篇：“论分类第一”“论目录第二”“论版本第三”“论句读第四”“论工具第五”“论校勘第六”“论考据第七”“论传注第八”。该书优点是聚焦于古籍整理基本技能，“虽不能置于学术极致的地位上，但应熟练掌握，善于应用”，因此具有较强的针对性和实用性。可惜此书仅印行800册（应是作为教材发行），如今也已十分少见。

2002年6月，来新夏先生的自选集《邃谷文录：来新夏自选文集》由南开大学出版社出版，作为献给先生八丨华诞的礼物。《邃谷文录》卷三“图书文献学卷”首部收录的就是《古籍整理讲义》。这个文本在《古籍整理散论》的基础上加入了“论正史”“论类书与丛书”，恢复了《文献整理十论》的面貌，同时附录有《藏书·读书·治学》一文，补谈文献与治学的关系等。此本虽然没有单行，但正式确定了《古籍整理讲义》书名和体式，同时对各篇做了较大幅度增订，并改为分章标目。以此作为“图书文献学卷”的开篇，既符合先生撰述先后的实际，也能够看出先生对此书的重视。

2003年11月，鹭江出版社出版了《古籍整理讲义》单行本，作为“名师讲义”丛书之一发行，成为先生此书的最后定本。这个版本以《邃谷文录》所收为基础，对全书内容又进行了重新编订，主要是“论正史”更名为“论‘二十四史’”，同时增补“论‘十三经’”“论诸子百家”“论总集与别集”“论地方志”“论佛藏与道藏”五篇，总计分为十五章，另附先生1991年在日本独协大学开设“中华传统文化的传递”讲座时的讲义。全书的结构体系由此更臻完善。

二 “淑世”图书文献学思想

从来新夏先生的著述中，可以看出他的图书文献学思想。笔者在《来新夏先生图书文献学思想综说》(《山东图书馆学刊》2011年第1期）一文中，从三个方面进行了论述：“三史合一”的大文献学思想、“辨彰学术”的“致用”意识、“好看有用”的学术美文。这其中，“三史合一”是思想基础，“辨彰学术”是实践重点，“好看有用”是社会效果。而今进一步辨析，我们发现，这三个方面其实都贯穿着来新夏先生的“淑世”图书文献学思想，即图书文献学作为工具要为社会所用，而不是单纯的书斋趣味。这里所说的“淑世”图书文献学思想，主要应该包括以下三个方面。

一是为研究服务，坚持学术立身，与己方便也与人方便。

从20世纪50年代起，来新夏先生就不断编辑各类论文集、资料集或工具书，服务教学的同时也为其他学者提供便利。如《中国近代史参考资料》(1957年)、《第一次国内革命战争史论集》(1957年)、《中国农民起义论集》(1958年)、《中国图书文献选读》(1984年)、《鸦片战争史论文专集续编》(1984年)、《社会科学文献检索与利用》(1986年)、《北洋军阀》(1988—1993年)、《外国教材中心工作研究》(1990年)、《图书馆学情报学档案学简明辞典》(1991年)、《天津大辞典》(2001年）等。

现在来看，这些成果似乎没有什么特出之处，但在20世纪90年代网络文献资源相对匮乏的情况下，它们为治中国近代史、图书文献学以及相关专题史的学者提供了巨大便利。其中《北洋军阀》共五册，作为“中国近代史料丛刊”之一，更成为研究中国近代史尤其是北洋军阀史必备的资料参考书，滋养了一代学人。

除了编辑各种论文集、资料书和工具书，来新夏先生还亲自参与各种文献整理，早期的如《程克日记摘抄》（刊于《近代史资料》1958 年第 3 期），新时期以来有《阅世编》（1981 年）、《闽小纪 闽杂记》（1985 年）、《清嘉录》（1986 年）、《萧山县志稿》（1991 年）等。同时，他还推动、主持了多套文献丛书的整理和出版，如“天津风土丛书”（1986 年）、《天津通志·旧志点校卷》（1999—2001 年）、“中华幼学文库”第一辑（1995 年）、“老资料丛书”（2004 年）、“萧山丛书”第一辑（2014 年）等。从不废“幼学”可以看出，来新夏先生的学术眼界是相当宏大宽阔的。此外，来新夏先生最后十年还发挥其学术影响力，主持了数种大型文献丛书的编纂，包括《清代科举人物家传资料汇编》（2006 年）、《中国地方志历史文献专辑·灾异志》（2010 年）、《清代经世文全编》（2010 年）、《中国地方志历史文献专辑·金石志》（2011 年）、《中国地方志文献·学校考》（2012 年）等。虽说现在有各种各样的数据库，可以比较方便地检索文献资料，但这类专题性的大型文献丛书，仍为专业研究者省却了检索筛选之劳。

来新夏先生作为大学教授，学术自然是其立身之本。先生虽然终生勤勉不辍，但各种政治运动以及教学实践、社会交流仍然占去了他的大多数时间，这也是其几部重要的代表性学术著作直到晚年才正式出版的原因。如《清人笔记随录》《书目答问汇补》，还有在旧作基础上增补完善的《近三百年人物年谱知见录（增订本）》、《北洋军阀史》（2011 年）、《林则徐年谱长编》（2011 年）、《古典目录学（修订本）》（2013 年）等。

二是为教学服务，坚持学术淑世，传道授业以作育人才。

作为著作等身的学术大家，来新夏先生从来不以此自喜。他更认同的身份是大学教师，以教书育人作为人生乐事和学问根本，并以培桃植李作为立世之基。翻开来新夏先生的学术年表，我们会发现其早期学术代表作，如《林则徐年谱》、《近三百年人物年谱知见录》、《北洋军阀史稿》（1983 年）的出版，都集中在 20 世纪 80 年代最初三年间。而了解先生学术经历的人都知道，这几部著作其实都完成于他被打入另册的那段时期。来新夏先生虽有过人精力，但是 80 年代中期以后，他明显倾向于治以教学为中心的“为人”之学。

来新夏先生之学术根植于图书文献学，其产生固然可以追溯到祖父之启蒙和辅仁之训练，但其成熟却是在南开大学的教学和实践中达成的。20 世纪 70 年代末，因为教书授业的需要，来新夏先生不断延伸治学领域，由古典目录学渐及图书馆学等领域。1979 年，来新夏先生在南开大学分校创办图书馆学专业，不仅要求学生掌握图书馆管理方面的技能性操作，而且还要求学生植根于“博”，广泛开设人文科学和自然科学课程。1983 年，来新夏先生又受命筹建南开大学图书馆学系，于 1984 年秋季正式招生。来新夏先生作为系主任，不仅承担诸多管理工作，而且还负责多门课程的教学，对相关学科的垂注日增。来新夏先生很多与图书文献学有关的著述，都是其在 20 世纪八九十年代服务于教学实践的成果。截至 1993 年 4 月离休，他公开出版的相关著述主要有：《古典目录学浅说》、《文献整理十论》（1987 年）、《中国古代图书事业史概要》（1987 年）、《中国古代图书事业史》、《古典目录学》（1991 年）、《古籍整理散论》（1994 年）。

以上罗列的成果，都是出于教学实践的需要而产生的。也就是说，如果没有教学之需，这些成果很可能就不会问世。譬如《中国古代图书事业史》的编撰及“三史合一”大文献学思想的产生，就是最为典型的案例。来新夏先生在该书“叙言”中说，他在教学实践中“朦胧地感到在图书馆学的教学领域中某些课程有重见叠出的弊病，如中国书史、中国目录学史和中国图书馆史的分设就出现无可避免的重复，使人有数见向、歆父子之烦”。经过深入的学术思考，来新夏先生力主“三史合一”，删除重复，构筑起“中国图书事业史”的基本框架。从这些著述的命名上，也可看出其间的前后承续和不断丰富，如《古典目录学浅说》与《古典目录学》，《文献整理十论》与《古籍整理散论》，《中国古代图书事业史概要》与《中国古代图书事业史》，后者都是对前者进行修订或增补的成果，虽然其间的订补有多有少，但无一例外地体现了先生教学实践的不断深化，也体现了其图书文献学思想的日益升华。

来新夏先生关于方志学的系列著述，也是其教学实践和实际操作的结晶。如《方志学概论》、《志域探步》（1993 年）、《河北地方志提要》（1992）。方志和家谱是中国古代文献中两个独特而重要的分支，因此来新夏先生的方志学成果，可以看作是其图书文献学研究的细化和深化。

20 世纪 70 年代末 80 年代初，随着改革开放的展开和深入，中国迎来社会主义时期第一轮编修地方志的高潮。截至 2000 年，全国出版省、市、县三级志书 4278 种。在这轮修志过程中，有两位学者做出了杰出贡献，被著名历史地理学家谭其骧誉为“南黄北来”。其中“南黄”为复旦大学历史系教授黄苇先生，“北来”即时任南开大学图书馆学系系主任的来新夏先生。有趣的是，两人都出生于 1923 年，都在教学科研过程中大量接触方志文献，开始专注方志学研究。20 世纪 80 年代，两人又同受中国地方志指导小组委托，分别在南方和北方举办“方志进修班”，培养编修地方志的人才。其后，来新夏先生又为数以百计的地方志编纂项目提供指导、出任顾问、撰写序言，成为方志编纂领域的泰斗级人物。

三是为社会服务，坚持学术反哺，走出象牙塔以泽被民众。

这一点以来新夏先生的学术随笔创作体现得最为典型。来新夏先生治学严谨而不枯燥。这在其《结网录》以及学术代表作《清人笔记随录》中都有明显体现。学术文章写得耐读且让人爱读，不是一件容易的事，必须植根于深厚学养和广博智识。而来新夏先生晚年致力的随笔创作，将其学术有力地进行了通俗化，成为易于流传的社科普及性文字。当然，来新夏先生的随笔绝大部分都是学术随笔，学者仍可从中汲取精华，但是其服务对象明显更为广泛，由文史学界下沉到普通知识阶层。这种学术下沉，非但没有影响其学术地位，相反给他带来了更大的学术声誉和学术影响。如此看来，社会既需要高高在上的象牙塔里的学问，也需要服务社会泽被民众的普及性的学问。而怎样实现从象牙塔到社会的转化，恰好是如何学以致用的问题。来新夏先生用他的千余篇、二十余部学术随笔的创作实绩，给学术普及树立了高蹈的标杆。

《书文化的传承》（2006 年）、《书文化九讲》（2012 年）、《书之传承》（2013 年）、《目录学读本》（2014 年）等通俗性专业读物的出版，应该看作来新夏先生在学术随笔之外，将学术著作进行趣味化、通俗化、普及化的一种实践。

随着“读图时代”的来临，来新夏先生还撰写过《亟待建立“照片学”》（《北京日报》2003 年 5 月 19 日）和《〈影像辛亥〉：用“照片学”诠释历史》（《北京日报》2011 年 11 月 21 日）两篇鼓吹建立“照片学”的文字。这除了学术上的“以图补史”“以图证史”“以图解史”意义，更多考虑的应该是适应“万众读图”的现实需求。这既是学术视野的拓展延伸，也是学术观念的与时俱进。对于图片的重视，来新夏先生虽然没有来得及展开深入实践，但从其与友人合作的《谈史说戏》（1987 年）中，已可看出他对“图文互证”的重视。等到插图本《书文化的传承》出版时，这种端倪就更加明显了。这种插图本图书，固然有补充文字叙述不足的学术考量，但增加读者之阅读趣味恐怕更为重要。

三　《古籍整理讲义》的价值

《古籍整理讲义》最初脱胎于教学需求，因此兼顾了学术性和普及性，既便于初学者渐窥学术殿堂，也便于爱好者催生学术兴趣。其特点之荦荦者，概括起来有如下三端。

一是史论结合。

《古籍整理讲义》除序言外，全书正文共十五章，可以分为两大部分：前八章“论分类”“论目录”“论版本”“论句读”“论工具”“论校勘”“论考据”“论传注”，横向论述各种古籍整理的根底和技巧；后七章“论‘十三经’”“论‘二十四史’”“论诸子百家”“论总集与别集”“论类书与丛书”“论地方志”“论佛藏与道藏”，纵向介绍各类古籍文献的本末和内容。这种纵横交错和经纬结合，非常便于初学者掌握古籍文献的一般情况和古籍整理的基本手段。微有遗憾之处有二：一是前半部分未谈辑佚。作为驰名的图书文献学家，来新夏先生遗忘辑佚恐无可能，因此肯定是有意的舍弃。辑佚作为古籍整理和再生的高级手段，是建立在分类、目录、版本、句读、工具、校勘、考据、传注等基础之上的，来新夏先生大约认为它不便初学，故此未能予以论述。二是后半部分述及中国古代各类文献，包括经史子集以及类书与丛书、地方志、佛藏与道藏等，唯独未包含家谱。家谱是中国古代文献中极有特色的组成部分，先生还撰写过关于家谱的专书，而《古籍整理讲义》却未及于家谱，个中原因笔者迄未想通。

《古籍整理讲义》每章都贯穿了史论结合的思路，既简述各种古籍整理手段和各类古籍文献的发展变化，也穿插着对重要节点或者人物的学术评价。这一点对初学者十分重要。如第一章“论分类”分三个小节：第一小节从《左传》记载的三坟、五典、八索、九丘谈起，述及《七略》《汉志》《七志》《七录》《五部目录》和《中经簿》《隋志》等，重点缕述中国古籍分类从六分法、七分法、五分法最后定型为四分法的过程；第二小节则解剖具体案例，谈《隋志》中经史子集四分法的具体内容及其在中国古籍分类发展史上的意义；第三小节又以唐刘知幾《史通》和清章学诚《史籍考》为重点，考察中国古籍分类的相关理论及其在当代实践中的变通。这种写作或者说操作策略，对于初涉古籍整理领域的人，无疑具有知识积累和实践操作的双重意义。其他各章尤其是第二章至第八章的写作也大体如第一章，其中第二章“论目录”简直就是目录学简史，按时间缕述目录学发展变迁的同时，又穿插介绍了重要的目录学著作和目录学家。

此外，该书最后附录的《中华传统文化的传递》，虽然与正文部分有所重复，但这里用将近四万字的篇幅，以史家的眼光和笔法，纵向讨论了中国古代文献产生、收藏、发展、传播等方面的问题，在正文以论为主的情况下，大大加强了全书史的意味，使正文略显片段和零散的知识成为整个中国古代文献有机体的各个组成部分。

二是粗细结合。

《古籍整理讲义》既然最初作为教材出现，粗和细的结合几乎是必然的。古籍整理作为成熟且庞大的知识体系，在课时有限的情况下，不可能平均用力。

这里说的“粗”当然不是粗疏，而是对相关史实的粗线条勾勒，尤其是避免了烦琐的考证。而对史实做粗线条勾勒，内容的取舍、概括的精准乃至文字的简繁，都需要丰厚的史识来支撑。

本书史的部分和论的部分，大都具有高度概括、要言不烦、简洁流畅等基本特点。如论述《史记·太史公自序》时，引述“作《项羽本纪》第七”一段文字后，来新夏先生分析说：

> 这是很出色的一篇目录。前八句是“录”，概括了《项羽本纪》的全篇内容：一二句是讲秦末纷扰的历史条件；三四句是指明项羽继承了叔父项梁创建的实力；五六句是讲项羽诛杀按兵不动的卿（庆）子将军宋义，解救了赵国邯郸之困，因而受到诸侯的拥立；七八句指斥项羽杀死出降的秦子婴，背弃了楚怀王的命令，因而遭至天下人的非难而失败。这既叙述了项羽的主要事迹，又评论了项羽的功过是非；同时，作者撰传的意旨也表达出来了。最后一句是“目”，确定了篇名和编次。把这样一百三十条篇目集合排列在一起，就成为《史记》一书的目录。

来新夏先生用二百余字的篇幅，对《史记·太史公自序》的目录学意义作了精简述论：首先给出引述者的观点，接下来分析每句文字，然后概括司马迁的意旨，最后综合评价《太史公自序》的价值。像这样高屋建瓴、简繁有序且带有史识的文字，在《古籍整理讲义》中随处可见。

这里说的“细”自然指的是细节。出于授课之需，《古籍整理讲义》在史论结合的框架下，也有对大量案例的引述及细节的解读，既避免了课堂的枯燥单调，也使初学者能明确知识的重点。如第三章“论版本”谈到“版本”一词来源，这个词汇对图书文献学来说，当然怎样强调都不过分，因此来新夏先生的论述也就不厌其烦。在援引《宋史·邢昺传》中“今版本大备，士庶家皆有之”原文之后，来新夏先生对这段文字做了四条解说：第一条着眼雕版印刷发展之速，第二条述说宋代儒家经典已有多种注解之书，第三条指明写本书费用较高非一般人所能承担，第四条则谈印本书普及的意义。“版本当指雕版印刷的书，版本之名作为印本书的专称，或即以此时为最早。由于雕版印刷品比写本价廉，一般士庶之家都能购置。私家藏书的范围显然扩大，为目录学的发展提供了物质条件。”这些解读不但精细精准，而且也体现了超拔开阔的学术识见。又如第四章“论句读”引用陈垣《通鉴胡注表微》，指出胡三省标点《资治通鉴》的失误，叙述前因后果整整用了七八百字，既能使初学者了解句读不易，精审渊博的学者亦难免失误，同时也提示了句读古文的方法和技巧，此外还隐含着微言大义，体现了不为尊者讳的史家精神。

三是雅俗结合。

教学固然是一桩庄重严肃的事，但作为教材如若过于正襟危坐，实际传授效果肯定要大打折扣。《古籍整理讲义》以雅俗相生的笔法，避免了这种问题。雅俗结合主要体现在两个方面：

一方面是雅中寓俗。如第二章“论目录”中谈木牍，本来是很正式的，先说用木片制作的书写材料称“牍”，主要是用来写信的，长度是汉代的一尺，所以后世称信札为“尺牍”。本来行文至此即可告一段落，但书中却做了适当引申：信在木牍上写好之后，要加一块空白牍当“信封”，然后用绳子捆扎好；当信封的牍叫“检”，在检上签名叫“署”；检中间微凹的方块叫“函”，故后来用以指称信件；捆扎牍和检的绳子在函处打结，用泥封好加盖印章以免别人拆阅；盖了印章的泥叫“封泥”，而“封”则成了信的计量单位；方形的牍称为“方”，一般用来写百字以下短文；画图的牍称为“版”，民间以之画土地四至标示所有权；国家用版来画疆域，故此后世称领土为“版图”；版还用来登记户口，所以户口册也称“版籍”。这一连串引申或许可以省略，但其间诸多知识点也会随之消失。这些内容似乎可有可无，但如果在课堂上讲授起来，再辅之以图形或动作，一定能引起初学者的兴趣，可以看作是雅中蕴含的俗趣。

另一方面是俗中蕴雅。如第三章“论版本”谈佳善之本的重要性，述明陆深《俨山外集》所记，有俗医叮嘱病人煎药时放“锡”，名医戴元礼恰好经过，感到很是诧异，便不耻下问追根求源，最后弄清是俗医读了劣本医书，“锡”字乃是“饧”字之误，也就是麦芽糖，非金属锡也。这既是一个笑话，同时又能郑重提醒初学者版本的重要——如果误读劣本，其甚者是有可能“害命”的。而同一章谈到清代版本学家顾广圻时，对其“书以弥古为弥善”的绝对化观点进行了批评，并引陈其元《庸闲斋笔记》对泥古者予以嘲讽。故事说王鼎臣嗜好宋版书，在昆山当知县时买到《孟子》一部，并经常以此夸耀于人。陈其元希望能见识一下，王鼎臣让人负书椟以出，打开之后又有个楠木匣，打开楠木匣才看到书：

> 书之纸墨亦古。所刊之笔划亦无异于今之监本。余问之曰：“读此可增长智慧乎？”曰：“不能。”“可校别本多记数行乎？”曰：“不能。”余笑：“然则不如仍读今监本之为愈耳，奚必费百倍之钱以购此耶？”王恚曰：“君非解人，岂可共君赏鉴。”急收之。

对宋本的过度追求，造成了藏书“以夸”的偏执，势必扭曲文献本身的价值和意义。《古籍整理讲义》对此段文字的引述，适当地增加了文章的阅读趣味，但也是在谆谆嘱咐初学者，一定要建立通达而科学的版本观念，不能简单地佞宋或者泥古。

以上所述《古籍整理讲义》的“三个结合”，完全体现了教材兼顾学术性与普及性的特点，而方之于全书的各篇文字，虽然并非每篇全部具备，但大都能够契合上一两条。正是抓住了教材的这一“根本”，此书才能够多次重印。如今南开大学出版社又独具慧眼，将其收入“津沽名家文库（第一辑）”影印出版，亦足见其影响力之大和生命力之强。

余作为后生晚学，素仰来新夏先生之道德文章，并承先生晚年不断教诲。谨此略述先生治图书文献学之因果、图书文献学之思想并《古籍整理讲义》之价值，未妥之处尚祈方家正之。

2019 年 7 月 11 日匆草于沽上半湖斋

古籍整理讲义

来新夏 著

图书在版编目（CIP）数据

古籍整理讲义/来新夏著. —厦门：鹭江出版社，2003（2006.2重印）
（名师讲义丛书）
ISBN 7-80671-225-9

Ⅰ.古... Ⅱ.来... Ⅲ.古籍整理—研究—中国
Ⅳ.G256

中国版本图书馆CIP数据核字（2006）第013050号

"名师讲义"丛书
古籍整理讲义
来新夏 著
*
鹭江出版社出版、发行
（厦门市湖明路22号 邮编：361004）
福建新华印刷厂印刷
（福州市福新中路42号 邮编：350011）
开本890×1240 1/32 11.375印张 3插页 289千字
2003年11月第1版第1次印刷
2006年2月第2次印刷
ISBN 7－80671－225－9
K·17 定价：20.50元

目录

序 言

中国拥有大量的古籍，它们负载着清代以前几千年历史和文化的积累，保存着无数可供征考的文献资料，是中国历史和文化的重要信息源。但是，由于它们距现在已有长短不等的时间距离，因此往往需要进行一些加工整理来沟通。某些有经验、有造诣的学者可能已在长期实践中摸索出自己的一套整理古籍的基本技能，但对初学者则往往会有一段茫然无所措手足的摸索过程。了解一些前人曾使用过的基本技能知识对缩短摸索过程是有利的。前人整理古籍的基本技能是多方面的，这里只择要论其数端。

古籍浩如烟海，设无类属，则需用时面对丘山之积而难以细读。分类思想早在战国时的荀子即已提出“以类行杂，以一行万”和“同则同之，异则异之”等分类原则，对后世影响颇大。宋郑樵在其名著《校雠略》中更强调说：“类例既分，学术自明。”乃作论分类第一。

要想即类求书就需要借助各种目录的指引。通过目录书来开拓知识，提供文献线索，久已是历代学者所公认的途径。汉王充提出，如要做“通书千篇以上，万卷以下”的“通人”，那就要掌握目录学这一基本技能来博览古今，畅通大义。清代学者王鸣盛更强调：“凡读书最切要者，目录之学，目录明，方可读书，不明终是乱读。”语虽偏激，却道出目录技能的重要。乃作论目录第二。

使用目录书可以做到即类求书，但一书有多写众刻，何者为善，那就需要加以选择。只有掌握识别版本的技能，才能区别善本与劣刻，以避免谬误。清代版本学家顾千里认为，不讲版本是自欺欺人。另一学者段玉裁还把寻求好版本作底本视为治学的第一步。只有具备选择善本佳刻的版本学技能，才可明辨哪一种版本的内容比较完整，文字比较准确，方能选择好的底本作为整理的依据。乃作论版本第三。

流传至今的古籍大多因无句读而难以卒读，于是句读问题也被视为整理和研读古籍的一种基本技能。宋代史学家欧阳修在《读书》诗中说：“篇章异句读，解诂及笺传，是非自相攻，去取在勇断。”即以句读作为自己读书的基本技能训练。另一位学者何基就有“凡所读无不加标点”的长处，《宋史》特把其事写入本传。如果对句读忽视，即使积学如胡三省，也会在《通鉴》卷一七三将郑译复周主的对语作了误断误释，致贻后人以口实，备受指摘。陈垣师在《通鉴胡注表微》中特以此戒后学。乃作论句读第四。

工欲善其事，必先利其器。古籍中无论字词，还是典制，均非人人皆能记忆或尽晓，势不得不借助于工具书以求解。整理古籍更不能不将工具书置诸案头，以备随时翻检。中国工具书的肇源甚早，历史悠长，而品类又较多，如不知其性质与使用方法，则一遇窒碍，往往难以得心应手。乃作论工具第五。

能够循读文献，尚需广搜异本，比勘异同。孔子整理诗书就做过“去其重”的校勘工作，郑玄对诸经“刊改漏失”；唐宋以来学者多“亲自校定铅椠”；清人则更“博征善本以校勘之”，使校勘成为专学。因为通过校勘，可以正事实，通文字，去谬误，所以陈垣师曾说过：“校勘为读史要务，日读误书而不知，未为善学也。”他并概括了对校、本校、他校和理校的校法四例。此四例便是校勘工作的基本技能。乃作论校勘第六。

校勘而有异同，就需要以考证来定底本与立说的是非。考证也有一套基本技能，那就是本证、旁证与理证。古籍中的文献资料经过考证就置研究工作于坚实可靠的基础之上，为学术研究工作的抽象概括和具体分析提供了便利。乃作论考证第七。

传注是有悠久历史的整理古籍的方法，它对古籍中的文献起到训释音义，掇拾遗阙，辨正异同和核查文字的作用，使了解古籍更为完整准确而便于理解。历来有传、注、笺、释、集解、汇注等等不同体裁。在整理古籍过程中可借助它们来解疑祛难。乃作论传注第八。

分类、目录、版本、句读、工具书、校勘、考证、传注等都是整理古籍的基本技能。它们虽不能置于学术极致的地位上，但应熟练掌握，善于运用。要允许一些人专门从事这类基本技能的研讨，使之逐步完善和规范化，以便于青年和初学者的掌握使用。作为青年和初学者来说，决不要以为这些都是陈旧的方法，雕虫小技，不屑一顾，或者一笔抹杀，而应该以批判继承的态度，更好地提高它、完善它、掌握它和运用它。

为了让初学者对古籍能有所涉猎，我在八论之外尚举出几类古籍为例，如经史子集、类书丛书、地方志和佛藏道藏等七类，各立一章，使读者对主要古籍的总貌有所了解。二者相合共得十五章。

这十五篇文字是前世纪 60～80 年代在课堂上授课时的讲义，也在与一些青年朋友谈论时作过发言稿。它未能包括整理古籍的全部技能，而只是择要论说，用备初学者的参稽，曾选印过十篇，油印发给学生，题名曰《文献整理十讲》。十几年前，我将前八论合为一书，名曰《古籍整理散论》，由书目文献出版社出版，但印数很少。2001 年，我在编自选集《邃谷文录》时，又恢复十论原貌，并对各篇进行了修改，有的篇还做了较多的增订，命名曰《古籍整理讲义》。2002 年春，鹭江出版社拟将《古籍整理讲义》收入其“名师讲义”丛书中，我又收录了五篇有关文字，共为十五章，仍以《古籍整理讲义》为书名，并附录了我在日本独协大学开设《中华传统文化的传递》讲座时的讲义。虽然它的内容有与《讲义》重复处，但为了保存这份讲座稿的完整，而未加删节，祈读者见谅。

来新夏

一九九二年秋成稿于南开大学

二〇〇一年春改定稿

二〇〇二年冬再定稿

第一章　论分类

一

《七略》是我国第一部综合性的分类目录。它的撰成是由于在此以前已经有了图书分类和学术分类。我国最早的文献汇编《尚书》中就有典、谟、诰、誓等不同体裁的类别。古代所谓礼、乐、射、御、书、数就是六种不同学科的分类。《左传》中记载三坟、五典、八索、九丘，似即指图书分类①；又记鲁哀公三年，宫内失火，抢救藏书时，曾按御书、礼书等分类抢出，可见公府藏书已有分类②。孔子对弟子的教育分德行、言语、政事、文学四科授业③，也是一种学科分类。战国时期，诸子百家纷起争鸣，各成流派，学术分类之说更盛。孟子把当时的学术大别为儒、墨、杨三家，认为“逃墨必归于杨，逃杨必归于儒”④。《庄子·天下》篇分天下学术

---

① 《左传》昭公十二年，《十三经注疏》本，中华书局1980年版。

② 《左传》哀公三年：“夏五月，辛卯，司铎火，火逾公宫，桓、僖灾，救火者皆曰‘顾府’。南宫敬叔至，命周人出御书……子服景伯至，命宰人出礼书。”《十三经注疏》本。

③ 《论语·先进》，《十三经注疏》本。

④ 《孟子·尽心下》，《十三经注疏》本。

为七派，列出各派首倡者，述其要旨，评其得失。荀子提出了分类学的基本原则："以类行杂，以一行万"① 和"同则同之，异则异之"② 这一见解，说明了对于大量杂乱的东西只能按类来加以编次，把相同的归在一类，不相同的按类分开，明白地表述了分类的意义和方法。荀子还在《非十二子》、《天论》和《解蔽》等篇著作中介绍了不同的学术流派，有人认为这是书非出于一手的缘故，不过也反映了当时有不同的学术分类。韩非认为当时只有儒墨两大流派，可是又说"儒分为八，墨离为三"③。这说明学术分类有在大类之下还分了小类的发展过程。汉初，收集散失的图书文献，经过初步整理，大致分为律令、军法、章程和礼仪四大类④。这可能是一次比较正规的图书分类（其中可能包括一些档案）。而学术分类仍在继续发展，在《淮南子·要略》中，不仅说明各流派的人物，而且还推本溯源地去探求各类学术的源流起因。司马谈论六家要旨，不仅全面地划分了学派，而且还评论各派的优劣，指出各学派的实际运用价值。它对后来刘向、刘歆父子编次《诸子略》的分"家"有着明显的影响。汉许慎在《说文解字·叙》中说，"其建首也，立一为耑，方以类聚，物以群分，同牵条属，共理相贯，杂而不越。据形系联，引而申之，以究万原"，便是分类法的具体运用。

在图书分类和学术分类错综发展的基础上，图书分类目录便比较顺利地诞生。当时，由于图书经过汉初、武帝和成帝几次全国性的大规模求书而日益增多，但由于堆藏混乱，无法使用，虽然武帝时杨仆曾"纪奏兵录"，但那只是从中整理出一部分兵书，也可能

① 《荀子·王制》，《诸子集成》本，中华书局1954年版。

② 《荀子·正名》，《诸子集成》本。

③ 《韩非子·显学》，《诸子集成》本，中华书局1954年版。

④ 《史记》卷一三〇《太史公自序》，中华书局1959年版。

2

编制出一份专科目录①，大量的其他图书仍亟待整理归类，于是在成帝河平三年（前 26 年），刘向和任宏、尹咸、李柱国等一批专业人员就受命整理，而由刘向总其成。他们的分工主要按照学术性质分为六艺、诸子、诗赋、兵书、术数、方技六个方面，体现了把学术分类的精神融贯到图书分类之中。刘向坚持工作了近 20 年，整理了凌乱的图书，分别写了许多书录附在图书上，有人又汇编在一起，即成了所谓《别录》。《别录》就是“别集众录”的意思，是一部提要书目总编。可惜刘向未能亲见事业的最后完成就死了。他的儿子刘歆继承遗业，在《别录》的基础上，进而按书的性质，依先后次序，用较短的时间，于汉哀帝建平元年（前 6 年）撰成了我国第一部综合性的图书分类总目录——《七略》。它比欧洲第一个正式的图书分类表——1545 年瑞士人吉士纳（Konard Nesner）的《万象图书分类法》(Bibliotheca universals）足足早了一千五百余年②。

《七略》的分类主要是刘向整理图书时的分工，同时也考虑到各类图书分量的平衡。它分为《六艺略》、《诸子略》、《诗赋略》、《兵书略》、《术数略》和《方技略》等六大类，而以《辑略》总冠全书。这就是图书分类目录中的“六分法”。有人因《七略》之名而称之为七分，这是一种误解。因为《辑略》实际上是各类类序的汇篇，不是另有一类。东汉史学家班固深明此意，所以他在改编《七略》入《汉书》为《艺文志》时，就散《辑略》于各类，直接

---

① 相沿认为《兵录》即为最早的专科目录，但据《汉书·艺文志》兵家序的上下文字，则《兵录》似指编次兵书而言。不过，在编次兵书时为便于整理军事图书文献而编一份目录，也是完全可能的。

② 《万象图书分类法》分为四大部二十一类。四大部是：字学、数学、修养、高等学科。二十一大类是：语言学、辩证学、修辞学、诗歌、算学、几何、音乐、天文学、占星学、术数、地理、历史、技术、自然科学、形而上学与神学、伦理学、哲学、政治学、法理学、医学和基督教。

分为六大类。《七略》和《汉志》在六大类下又分种，就是部类下的细类或小类；种下有家，就是目。这种分级可看出我国古代的图书分类已是相当完备了。

六分法是我国最早图书分类目录的分类法。不过后来成为图书中一大部类的史籍，尚没有取得一定的地位，而仅仅附入《六艺略》的“春秋家”后。这正反映了那时史学不够发达，史籍数量还少的现实。所以说，魏晋以前有史籍、无史部。这种情况到魏晋时开始发生变化。一方面经过汉魏之际的动乱，图书有了聚散的经历，需要重加整理和编目；另一方面有些图书状况发生变化，如随着史学的发达和史学著作的丛出，原来的附目地位已难适应，分类编目有重加调整均衡的必要。所以分类的改革必然为适应实际需要而发生，这正如余嘉锡先生所指出的那样：

> 书之有部类，犹兵之有师旅也。虽其多寡不能如卒伍之整齐划一，而要不能大相悬绝。故于可分者分之，可合者合之。《七略》之变为四部，大率因此，不独为储藏之不便也。即其目录之篇卷，亦宜使之相称。①

由六分法改为四分法是分类学上的重要发展阶段。四分法使用时间之长，影响之大，远远超过了其他几种分法，许多学者也很注意这一发展变化。清代乾嘉时期的著名学者钱大昕曾在其著作中有二处论及此事。钱大昕在《补元史艺文志序》中曾概括地叙述了四分法建立的过程和以后的变化。他说：

> 晋荀勖撰《中经簿》，始分甲乙丙丁四部，而子犹先于史。

① 余嘉锡：《目录学发微》十《目录类例之沿革》，中华书局 1963 年版。

至李充为著作郎，重分四部，而经史子集之次始定。厥后王亮、谢朏、任昉、殷钧撰书目，皆循四部之名。虽王俭、阮孝绪分而为七，祖暅别而为五，然隋唐以来，志经籍、艺文者，大率用李充部署而已。

钱大昕又在《诸史问答》中作了更详细的说明，他说：

晋荀勖撰《中经簿》：一曰甲部，纪六艺及小学；二曰乙部，有古诸子家、近世子家、兵书、兵家、术数；三曰丙部，有史记、旧事、皇览簿、杂事；四曰丁部，有诗赋、图赞、汲冢书。四部之分，实始于此。而乙部为子，丙部为史，则子犹先于史。及李充为著作郎，以典籍混乱，删除繁重，以类相从，分为四部：五经为甲部，史记为乙部，诸子为丙部，诗赋为丁部，而经、史、子、集之次始定。①

综合钱大昕的论述，可以归纳为以下几点：

（1）四分法始于西晋荀勖的《中经簿》，当时以甲乙丙丁为次序，乙是子书，丙是史书，子先于史；东晋李充的《四部书目》虽仍以甲乙丙丁为次，但定乙部为史书，丙部为子书。所以后世经史子集的排次乃李充所创始。

（2）荀勖、李充以后的古典目录书，大多采取四分法，史书所说的"秘阁以为永制"②，"自尔因循，无所变革"③，等等，就是指此而言的，其后齐永明元年秘书丞王亮、秘书监谢朏所编制的《秘阁四部目录》，梁天监六年秘书监任昉、秘书丞殷钧所编制的《天

① 钱大昕：《潜研堂集》卷十三《诸史》，上海古籍出版社 1989 年版。

② 《晋书》卷九二《李充传》，中华书局 1974 年版。

③ 《隋书·经籍志》中华书局 1973 年版。

监六年四部书目录》，直至唐初编纂的《隋书·经籍志》等许多目录书都采取了四分法来编目。

（3）当时除四分法外，还有刘宋王俭的《七志》和梁阮孝绪的《七录》等七分法，梁祖暅的《五部目录》的五分法，但都没有能够取代四分法的地位。隋唐以后，四分法一直被沿用下来。

钱大昕对四分法的论述虽比较全面，但仍有不够确切完善的地方，如论四分法的创始，推溯到晋荀勖的《中经簿》。实际上荀勖基本上是依据魏郑默的《中经》（或称《魏中经》）而撰《中经新簿》（或称《晋中经》）的。阮孝绪的《七录》序和《隋书·经籍志》序中都清楚地说明了二者的相承关系①。所以，四分法的创始应说是魏郑默开其端，晋荀勖毕其功。《魏中经》虽然已难考知其区分类别，但郑默先驱之功不可泯。而称荀书《中经簿》似欠准确。因此钱文如作“荀勖因郑默《中经簿》而撰《中经新簿》”，则更缜密。又钱氏所说实有所本，余嘉锡先生在《目录学发微·目录类例之沿革》一篇中已指明此说本于《文选》中任彦升《王文宪集序》注。钱氏博学，定当览及，未加揭示，似略有欠缺。

比四分法略后而并存的还有五分法与七分法。梁祖暅的《五部目录》，从分部看似是五分，实际上并没有脱离四分法的范围。他只是在四部之外另增“术数”一部而已。这或者和祖暅是一位天文历算学专家有关，所以便对“术数”一类图书有所偏爱而特立一

① 关于郑默、荀勖的相承关系有两种看法，一种以为荀勖是“因”郑默所著录的图书，另一种认为荀勖是“因”郑默的图书分类。据《七录序》说：“晋领秘书监荀勖因《魏中经》，更著《新簿》。”又据《隋志序》说：“魏秘书郎郑默始制《中经》，秘书监荀勖又因《中经》更著《新簿》。”二序所言，都明指“因”《中经》，则其依据郑目无疑，如“因”图书则二序当称“因魏中书”。至《魏中经》是否四分，尚乏明证，但以相距时间之短，相承关系之近，郑默初具四分之法也有可能，或荀勖即据《魏中经》查验存书，从事补订，更编新目而已。

门。五分法后世并无仿行者，影响不大。七分法是刘宋王俭的《七志》所创始。《七志》分为经典志、诸子志、文翰志、军书志、阴阳志、术艺志和图谱志，并附见道经、佛经二部。不久梁阮孝绪又撰《七录》，它分内外篇，内篇为经典录、记传录、子兵录、文集录、术技录；外篇为佛法录和仙道录。从这两部七分法名著的部类看，它们基本上继承了刘歆《七略》的传统，并结合了当时佛道兴起的现实需要而提出了这一分类法。而且《七志》实际上是九分法，所以也没有从形式上得到后继。但七分法的具体分类精神却为《隋书·经籍志》的撰者所吸取。七分法的撰者们对图书分类编目的发展作出了应有的历史贡献——其部之下所分类目，为进一步完善四分法的分类提供了足资参考的要素。

四分法从魏晋创始以来，得到比较广泛的流传，而经史子集的概念也渐渐被人们所使用，如梁元帝时，颜之推等人曾奉命分校经史子集四部书，之推承校史部①。而唐初撰《隋书·经籍志》以四分法编目时，就径用经史子集的部类标目来代替甲乙丙丁的编次。由于魏晋时的四分法目录书久已亡佚，所以《隋志》便成为现存最古的四分法目录书了。清季著名目录学家姚振宗曾提出这一点说："四部之体，不始于本志（《隋志》），而四部之书之存于世者，则惟本志为最古矣。"②

从此以后，历代有很多目录书都根据这一分类来进行编目，而代替甲乙丙丁的经史子集名称，也被后来用作对古籍分类的惯称。清代学者王鸣盛曾说："甲乙丙丁亦不如直名经史子集，《隋志》依

---

① 《观我生赋》自注，《北齐书》卷四五《颜之推传》，中华书局 1972 年版。

② 姚振宗：《隋书经籍志考证》叙录，《快阁师石山房丛书》，1931 年浙江图书馆印本。

荀而又改移之。自后，唐宋以下为目者，皆不能违。”①

不过，实际上是“自宋以后，始无复有以甲乙分部者矣”②。《隋志》虽名为四分，实则系集前此图书分类编目的所有成果。其四大部类虽循荀、李成法，但各部之下共分四十细类则是采取《七略》、《汉志》、《七录》的遗规。《七略》、《汉志》在六大部类之下，共分细类三十八种；《七录》在七大类下又分七十六细类可证。因之，《隋志》名为四分法，实际上是总括六分、四分、七分诸家成就，演变发展推衍而成的新分类法，它对后世古典目录书的编制有着重要的影响。

唐宋以来，《隋志》的分类编目体制一直被沿用，虽后世间或有所改动，但终未超越规范，如宋陈振孙《直斋书录解题》径以细类划分，而不标四部名目，但细审其图书编次仍以四部先后为次。清孙星衍所撰《孙氏祠堂书目》虽去掉四部大类，直接分为十二类，但细究内容也不过为四部的分化而已。清人管世铭曾主张分图书为经、史、子、集、类、选、录、撰八大类，也只是于四部之外另增四类而已，并无新意③。《书目答问》的五部是在四分之外别增丛书一部，也没有变动四分法的类例。因此，在整个古代历史中，《隋志》的四分法仍为图书分类编目的主要分类法。

① 王鸣盛：《经史子集四部》，《十七史商榷》卷六七，商务印书馆 1959 年版。

② 余嘉锡：《目录学发微》十《目录类例之沿革》，中华书局 1963 年版。

③ 管世铭：《读书得》，《韫山堂文集》卷八，清嘉庆刊本。

二

图书如果只有大的部类而不再分细类，那么检索起来仍然感到不便，所以，古典目录书中有的可以没有大部类，但是必定有细类，图书就更能比较准确地有所归属，而更便于检索使用。因此，在研究图书分类的时候不能不对细类加以研讨。

从图书分类目录创新开始，就有了细类的划分。《七略》和《汉志》，在六大部类之下所立的三十八种就是细类，如《六艺略》下就分为易、书、诗、礼、乐、春秋、论语、孝经、小学等九种细类，阮孝绪《七录》在七大部类之下又分为五十五细类。如“纪传录”下分国史、注历、旧事、职官、仪典、法制、伪史、杂传、鬼神、土地、谱状和簿录等十二细类①。这十二细类的划分，虽然没有加上史部的部类名称，实际上已具备后来史部细类的规模。《隋书·经籍志》确立史部地位后，下分正史、古史、杂史、霸史、起居注、旧事、职官、仪注、刑法、杂传、地理、谱系和簿录等十三细类。《隋志》的十三细类和《七录》的十二细类基本上大同小异，其《隋志》的改易有几点，即：

(1)《隋志》将《七录》的国史细类分为正史和古史二细类。

(2)《隋志》将《七录》的杂传、鬼神二细类并为杂传一细类。

(3)《隋志》略改《七录》的类名，如改注历为起居注，改仪典为仪注，改法制为刑法，改伪史为霸史，改土地为地理，改谱状为谱系。

---

① 阮孝绪：《七录目次》，见唐释道宣：《广弘明集》卷三，《四部丛刊》本。

(4)《隋志》仅增加杂史一细类。

唐玄宗时，著名目录学家毋煚撰《古今书录》的史部就采用了《隋志》这十三细类，并对每一细类加以解释。《古今书录》虽佚，但这十三细类的解释却保留在《旧唐书·经籍志》序中，文中记道：

> 乙部为史，其类十有三：一曰正史，以纪纪传表志；二曰古史，以纪编年系事；三曰杂史，以纪异体杂记；四曰霸史，以纪伪朝国史；五曰起居注，以纪人君言动；六曰旧事，以纪朝廷政令；七曰职官，以纪班序品秩；八曰仪注，以纪吉凶行事；九曰刑法，以纪律令格式；十曰杂传，以纪先圣人物；十一曰地理，以纪山川郡国；十二曰谱系，以纪世族继序；十三曰略录（《隋志》之簿录），以纪史策条目。

以后的国家目录和史志目录的史部细类基本上沿用此分法，有些补志和私人书目也颇有采用。但有些目录书也对此小有增损，如《明史·艺文志》则减为十细类，《四库全书总目》则增为十五细类，《补辽金元志》增为十六细类。不过仍以十三细类居多。

从史部细类的变化情况看，有几点值得注意：

(1) 细类的划分是随着学术的发展和图书量的增多等具体情况而有所变化，不是一成不变而无可更易的。例如，唐朝史学家刘知几的《史通》是一部著名的评论历史编纂学的史籍，但在《新唐书·艺文志》中却著录在集部文史类。这是由于当时这类性质的图书尚少，难以另分细类的缘故，直到《四库全书总目》时，这类书已能自成一类，于是就归于新划分的史评类中。又如，唐杜佑所撰《通典》是一部研究典章制度的重要图书，但在《新唐志》中著录在子部类书类，直到《四库全书总目》始归入政书类。又如宋袁枢的《通鉴纪事本末》因是宋代新创史作，难立一类，所以《宋史·

艺文志》就著录于史部编年类中。

（2）各种目录书中的细类名称纵然相同，但所著录内容不尽相同。例如：正史类一般都是指纪传体史籍，但是，《明史·艺文志》却是并纪传与编年为正史一细类。又如《三国志》是正史中的一史，现在已是毋庸置疑的事实，但是《旧唐书·经籍志》却把它分为三部书，列《魏书》于正史，而列吴、蜀二书于伪史类。反之，有些类名不同，但所包含内容却相同，如《隋书·经籍志》的古史类和以后的编年类相近。霸史、伪史名称虽然不同，但实际内容则相同。

（3）有的目录书分细类的标准并不完全一致，例如：《隋书·经籍志》对于凡是纪传的史籍就列入正史类；但是，田融所撰的《赵书》十卷，虽是纪传体的史籍，却由于赵是少数民族的政权，在“华夷之辨”的观点支配下而列入霸史类之首，又不再按体裁来归属了。

因此对于古典目录书不能只是翻读一些细类的标目就以为掌握了内容，而是需要看一看各类著录了一些什么书，有哪些特点，各种目录书在处理归属问题上有什么异同，它们的根据是什么，等等。

从宋代以来，随着印刷术的发达、学术的发展、撰述日富、图书日增，于是私家藏书渐多，而私家目录勃兴。这些私家目录，有的往往突破了《隋书·经籍志》系统的分类规范，别创新格。它们根据具体条件，或增或减，或别立新目。有的国家目录和补志目录也有不依《隋志》之旧的。尤其是细类的变化更大，如明朝的国家目录《文渊阁书目》即不依四部，对于史籍只有史、史附、史杂三细类，而清人徐乾学的藏书目《传是楼书目》的史部细类就达三十七类之多。有的类目还标出比较怪异的类名，如清初钱曾的《读书敏求记》就有“豢养类”，著录了宋贾似道的《蟋蟀经》一类图书。《传是楼书目》中有《酒茗类》，著录了唐陆羽《茶经》一类图书。

有的索性摒弃四部，而直接以细类划分，如清人孙星衍所撰的《孙氏祠堂书目内外篇》即去掉了四部的大类，直接把藏书分为十二属类：①经学、②小学、③诸子、④天文、⑤地理、⑥医律、⑦史学、⑧金石、⑨类书、⑩词赋、⑪书画、⑫小说。这是对四分法的最显著的改变，不过若细加推究，它只是把四分法的部类一级取消，其十二属内容并未超出四部范围，如经学、小学可归经部；史学、地理、金石、类书可归史部；诸子、天文、医律、书画可归子部；小说可分入子史；词赋独归集部。它在十二属下仍划分为细类，如史学之属下就分了八类，即①正史、②编年、③纪事、④杂史、⑤传记、⑥故事、⑦史论、⑧史钞。所以，《孙目》只是想摆脱四分法的规则，但仍然没有完全创立新意。

三

如何把古籍更好地各归其类，是历来学者所注意研究的问题之一。有些已经把自己的设想付诸实践，写成各种目录书，人们就可据此评其优劣，察其得失。有些则只提出设想，未见实践，那也可以作为一家之言，供改进分类的参考。现以史籍为例说明一些学者对古籍分类的意见。

唐朝的史学家刘知几在《史通》的《六家》、《二体》两篇中曾提出过“六家”、“二体”之说。“六家”者：尚书家、春秋家、左传家、国语家、史记家、汉书家。清朝浦起龙的《史通通释》把这六家解释为记言家、记事家、编年家、国别家、通古纪传家和断代纪传家。这是从史学流派上来讨论史籍的分类。“二体”者，“丘明传春秋，子长著史记”，即一为编年，一为纪传。这是指当时历史著作的两种主要体裁，是从体裁上来讨论史籍的分类。刘知几认为六家是史学的正宗之源；但当时各种内容和体裁的史籍又非“六家”、“二体”所能概括，所以他不得不在“源”外，又细分了十流。刘知几在《杂述》篇中曾细分为十流，即：①偏记、②小录、③逸事、④琐言、⑤郡书、⑥家史、⑦别传、⑧杂记、⑨地理书、⑩都邑簿。他还对每类举出例书，如陆贾的《楚汉春秋》是偏记，王粲的《汉末英雄记》是小录，葛洪的《西京杂记》是逸事，刘义庆的《世说新语》是琐言，陈寿的《益都耆旧传》是郡书，扬雄的《家牒》是家史，刘向的《列女传》是别传，干宝的《搜神记》是杂记，常璩的《华阳国志》是地理书，《三辅皇图》是都邑簿。综观《史通》中的这些记述，刘知几虽然没有完整的史籍目录，而实际上把他的六家之源和十流并在一起就可以视作刘知几对史籍分类的一种见解。刘知几的分类见解中有几点值得注意：

（1）刘知几把一些子部的书如《西京杂记》和《世说新语》等都当作史籍看待，扩大了史籍的范围。

（2）刘知几在分类意见中对所举的各类都有小序性质的评论，如称“偏记”说：“大抵偏记小录之书，皆记当日当时之事，求诸国史，最为实录。”又称“逸事”说：“逸事者，皆前史所遗，后人所纪，求诸异说，为益实多。”等等。

（3）刘知几很注重地方文献，十流中居其三，有讲地方史如《益都耆旧传》的郡书类。有讲地方志如《华阳国志》的地理书类，有讲地区建筑方位如《三辅皇图》的都邑簿等。

这几点意见对古籍分类都有参考意义。

在刘知几之后，清代史评家章学诚在整编《史籍考》时提出了史籍细类划分的意见。《史籍考》稿毁于火，现仅能从章氏所遗序目中见到规制。章学诚在《论修史籍考要略》一文中提出了纂辑体例十五条，其中重要一点就是扩大史籍范围，他主张从经、子、集、方志各类中选择若干入史籍[1]。他分史籍为十二纲五十七目，十二纲即制书、纪传、编年、史学、稗史、星历、谱牒、地理、故事、目录、传记、小说。在各类之下又分目，如史学类下又分考订、义例、评论、蒙求四目[2]。章氏的主张有三点值得注意：

（1）创议编纂范围广、体制大的史籍专科目录。

（2）既著录专门研究著述，如考订一目，又收登初学读物，如蒙求一目。

（3）及时反映了图书发展的新情况，如目录类下有丛书目、释道目等。

《史籍考》的编纂无论对专科目录的规制，还是对便于史学研究都有重要作用，可惜未能流传后世。后来，在光绪二十三年时，曾有湖南衡州人杨概撰《拟仿朱氏经义考例纂史籍考》一文，提出了史籍分类的建议[3]。他建议分为御注、敕撰、本史、群史、逸史、刊石、镂板、著录（未成而见序例者）、通说、毖纬、书壁、拟经和译史等十余类，杨氏建议不如章氏者有数端：

（1）杨氏虽生活在清朝末年，已受到一些新思潮的影响，但他的封建观点较章氏尤甚。章氏仅首置制书一类，而杨氏则立御注、敕撰二类。

（2）章氏类目，明晰可知。杨氏类目，晦怪难晓，如“毖纬类”是取毖慎纬书的意思，著录《开元占经》之类的占验书；又如“书壁类”是取孔壁《尚书》的意思，著录有《后汉书》司马彪注，就是说彪注是后来经梁刘昭注，又经宋孙爽手始合于章怀太子注范晔《后汉书》中，情况类似从孔壁发现《尚书》那样。这样曲折隐

---

① 《章氏遗书》卷十三，商务印书馆1936年版。

② 《章氏遗书补录》，商务印书馆1936年版。

③ 江标辑：《沅湘通艺录》卷二，《灵鹣阁丛书》第六集，清光绪二十三年刊本。

晦的类目，甚无必要。

（3）杨氏建议基本上以书的性质为类，但其镂板类却收史汉以来的各种官刻善本，又不以书为类，自乱其例。

乾嘉学者王昶在指导学生读书门径时也曾谈到了史籍的分类。他在《示戴生敦元书》中说：

> 史学有四：有纪传之学，自《史记》、《汉书》至《明史》所谓二十二史是也；有编年之学，《通鉴纲目》是也；有纪事之学，袁枢纪事本末各书是也；有典章之学，通典、通志、通考、续通考是也。[①]

这是从史籍体裁加以简单的区分，可能不是王昶熟虑以后的见解，但也可备一说。

建国以来，对于古籍分类的问题仍是学术界关心和研讨的问题，特别是开展编制全国善本书总目工作以来，这一问题更为急切需要谋求解决。目前对于古籍如何分类主要有两种意见：

一种主张仍用“四库法”，一种则主张用新分类法来类分古籍。前者也并非照搬，而是在“四库法”的基础上增删（增多于删）一些类目，以为权宜之用。后者如《中图法》、《科院法》、《中小型表》及增订本《人大法》等新分类法都主张采用新书、古书统一分类。廖延唐的《试论古书分类》一文中论述这种统一分类的优点有三，即：

（1）破“四库法”以儒家经典为专类的传统体例；

（2）摒弃“四库法”不妥当的辨体类目（即按书的体裁设立类目）；

（3）删除封建道德观念特别强烈之类目。

---

① 王昶：《春融堂集》卷六八，清嘉庆家刻本。

该文也分析了使用新分类法分古书还有一些尚待改善之处如：

（1）列目不合古书发展源流及图书的实际情况；

（2）仿分不够准确；

（3）“四库法”中界说不清之类目，不宜作为某些类目之注释文字；

（4）立类太粗，造成所含内容不清，不便使用；

（5）部分不易了解含义的类目应举例说明，以明概念而便分类；

（6）糟粕书的类目不该太详。[①]

不过，对于单纯古书的分类编目，如善本书总目的编纂，基本上还采用“四库法”而有所修订。他们提出必须改变的三个方面，即：

（1）四库分类，只限于《四库全书》收入之书，有些门类的书在当时已蔚然列于著作之林，而四库限于体例，未收或收之甚少应予增入者，如丛书、戏曲、小说等。

（2）时代推移，学术思想领域发展开拓，四库所定类目，不完全适应日益增多的书籍，需予以相应扩增，如《四库总目》史部目录下分经籍、金石二小类、现直接在史部下分目录与金石二类。其他如传记类的扩分小类、子部医家类下的增设小类等。

（3）某些类目的设立，从维护封建统治的立场出发，充分反映了封建正统观念，不能不改。如去掉原有的正史、别史、载记三类而各依成书体例分类。

《全国古籍善本书总目》就在这种改进情况下制定了分经、史、子、集、丛书五种五十类及类下若干目的分类表作为编目的分类依据[②]。

---

① 廖延唐：《试论古书分类》，《武汉大学学报》1979年第2期。

② 《古籍善本书的分类》（油印本）。

附一

八种目录书的史部分类表①

隋书经籍志史部十三类	旧唐书经籍志史部十三类	新唐书艺文志史部十三类	宋史艺文志史部十三类	明史艺文志史部十类	四库全书总目史部十五类	书目答问史部十四类	清史稿艺文志类史部十六类
1. 正史	1. 正史	1. 正史	1. 正史	1. 正史	1. 正史	1. 正史	1. 正史
2. 古史	2. 编年	2. 编年	2. 编年	×并入正史	2. 编年	2. 编年	2. 编年
3. 杂史	4. 杂史	4. 杂史	3. 别史	2. 杂史	5. 杂记	6. 杂史	5. 杂史
4. 霸史	3. 伪史	3. 伪史	13. 霸史	×	9. 载记	7. 载记	9. 载记
5. 起居注	5. 起居注	5. 起居注	×散入别史及编年	×	×	×	×
				4. 故事	13. 政书	11. 政书	13. 政书
6. 旧事	6. 旧事	6. 故事	5. 故事	5. 职官	12. 职官	×	12. 职官
7. 职官	7. 职官	7. 职官	6. 职官	6. 仪注	×	×	×
8. 仪注	9. 仪注	9. 仪注	8. 仪注	7. 刑法	×	×入子部法家	×
9. 刑法	10. 刑法	10. 刑法	9. 刑法	8. 传记	7. 传记	8. 传记	7 传记
10. 杂传	8. 杂传	8. 杂传记	7. 传记	9. 地理	11. 地理	10. 地理	11. 地理
11. 地理	13. 地理	13. 地理	12. 地理	10. 谱牒	×	12. 谱录	×
12. 谱系	12. 谱牒	12. 谱牒	11. 谱牒	×	14. 目录	×入谱录	14. 目录
13. 簿录	11. 目录	11. 目录	10. 目录	3. 史钞	8. 史钞	×	8. 史钞
			4. 史钞		3. 纪事本末	3. 纪事本末	3. 纪事本末
					4. 别史	5. 别史	4. 别史
					6. 诏令奏议	9. 诏令奏议	6. 诏令奏议
					10. 时令	×	10. 时令
					15. 史评	14. 史评	16. 史评
						4. 古史	×
						13. 金石	15. 金石

① 郑天挺:《清史探微》,北京大学出版社 1999 年版,第 138 页。

第二章 论目录

一

目录是目和录的合称。目指篇名或书名（篇名也称细名或小名，书名也称总名或大名）。录是对目的说明和编次，也称序录或书录，它可以作为包括目在内的简称。把篇名（或书名）与说明编次在一起就是目录。

“目录”一词，最早见于《七略》：“《尚书》有青丝编目录。”① 这是指《尚书》一书的目录而言；西汉刘向校书时的“条其篇目”、“录而奏之”②，又“别集众录，谓之《别录》”③。这是指从编次一书目录到群书目录的全过程。它所谓的“录”就是包括目在内的简称。而《汉书·叙传》说：“爰著目录，略述洪烈，述《艺文志》第十。”这里的“目录”则是专指群书目录而言。

目录有一书的目录和群书的目录。

① 《昭明文选》载任彦升《为范始兴作求立太宰碑表》注引《七略》语。《昭明文选》，1920 年扫叶山房石印本。

② 《汉书·艺文志》，中华书局 1962 年版。

③ 《七录序》，唐释道宣：《广弘明集》卷三，《四部丛刊》本。

一书目录是指一本书的篇名和说明而言。它比群书目录出现得早。它是各篇目录的汇集。所以，首先应该了解各篇目录是如何出现的。

古人著书写文章，并不是先立篇目，后写内容，而是把个人的思想见解发挥成篇就算了。同时，由于简策的书写制度，图书多是单篇流传，所以有无篇目关系不大。但是，后来由于要称呼某一篇文章，或者准备把许多篇合为一书而需要有各篇的名称时，才产生了篇名。篇名的出现大致有两种情况：一种是对记事和表达思想的篇什所加的篇名，如《尚书》的《洪范》、《禹贡》等，可能这是整理者根据整篇内容而加的。战国时的诸子书往往为了宣传自己的主张而对自己的著作内容加上能概括全篇要旨的篇名，如荀子的《劝学》、墨子的《兼爱》等等。这种篇名就是“目”，它本身已反映了篇的内容，实际上包含了录的意义。所以，它可以被认作是一篇的目录。另一种是后人为了便于称呼，从篇首截取二三字作篇名的，如《诗·魏风》的《伐檀》篇就是从该诗首句“坎坎伐檀兮”中截取来的；有的甚至还截取了破句，如《论语》的《学而》篇就是从第一章首句“学而时习之”中破取出来的。这种“目”很难使人了解篇意。于是后人有必要在各篇名下做一简要的说明，如：“伐檀：刺贪也。在位贪鄙，无功而受禄，君子不得进仕尔。”前二字类似“目”，后四句类似“录”，合起来起到了这一篇诗的目录作用。这种诗序也可以说就是目录的雏形，或者说是萌芽时期的目录。

把有关的各篇目录汇集在一起就是一书的目录。最早的一书目录是《周易·十翼》中的《序卦传》。它编次汇总了六十四卦的卦名。清代学者卢文弨曾说：“吾以为《易》之《序卦传》，非即六十四卦之目录欤？史汉诸序殆昉于此。”[1] 近代目录学家余嘉锡先生

---

① 卢文弨：《钟山札记》卷四，《抱经堂丛书》本。

也赞成此说，认为“目录之作，莫古于斯矣”①。

其他如把《诗》三百余篇的小序合起来就是《诗》的一书目录，《吕氏春秋·序意》和《淮南子·要略》等也都具有一书目录的性质，而体制完整的当推《史记》、《汉书》的一书目录。

《史记·太史公自序》的小序就是一篇完整的《史记》目录。《太史公自序》是由大序和小序两大部分组成的。大序是自述，说明家世、学历、仕历、学术观点、编纂旨趣和体例等等；小序则是依次写了每一篇的篇名和要旨，也就是目录。它是读《史记》全书的钥匙。这里举出一条来加以说明。

> 秦失其道，豪杰并扰；项梁业之，子羽接之；杀庆（庆通卿，指卿子将军宋义）救赵（指秦汉之际赵歇称王的赵，当时秦章邯围赵于钜鹿，诸侯求援，宋义采取旁观态度，项羽杀宋义夺取兵权而救赵），诸侯立之；诛婴（秦孺子婴）背怀（楚怀王），天下非之。作《项羽本纪》第七。

这是很出色的一篇目录。前八句是“录”，概括了《项羽本纪》的全篇内容：一二句是讲秦末纷扰的历史条件；三四句是指明项羽继承了叔父项梁创建的实力；五六句是讲项羽诛杀按兵不动的卿（庆）子将军宋义，解救了赵国邯郸之困，因而受到诸侯的拥立；七八句指斥项羽杀死出降的秦子婴，背弃了楚怀王的命令，因而遭致天下人的非难而失败。这既叙述了项羽的主要事迹，又评论了项羽的功过是非；同时，作者撰传的意旨也表达出来了。最后一句是“目”，确定了篇名和编次。把这样一百三十条篇目集合排列在一起，就成为《史记》的一书目录。

班固《汉书》的《叙传》下篇也仿此体例而写，成为《汉书》

① 余嘉锡：《目录学发微》七，中华书局1963年版。

的一书目录。

《史记》、《汉书》的一书目录编列在全书之末，现在传本中书前的书目，只有篇名而无叙录，乃是唐初以来由后人所加以备翻检的。清代学者卢文弨在《钟山札记》卷四中作了详尽的说明：

> 《史记》、《汉书》，书前之有目录，自有版本以来即有之，为便于检阅耳，然于二书之本旨，所失多矣。夫《太史公自序》即《史记》之目录也；班固之叙传，即《汉书》之目录也。乃后人以其艰于寻求，而复为之条列以系其首，后人又误认书前之目录即以为作者所自定，致有据之妄訾謷本书者。

《史记》书前的目录，据《隋书·经籍志》史部正史类著录《史记目录》一卷的情况看，可能在唐初已经增入了。正史中自写目录置于卷首是从范晔的《后汉书》开始。后来的各史，除梁、陈二书是后来所加外，都是自列的。

一书的目录，对于检读一本书很方便有用；但要了解某类典籍有哪些书，某些书的大致情况如何，以及怎样找到自己所需要的书等等问题，就必须求助于群书的目录。

群书的目录是指诸书书名和叙录的总聚而言。群书的目录正是目录学研究的主要对象之一。最早的群书目录或是汉武帝时杨仆奉命整理兵书而编制的《兵录》①。

群书目录的产生，是在我国图书事业的兴起、发展和图书数量大量增加的前提下，由于社会的需要而促成的。

我国最早的专科性群书目录出现在汉武帝时决非偶然。当时，经过汉初几十年的恢复、稳定，政权比较稳固，有余力、有必要从

---

① 《汉书·艺文志》兵家小序，中华书局 1962 年版。按：《兵录》是否即确指兵书目录，尚可商榷，其说见本书《论分类第一》注。

事一些文化建设来加强思想统治，于是便在“罢黜百家，独尊儒术”的口号下，以“书缺简脱，礼坏乐崩”为理由，在政府主持下开展求书运动，并制定了相应的对策，“建藏书之策，置写书之官，下及诸子传说，皆充秘府”①，图书大量增加，达到了“积如丘山”② 的程度。这就为群书目录的产生提供了客观条件。而汉武帝为使全国疆土更加统一和扩大，以实现封建帝国的大一统，便连年对四方用兵，从而很需要军事参考资料，但丘山般的简书实在无法检索，所以就使“军政杨仆捃摭遗逸，纪奏《兵录》”③。《兵录》久佚，难知其详，有可能是一部军事资料汇编。但在汇编资料时随手编一份军事文献的目录，便成为最早出现的一部群书目录。

群书目录的产生和发展，还和我国的书写制度有关。

我国最早的图书——简策是以竹木作书写材料的。后来，缣帛和纸又相继被使用。根据文献记载和出土文物，大约自殷商④至公元后三四世纪是使用竹木简牍时期；自春秋战国以来至公元后五六世纪是简牍先和缣帛、后和纸并用时期⑤；自东汉以后，纸就逐渐成为主要的书写材料。

简的材料是先将竹截成一定长度，再剖成一定宽度，成为一根根的简，再经过火烤脱水（称为汗青或杀青），成为可以写字的书写材料。每条简长的有 72 厘米（二尺四寸左右），用来写重要书籍，如儒家经书和政府法令等，以示尊敬；短的有八九寸，用来写

① 《汉书·艺文志》序，中华书局 1962 年版。

② 《太平御览》卷一〇九引《七略》，中华书局 1960 年版。

③ 《汉书·艺文志·兵家小序》，中华书局 1962 年版。

④ 《尚书·多士》篇周公对殷贵族说：“惟殷先人，有册有典。”《十三经注疏》本，中华书局 1980 年版。

⑤ 《韩非子》，“先王寄理于竹帛”；《墨子》，“书之竹帛，遗传后世子孙”。《晏子春秋》记齐景公对晏子说：“昔吾先君恒公予管仲、孤与谷，其县十七，著之竹帛，申之以等。”这些记载可证用竹帛起于春秋战国，竹帛并称，说明二者并用。

次要书籍如诸子书等以便翻阅。王充在《论衡》中说，"大者为经，小者为传记"，就指此事。每简的字数不一，少者二字，多者达百余字①，一般在几十字左右；汉简上的字比较多，从现存实物看，汉简有一面写的，也有二面写的，每简写一至二行，也有上半大字一行，下半小字四行的，字体在楷隶之间。1972 年山东临沂银雀山发掘一号汉墓所得的竹简大多是兵书（其中有久已失传的《孙膑兵法》即《齐孙子》），整简每枚长 27.6 厘米（八九寸），宽 0.5～0.9 厘米，厚 0.1～0.2 厘米，可见诸子书是用短简。二号墓出土《汉武帝元光元年历谱》竹简共 32 枚，基本完整，每枚长 69 厘米（二尺二寸），宽 1 厘米，厚 0.2 厘米，可能因为这是由国家颁布的正式历书，所以用长简。简上的字是墨写隶书。一个文件或一篇文章往往需要有许多简，把若干简用麻绳、丝绳或者牛皮绳编在一起，连二三道，多者有五道，就成为册，甲骨文中的册字便是象形字。把这个编成一连的简，以末简为中轴，从左向右卷成一卷来保存，这就是一卷书。

用木片做书写材料的称"牍"，它主要用来写信，长度是汉尺一尺，所以后世称信札为"尺牍"。写好以后，再加上一块空白的"牍"，当作信封，用绳捆好。当信封的"牍"叫"检"，在检上签上名字叫"署"。在"检"的中间有一块微凹的方块叫"函"，所以后世也称信件为"函"。捆绳在"函"处打结，用泥封上，加盖印章，以免别人拆阅，这叫做"封"，也称"泥封"，这块盖了印章的泥封叫做"封泥"（清人吴式芬有《封泥考略》一书），所以后世就以"封"作为信件的计量单位。如果是方形木版就称为"方"，一般用来写不到百字的文章。用来画图的称为"版"，民间为标明土地所有权，用"版"来画土地的四至。国家用版来画疆域，所以后

① 马王堆汉墓中的"遣策"简上最少的只写二字，武威出土的《仪礼》简上有多至一百二十三个字的。

世称领土为“版图”。版也用来登记户口，称为“户版”，所以户口册也称“版籍”①。

简牍比较笨重，使用不便。稍晚于简牍的缣帛比较轻便，就成为一种新起的书写材料，与简牍相辅使用。帛长一般一丈二尺为卷，舒卷较易；但终因丝织品比竹木价昂，所以一直未能取代简牍而成为主要书写材料。直到东晋之末，桓玄在一道命令中才正式宣布以纸来代替竹简木牍②。后来纸就成为主要书写材料，相沿至今。

从笨重的竹木简到轻便的帛纸，这种发展变化的确是书写制度上的一大进步；但在检索使用方面，仍有很大困难。有些卷书虽然在外端有标上书名、篇名的小笺③，可以减去舒卷的麻烦，但要检索大量藏书卷，从中寻求所需的书，还是不便，于是需要用书本形式把藏书各笺的内容登录下来，这就使得群书目录不断产生和发展。

杨仆在“纪奏《兵录》”时，可能编写了最早一部专科性的群书目录。但是，除了《汉书·艺文志》和《太平御览》中有几句几乎相似的话以外，没有更多的文献资料可使我们有更多的具体了解，从而也难以对这一目录进行论述。根据现有资料，对图书进行一次有领导的、大规模的、较全面的整理和编制群书目录工作的，应以汉成帝时刘向等所领导的校书运动为最早。刘向等经过 20 年左右的辛勤工作，创立了一整套编制群书目录的程序，即“条其篇

---

① 参阅王国维：《简牍检署考》，载罗振玉：《流沙坠简》，见《永慕园丛书》，民国印本。

② 《初学记》卷二一引《桓玄伪事》，记桓玄于东晋末曾下令说：“古无纸，故用简，非主于敬也。今诸用简者，皆以黄纸代之！”中华书局 1952 年版。

③ 旧例小题在上，大题在下，即篇名在上，书名在下，后来的线装书中还有沿用此例的。

目，撮其旨意，录而奏之”①，并集合各篇书录撰成了综合性群书目录的开创性著作《别录》。刘向的儿子刘歆又继承父业，在《别录》的基础上，以较快的速度撰成了一部比较正规的综合性目录《七略》。这两部书具有很高的学术水平，可惜原书久佚，仅有清人的辑本。所幸班固把《七略》“删其要，以备篇籍”②，改写成《艺文志》列入了《汉书》，成为现存最早的一部综合性群书目录，使后人可以略窥《七略》之遗；而《艺文志》的体裁又开创了史志目录的新体裁，树立了群书目录的一个新类别。

一书目录仅便检阅一书；群书目录的功效则要大得多，它对求书、读书、治学和研究都起着一定的辅助作用。

从刘向、班固以后，群书目录的编纂工作历代相延不断，成为我国图书事业中一项有悠久历史传统的工作。

二

《别录》是综合性群书目录的开创著作，《七略》是在《别录》基础上，进而按书的性质，依先后次序，用较短的时间而撰成的一部比较正规的综合性的图书分类总目录，《汉书·艺文志》则是根据《七略》体裁编纂而成的现存最早一部完整的群书目录；但是，它们的撰者——刘向父子和班固并不只局限于登录图书、编制书目，而是进行了大量的学术研究工作。现从残存的几篇书录和《汉志》的内容来考察，他们广搜众本，校雠异同来确立定本；勘定篇次，分类立目以分析和辨明学术流派；评论图书，指示门径来表达学术观点，指导后学。他们把单纯的编目工作提高到了学术研究的

①② 《汉书·艺文志》序，中华书局1962年版。

高度，使编制群书目录的过程成为建立学科的过程，为后学创建了规制。因此，我国古典目录学是伴随着这几部著名的群书目录的撰著而兴起的。这些著作为我国古典目录学奠定了第一块基石。

魏晋以来，目录学依然依刘向的规制而向前发展，如吴国孙休即位后命韦昭“依刘向故事，校定众书”①。西晋的目录学家荀勖主持了一次与刘向校书规模相似的校书运动，也仍是“依刘向《别录》，整理记籍”②。群书目录也随之日益增多与完备。《七录》之立《簿录部》，《隋书·经籍志》史部之立《簿录》，《旧唐志》史部之立《目录类》，都反映了群书目录发展增多的情况。

虽然，从刘向以来已在事实上进行着目录学的工作；但是，目录学作为一门专门学提出来却是较晚的事情。过去有人认为“目录学”之成词，始见于清乾隆间王鸣盛之《十七史商榷》③。这一说法似嫌过晚。因为宋人苏象先述其祖父苏颂遗训逸事的《苏魏公谭训》卷四中就已有“目录之学”的说法。《谭训》中说：

> 祖父谒王原叔，因论政事。仲至侍侧，原叔令检书史，指之曰：此儿有目录之学。

这段话中的“祖父”指苏颂，王原叔是王洙的字，仲至是王洙子王钦臣的字。可见目录学作为一个学科的专词早始于北宋初年。

宋代目录工作是有显著成绩的，它不仅表现在编纂了一些著名的公私目录，而且还开展了目录学理论的研究工作。郑樵虽然不承认目录学的专称，但他所撰《通志·校雠略》应说是目录学理论研

① 《三国志·吴书》卷二〇，中华书局 1959 年版。
② 《晋书》卷三九《荀勖传》，中华书局 1974 年版。
③ 姚名达：《中国目录学史》，见《中国文化史丛书》，商务印书馆 1957 年版。

究的名著。元、明二代，继续有所发展，而到清代，目录学几乎成为一时的“显学”。许多著名学者都给予极大重视。有关目录学的著作和群书目录也大量问世，甚至有些学者以毕生精力致力于此，若干与目录学有关的学科如版本、校勘、考证等学也都蔚为专学，使目录学呈现出空前的昌盛景象。

虽然如此，但从宋以来，有些学者却仍认为目录只是记撰人、分篇帙、识书名、别版本而已，不能单独成学，并认为应称校雠学，而将目录学包容在内。宋代学者郑樵撰《通志·校雠略》论图书搜求、整理、编目等等，但不取目录之名以明个人旨趣；清初学者全祖望在所撰《丛书楼书目序》中力贬目录学的地位说：

> 今世有所谓书目之学者矣，记其撰人之时代，分帙之簿翻，以资口给。即其有得于此者，亦不过以为獭祭之用。[1]

乾嘉学者章学诚则标举校雠学，完全否认目录学的存在。他说：

> 校雠之学，自刘氏父子，渊源流别，最为推见古人大体，而校订字句则其小焉者也。绝学不传，千载而后，郑樵始有窥见，特著校雠之略而未尽其奥，人亦无由知之。世之论校雠者，惟争辩于行墨字句之间，不复知有渊源流别矣。近人不得其说，而于古书有篇卷参差、叙例同异当考辨者，乃谓古人别有目录之学，真属诧闻。[2]

清季学者朱一新也认为目录无需作为专门之学。他说：

---

① 全祖望：《鲒埼亭集》卷三二，《四部丛刊》本。

② 章学诚：《章氏遗书》外篇卷一《信摭》，商务印书馆 1930 年版。

> 目录校雠之学所以可贵，非专以审订文字异同为校雠也。……世徒以审订文字为校雠，而校雠之途隘；以甲乙簿为目录，而目录之学转为无用。多识书名，辨别版本，一书估优为之，何待学者乎？①

近代以来有的学者主张用校雠大名可统目录小名，不主张采取目录学专名，并申言目录不能自立为学，而应将目录、版本、校勘等学共统于校雠学之下②。

郑、章以来各说，虽各有所见，但他们都是先由自己对目录学赋予一个不完整的概念，然后由自己加以驳论。这一点似乎不足以服人。近代目录学家余嘉锡先生就从正名的角度表示了异议，指出郑、章、朱等人概念上的不确切。他说：

> 据《风俗通》引刘向《别录》，释校雠之义，言校其上下得谬误为校，则校雠正是审订文字。渔仲（郑樵）、实斋（章学诚）著书论目录之学，而目为校雠，命名已误，朱氏之说非也。特目录不专是校雠，版本耳！③

余先生之说颇得刘向原意，自有可取。目录学之可独自成学而无需用校雠学之名来代替的理由，约有几点：

（1）所谓校雠，刘向《别录》已有明确解释：

> 一人读书，校其上下，得其谬误为校；一人持本，一人读

① 朱一新：《无邪堂答问》卷二，清光绪二十二年家刊本。

② 张舜徽：《广校雠略》卷一，中华书局1963年版。

③ 余嘉锡：《目录学发微》一，中华书局1963年版。

书，若怨家相对为雠。①

这段解释说明校雠就是指校勘文字篇卷的错误。它是刘向整理图书工作的一道工序，不能表明全过程。郑、章诸人弃刘向解释的原意，强引校雠之名，然后自赋新义，借以废目录学之名，是不可取的。

（2）郑、章、朱等人强以己意赋予目录学以特定界说。他们认为目录只不过是“记其撰人之时代，分帙之簿翻”，“多识书名，辨别版本”而已，不去细察目录应包括的具体内容和经过哪些程序撰成。如果目录学确如诸人所赋界说，那实在可以不称为目录学。实际上，刘向已经把目录学的含义做了概括说明，就是“条其篇目，撮其指意，录而奏之”，然后集合成书。那就是说，全部工作要经过整理篇次、校正文字、辨明学术、介绍梗概、撰写书录，最后把全过程的成果集中反映为目录。所以用目录来概括全部工作过程有何不可？而对所以达成最后成果的各环节总称之为目录学，又有何不宜呢？

（3）也有人认为，“举其学斯为校雠，论其书则曰目录”，所以只能称为校雠学而不能叫目录学，所谓能称目录的“书”，无疑地是全部治学活动的文字总结。既然承认集中反映全过程的书能称目录，那么为完成目录书而展开的全部治学活动又为何不能称为目录学呢？

因此，目录学不特其名可以成立，即其学也有可资研究而应独立成为专门学科。

① 萧统编、唐李善注：《文选·魏都赋》，商务印书馆 1959 年版。

三

目录学既成为专门之学，究竟它有什么用处呢？我认为：目录是用来反映图书内容，便于检寻所需图书的重要工具。把它作为一门专学来研究，在学术本身来说能“辨章学术，考镜源流”，就是说可借此了解某一学问的性质、内容，并且考察它的流派及发展，得到明确清楚的认识。而对治学者来说则能“即类求书，因书究学”，即运用这种目录知识可寻求到所需要的图书典籍，从而根据这些资料去探究这门学问，起到了研治学术的辅助作用。因而历来为学者所重视。清代学者王鸣盛在所著《十七史商榷》一书中，开宗明义的第一条就标举目录学之重要性，即卷一“史记集解分八十卷”条中所称：

> 目录之学，学中第一紧要事，必以此问途，方能得其门而入。

在卷七《汉书叙例》条又说：

> 凡读书最切要者，目录之学。目录明，方可读书；不明，终是乱读。

在卷二二《汉书艺文志考证》条更引述金榜的话说：

> 不通《汉书·艺文志》，不可以读天下书，艺文志者，学问之眉目，著述之门户也。

金榜此语似有偏激夸张之嫌，但他们重视目录学的倾向则是非常鲜明的。

和王鸣盛同时代的著名史学家钱大昕和赵翼也是重视目录学的。如钱大昕在《廿二史考异》卷五和赵翼在《廿二史劄记》卷六中都有为《三国志注》编写的引用书目。

清末的姚振宗曾以毕生精力专注于目录学的研究和著述，所著《汉书艺文志拾补》、《条理》以及《隋书经籍志考证》都是目录学的专门著作。可见其重视目录学的程度。同时，又有张之洞曾著《书目答问》作学子初学入门读物，他在该书《略例》中说："读书不知要领，劳而无功。"又在书中谱录类书目之属注称，"此类各书为读一切经史子集之途径"，指导初学以门径。张之洞把目录学有关著述看做是读书的要领和途径。

这些见解未免有些偏激夸大，有点绝对化，应该批判其肆意夸大的一面，因为目录学虽可作为研究学问的辅助，但决不是学问的极致。近代目录学家余嘉锡先生曾在《古籍读校法》中说：

> 或得一古书，欲知其时代，撰人及书之真伪，篇之完缺，皆非考之目录不为功。

此说比较切实平允。

目录学知识不但对于图书本身可以起到"断真伪、定性质、考篇次、访缺失"的作用，而且对治学也有重要的辅助作用。如果致力于文史及图书工作的人能够学点目录学，至少可以收到这样几点效果：

【掌握图书的基本情况】 我国典籍为数很多，过去就有"浩如烟海"、"汗牛充栋"的说法，至今尚难有一种精确的估计，多则有说十四五万种者，少也估计有七八万种。究竟近似数若何，目前尚难判断。就拿七八万种来说，为数也不算少。这些大量的图书如果杂乱纷陈，无所部属，那么寻检群书又将多么困难！要是学点目录学知识，不仅能利用已有的目录书以“即类求书，因书究学”，还可以自己动手编制新的目录书以利学者。那些已有的目录书都是过去学者搜检群书、分类编次而成，一编在握，可以帮助我们对浩繁的图书知其归属，搜检有据，这样运用既久，对于图书的基本情况就可以大致了解和掌握。

所谓基本情况，不外以下三个方面：

（1）各时代的古籍概貌。我国历史上的官修目录，基本上反映了各朝官藏的图书现状，是比较完备的总书目，因而可以从中看到某一时代比较完备的总书目，从而了解到某一时代的古籍概貌，如从《汉书·艺文志》的著录中就可以知道汉代的图书总数是1.3万余卷。又如从《汉书·艺文志·六艺略》的“春秋家”后附录史籍中知道当时史学著述有23家、948篇，而从《隋书经籍志·史部》中即知当时存亡史籍已有874部、16558卷，较《汉书·艺文志》增加甚多，而且还有了独立的史部，这不就可以了解到史籍发展的概貌了吗？

（2）古籍的归属状况。图书无归属好像士兵无编伍一样，会给求书者带来一定的困难，而目录学知识不仅可以知道古代图书分类的大致情况，而且还能了解各大类下的细类、各类性质如何、包含哪些基本图书。这样，类有所属，书有所归，易于掌握，从而起到“类例既分，学术自明”① 的效果。

熟悉了古籍的归属，又便于在读书过程中增订已有目录书，编撰新目录书，使古籍的基本情况得到补充与丰富。邵懿辰等的《增订四库简明目录标注》就是增订者运用目录学知识而撰成的一部较完备的版本目录专著。

---

① 郑樵：《校雠略·编次必谨类例论》。

(3) 古籍图书的考辨。古籍中撰者有阙名，篇帙有不同，而伪作、伪托更需考订。对于这些方面的考辨，目录学知识是其中重要的一个方面。余嘉锡先生曾提出过目录学对古籍考辨有六项功用，即：①以目录著录之有无，断书之真伪；②用目录书考古书篇目之分合；③以目录书著录之部次定古书之性质；④因目录访求阙疑；⑤以目录考亡佚之书；⑥以目录书所载姓名、卷数考古书之真伪，而“其尤重要者在能用解题中之论断以辨章古人之学术”[①]。如此看来，目录学知识对于了解图书总的基本情况，确能起到事半功倍之效。

【了解图书的本身状况】 目录书大都记载了与图书有关的情况，使人们能从中了解到图书的简要内容、存亡残整、良本精刻等等。即以图书的版本为例，有些目录书比较详明地记录了版本，如宋尤袤的《遂初堂书目》、清代官修的《天禄琳琅书目》和邵懿辰的《四库简明目录标注》都著录有版本，不仅可以知道某一图书各个时代的版本和流传情况，而且有的还记有版式、行格，这更有助于对图书的鉴定。清代学者黄丕烈、顾千里、陆心源、丁丙等关于善本书的题跋、书目等目录学著作则便于求读善本精刻。由于学了点这方面的知识，那就可借以博采众本、雠校异同、校勘订误，使图书对学术研究发挥更好的作用。由于对图书本身有了充分的了解，还可以为审查史料提供有力的外证材料，如《汉书·艺文志》是登录西汉以前图书的目录书，如果有一部著作据说是先秦作品，但不见于《汉书·艺文志》著录，那么这部著作就有可疑之处而需进一步审订。

因此，图书本身状况的资料对于读书、治学各有关方面如校勘、版本、考证和撰述等等都能有所裨益，而要了解图书本身的状

① 余嘉锡：《目录学发微·目录学之意义及其功用》，中华书局 1963 年版。

况，只有具备一定的目录学知识，方能知其途径，运用自如。

【粗知学术源流】 有若干重要的目录书不仅对图书加以分类、编目，而且还在书录中分析和论述了图书源流、学术派别、成就贡献等等；甚至还有目录学家的一己之见，很有点学术史的意味，达到了如清人章学诚所说“辨章学术，考镜源流”的境界。这一境界正是研究目录学的重要任务。我们如果能吸取这些成果，至少可以粗知学术源流。有的图书资料由于年代久远而有遗佚，但往往从目录书中可以略窥轮廓。如《别录》、《汉书·艺文志》不仅记载和分类了汉代以前的图书，而且还概要地分析和叙述了学术的源流演变，其中有的图书久已失传，也借此能得其大略。有的目录书还录入图书序跋，对于了解图书更有莫大的帮助。序跋文字中往往叙述了图书的主要内容、写作过程、撰者意旨、流传经过和对撰者与图书的评价等等情况，成为人们认识和熟悉某一图书的途径。又如宋晁公武的《郡斋读书志》、陈振孙的《直斋书录解题》，清周中孚的《郑堂读书记》和李慈铭的《越缦堂读书记》等对学术源流、图书价值等都有所论及。

目录学著述中既蕴藏这些与学术有关的资料，如能在掌握目录学知识的条件下，加以充分利用，那就不只限于粗知学术源流了。同时，由于这些丰富知识，对于评论和衡量图书的价值和地位，也就更能有所帮助。

【辅导读书、研究】 早在汉代，著名学者王充就提倡做通书千篇以上、万卷以下的“通人”，而达到“通人”的途径就是靠目录学知识，他曾说：

> 六略之录，万三千篇，虽不尽见，指趣可知。①

① 《论衡·案书》，上海扫叶山房1925年石印本。

这正说明目录可使人得到读书的门径。清代目录学家张之洞也提出过“《四库提要》，为读群书之门径”①。近代目录学家余嘉锡先生也自述：“余之略知学问门径，实受《提要》之赐。”②

这些学者所说的指示门径作用具体体现在小序、题解和附注上。有的目录题解对图书的评论多可供读书与治学的参考。有的目录书在一种图书或一类图书之后往往附以片言只语即涉及到读书门径和图书的用途，如《书目答问》正史类“注补表谱考证之属”下便附注说，“此类各书为读正史之资粮”，在李兆洛撰《纪元编》下又附注说，“此书最便”。这些附注虽然有些过分和过时，但至少可供参考。有些“读书记”式的目录书还是有相当水平的学术专著，更可以从中了解到他们如何治学，从而取得借鉴。因此，目录学知识和目录书在读书与研究中是能发挥其辅导作用的。

以上四个方面并未能全面概括目录学的效用，而只是几点粗浅看法，借以引起对学习目录学的重要性有些初步认识，并能引起探讨目录学和运用目录学知识的兴趣。

四

目录学自刘向、刘歆奠基以后，一直向前发展，目录书的编制也继起不绝，数量很不少。据汪辟疆《目录学研究》统计，自汉魏至明末，官书目录 60 种，私家目录 77 种，史家目录 14 种，共计 151 种；清以来书目据《贩书偶记》著录有 118 种，合计达 269 种。当然，目录书的总数绝不止此。这些书按其撰著情况不同，大

① 《辅轩语》，见张之洞：《书目答问》附录，商务印书馆 1936 年版。

② 《四库提要辨证》序录，科学出版社 1958 年版。

致可分以下几类①：

【史志目录】 这是指正史中的艺文志、经籍志一类的目录书而言，《二十四史》中仅在《汉书》、《隋书》、《旧唐书》、《新唐书》、《宋史》与《明史》等六部史书中有这类目录，其他正史无艺文、经籍志者，则有清以来学者为作补志。

合数种志目录于一编者，首推《八史经籍志》。《八史经籍志》原系一日人于日本文政八年（清道光五年）合刊班固《汉书·艺文志》、长孙无忌等《隋书·经籍志》、刘昫等《旧唐书·经籍志》、欧阳修《新唐书·艺文志》、脱脱等《宋史·艺文志》、黄虞稷《补宋史艺文志》、倪灿《补辽金元艺文志》、金门诏《补三史艺文志》、钱大昕《补元史艺文志》、张廷玉等《明史·艺文志》等十种目录而成。因为它们是我国八个朝代正史艺文志及经籍志的原编和补编，故题《八史经籍志》。是书流传我国后，引起人们的重视，光绪四年（1883 年）镇海人张寿荣曾加以翻刻，流行更广②。

《八史经籍志》已经大体上可以连贯，勾画出历代典籍及学术状况，而清代学者又为各缺朝补作，如侯康撰《补后汉艺文志》、《补三国艺文志》，姚振宗《后汉·艺文志》、《三国·艺文志》，丁国钧《补晋书艺文志》，文廷式《补晋书艺文志》，吴士鉴《补晋书经籍志》，张锦《元史·艺文志》（张书无刻本，卢文弨采入倪灿补志）等。《二十五史补编》中收这类补目达 32 种。今人郭霭春又有

---

① 清人汤纪尚为清代著名目录学家周中孚所撰的《周郑堂别传》中曾简分为三类："目录之书，权舆中垒（刘向曾官中垒校尉，意始于刘向《别录》），流派有三：曰朝廷官簿、曰私家解题、曰史家著录"（《槃薖文乙集》下，清光绪间刻本）。

② 参阅陈文起：《从目录学人手一文商榷》，载《光明日报》1962 年 5 月 15 日。

《补周书艺文志》之作①，中华书局复有《清史稿艺文志及补编》②之辑印。其中尤以姚氏二志为最著声誉，他不名其书为补，一则表示自视所作为创作而非补缺；二则无视前期补志的钱大昭、侯康、顾槐三诸家而自命为一家。梁启超曾专论二书特色有五点，并誉其书为“清代补志之业，此其最精勤足称者也”③。这些史目连串起来便可以构成中国近2000多年来一部基本上完整而正规的图书总目，集中反映了自汉迄清典籍发展存佚的情况和文化学术的发展动态、线索。这一套图书总目不仅是研究目录学的主要对象，也是祖国文化的宝贵遗产。

近人王绍曾尽多年之功，主编《清史稿艺文志拾遗》，著录54880部，375710卷。若合《清史稿艺文志》著录9633部、《补编》著录10438部，则清人著述已达74951部，虽难断言已尽录所有，但已可得其大概。该书三册，附有较详备的四角号码索引，包括《著者姓名索引》、《书名索引》和《人物索引》，颇便于检用。

【国家目录】　每当一个朝代趋向稳定和巩固时期，往往由政府公开主持规模较大的图书整理工作，也就是所谓校书工作，把政府搜寻和庋藏的图书进行整理，随着这种校书工作的发展，最后必然要用文字记录全部工作成绩，这就形成一个国家书目。刘向《别录》便是这种书目的创始者。以后如隋的《大业正御书目录》、唐的《群书目录》、宋的《崇文总目》、明的《文渊阁书目》、清的正续《天禄琳琅书目》都是国家书目，而清的《四库全书总目提要》则是这一类书目中最出色的代表。

从国家目录中，我们不仅可以了解当时政府藏书情况，从而反

---

① 《文史》第26辑，中华书局本。

② 1982年中华书局版。

③ 《图书大辞典簿录之部》，见《饮冰室文集》专集第十八册，中华书局1941年版。

映某一时代对文化重视的程度。同时，它既可以作编撰史志目录的主要依据，又可以与史志目录起到相互补充校正的作用。

【私人目录】 宋代以前，典籍多由官府收藏，私人藏书情况较少。宋代以后，雕版盛行，书籍流通广泛，私人藏书之风日盛，据叶昌炽《藏书记事诗》所记，自北宋到清末，藏书家共1100余人①，其中著名的如宋代晁公武的“郡斋”，陈振孙的“直斋”；明毛晋的“汲古阁”、祁承㸁的“澹生堂”、范钦的“天一阁”、黄虞稷的“千顷堂”以及清代号称四大藏书家的杨氏“海源阁”、瞿氏“铁琴铜剑楼”、陆氏“皕宋楼”、丁氏“八千卷楼”等。这些藏书家都撰有书目，于是就出现了私家目录，这些私人书目达数百种之多，其中最著名的如：

(1) 宋晁公武的《郡斋读书志》，是最早一部正规的私人目录，著录的书有不少今已失传，幸有此目，使我们尚能从它的叙录中略知大概。还有陈振孙的《直斋书录解题》，与晁著并称私人目录中的双璧。

(2) 宋尤袤的《遂初堂书目》，这是记载不同版本的第一部目录，成为讲论版本的重要用书，并为目录学的内容增加了新的方面。

(3) 明黄虞稷的《千顷堂书目》，收录明代著作，颇为详备，为《明史·艺文志》所依据。

(4) 清丁丙的《善本书室藏书志》，制定善本略例，收录善本，为专门书目的佳著。

其他如孙星衍为孙家祠堂藏书编写的《祠堂书目》、张金吾的《爱日精庐藏书志》都是为人所知的私人目录。还有一种是学者读书时所写的提要或札记，或由自己、或由他人加以分类编成读书

---

① 吴晗：《江浙藏书家史略》（中华书局1981年版）所收浙江藏书家有399人，江苏藏书家有490人，共达889人。

记。这是私家目录中学术价值很高的专著，既可以窥见学者治学的门径，也可供后人参证，如周中孚的《郑堂读书记》等都是值得我们仔细研读的目录学专著。

近代还有许多目录学家一依古典目录书的体制新编私家目录多种，丰富了古典目录学这一领域的库藏，如近代四大藏书家——海源阁、铁琴铜剑楼、皕宋楼、八千卷楼所撰私藏善本书目录，以及邵懿辰《四库简明目录标注》的广搜异本，杨守敬《日本访书志》的求书海外，王重民《中国善本书目》的更广泛地注意到海外珍本，孙殿起《贩书偶记》的补续《四库全书》书目，罗振玉《敦煌鸣沙山石室书目》的反映新的图书发现情况，等等。

这些私人目录，虽然由于藏书局限，不能如政府之大规模进行，但所著录往往与国家目录、史志目录互有出入，可供参校，又撰者多学殖深厚，潜心钻研，所以学术价值极高，较官书成于众手者为精。

【地方文献目录】 地方志是我国文化遗产中的宝贵财富，数量甚多，据《中国地方志联合目录》统计，截至1949年止，共收历代地方志8200余种，其内容极为丰富。地方志在艺文一类性质的部分中，也常有著录典籍的书目，这就是所谓方志目录，也有称地方文献目录的。地方文献目录始于宋人高似孙的《剡录》(浙江嵊县)。过去不甚受人注意，而实际上，它所收录或有很多为官志、私志所摒遗，或确有学术价值而当时名不甚显的。这些目录不仅可供求书、检书的参考，同时也能反映地方学术文化发展的情况，甚至可能从中发掘出重要人物的遗佚著作或非重要人物的有价值著作，于研究地方史事，裨益尤大。有些单独成书的如清吴庆坻的《杭州艺文志》10卷和孙诒让的《温州经籍志》36卷，颇有参考价值。

【丛书目录的编制】 综合目录虽始于宋，但至明清，特别是清以来始有显著发展。清嘉庆时对丛书所收诸书已感难于搜检，于是有顾修首创编录丛书之目，辑录宋元以来 261 种丛书，编成《汇刻书目初编》10 册，成为第一部丛书目录。近代以来又续编多种，著名的有光绪时朱学勤、王懿荣的《汇刻书目》20 册，收书 567 种。1918 年李之鼎增订的《增订丛书举要》收书 1605 种。他们都采用分类排列法。1928 年沈乾一编辑的《丛书书目汇编》收书 2086 种，改为字顺排列，比较方便。但是这些丛书目都没有子目索引，因此只能利用它了解某一丛书中收多少种书和所收何书，而无法检寻某书或某人某书是否在丛书内。1930 年前后，金步瀛编《丛书子目索引》收书 400 种，施廷镛编《丛书子目书名索引》收书 1275 种，改正了过去的缺点而有利于检书了。丛书目录是在丛书发展的客观基础上而出现的一种新型目录。还有为配合某种大书的刊行而相应地编制该大书的书目，如商务印书馆出版《四部丛刊》、《丛书集成》和中华书局出版《四部备要》后，便有《四部丛刊书录》、《四部备要书目提要》和《丛书集成初编目录》等书目，提供版本、著者、卷目等项资料，而《丛书集成初编目录》前所载《百部丛书提要》介绍所涉及诸丛书内容、编者和编印历史等，尤有参考价值。解放后，上海图书馆集合了全国 41 个图书馆的馆藏 2797 种，编制了一部体制较完备、规模较大的《中国丛书综录》①。它包括《总目分类目录》、《子部分类目录》、《书目索引》、《著者索引》和《全国主要图书馆收藏情况表》等多种内容。它不仅可从丛书书名、子目书名、丛书性质和著者姓名等方面检索所需图书，而且还是一部联合目录，可以借助附录知道丛书的藏者。所有这些，都是依照旧体裁而有新内容的新编书目。

1979 年，上海图书馆工作人员，在整理馆藏过程中，把冠有

① 施廷镛主编：《中国丛书目录及子目索引汇编》（南京大学图书馆、历史系资料室 1982 年铅印本），收《中国丛书综录》未收之丛书 977 种，可视为《综录》之补编。

丛书名称的近现代图书集中起来，逐一区分，按丛书名称笔画为序，编成《中国近代现代丛书目录》，共收1902～1949年间的中文平装丛书5549种，各类图书共有30940种，因正式出版困难，由编写人员清缮影印出版。备著辛劳，可想而知。全书三册，第一册为丛书目录，第二册为丛书子目书名索引，第三册为丛书子目著者索引，尚便检用。

【专门目录】 这是专为某一方面、某一种书或某一种专门用途而编制的目录书。它和综合目录相对应，如释道目录、专书目录等等。

释道目录是专记释、道二家典籍的专门目录。最早的释家目录是东晋释道安的《综理众经目录》，此书已佚，现存最早的是梁僧祐的《出三藏记集》15卷。记道家书籍的目录有明白云霁所撰《道藏目录详注》4卷。陈垣先生《中国佛教史籍概论》对所收35种佛教书籍都略按成书年代，分类介绍。对各书书名、略名、异名、撰人略历、卷数异同、版本源流、内容体制、史料价值等均加分析叙述，无异是一部具有很高学术水平的释家目录。

专书目录有一书的引用书目，即把某一书所引的各种用书编成专目，借以考察此书的资料来源，并以此见引书的存佚，如沈家本所撰《三国志注引书目》、《世说新语注引书目》和《续汉书八志补注所引书目》（合称《古书目三种》）。还有为某一书编制参考书目录的专书目录，如《史记书录》就是把与《史记》有关的参考书编制成目录，供研究《史记》之用。

【初学目录】 古典目录书数量颇多，门类又广，对于初学者来说，颇有难于入手之苦。近代以前，《四库全书简明目录》可以算是一部为初学者而编的入门课本。19世纪末任四川学政的张之洞应初学者的要求，在缪荃孙的帮助下，写定了《书目答问》一书，内容简要易读，也颇有新意。过去许多目录学家曾受其益，如余嘉锡先生曾自称他的学问“从《书目答问》入手”[①]。这部书虽然由于其产生的时代背景而有较大的局限，有一定的缺陷和过时之感；但在尚无这类目录前，姑且用它来供初学者作入门读物，至少可以熟悉和掌握一部分古籍的基本情况，作进一步钻研的阶梯。近人范希曾为它作过《补正》，增补订正甚多，使该书质量有很大提高，更便于初学。

【目录学研究专著】 自宋以来，在文集和杂著中有关于目录学的论述和见解，其能独树一帜、自成体系的，应推宋郑樵的《校雠略》。郑樵不仅是通史专家，而且还是目录学家。他所撰的《通志》200卷，是一部通史兼专史的名著，其二十略中的《艺文略》、《校雠略》、《图谱略》等就是他研究目录学理论和实践的成果。继郑樵《校雠略》之后的另一目录学研究专著是清人章学诚的《校雠通义》。他标举宗刘、补郑、正俗的著述主旨，较全面地评价了郑樵的成就与失误，并针对目录学研究和实践工作中的问题提出个人的见解与主张，颇有见地。近代以来，研究专著颇为兴盛，大体上可属二类：

一类是对过去古典目录学名著的研究。姚振宗的《隋书经籍志考证》和余嘉锡先生的《四库提要辨证》是这方面卓有贡献的两大名著。二书篇帙繁富，功力至深。姚氏自称：“吾于此书，多心得之言，为前人所不及，亦有驳前人旧说之未妥者……取裁安处之间，几经审慎而定，订正疑异之处，数易稿草而后成。”[②] 余先生也自述其书经始于光绪二十六年而辍笔于1952年，先后历五十余年，数易其稿，乃成此“一生精力所萃”之作[③]。余先生散在杂志

① 陈垣：《余嘉锡论学杂著》序，中华书局1963年版。

② 姚振宗：《隋书经籍志考证》后序，《快阁师石山房丛书》，1931年浙江省图书馆印本。

③ 《四库提要辨证》叙录，中华书局1980年版。

报章的论文，1963年由中华书局汇编为《余嘉锡论学杂著》。它是研究古典目录学的佳作，是宝贵的学术遗产。姚、余二人之外，吴玉搢的《四库全书总目提要补正》汇集清人纠正《提要》之论述，颇有裨古典目录学之研究。他如范希曾的《书目答问补正》也是很有贡献的著作。《补正》以3年辛勤，独立补正全目，做到“条理清楚”，可见其“用功至勤”①，可惜范氏早岁谢世，未臻完备；但即此也对后学有莫大的裨益。

另一类是对目录学这一学科本身的研究，这方面的著作也较多，而以汪辟疆的《目录学研究》和余嘉锡先生的《目录学发微》为著名。《目录学研究》1934年初版，其序中自称全书内容是：“索录略之渊源，条分合之得失，与夫汉魏六朝间官私著录之钩稽，宋元明清后丛书类别之更定，所谓目录学之最繁难最重要者，略已灿然备具。”② 其言虽略有夸饰，但引证翔实，论列明晰，于少所依傍之际，创写此书，实较难得。余嘉锡先生所著《目录学发微》也是创作较早而又较有系统的名著。书中对目录书体制、目录学源流、历代目录书类例的沿革等阐述甚详，是一部很有价值的参考用书。

这方面还有许多其他著作，如姚名达的《目录学》和《中国目录学史》、刘咸炘的《目录学》、杜定友的《校雠新义》、蒋伯潜的《校雠目录学纂要》、郑鹤声的《史部目录学》和张舜徽的《广校雠略》等，虽有些立论尚可商榷探讨，但都能各成一说，使目录学的研究工作得到程度不同的推动。

这方面不容忽视的就是燕京大学引得编纂处所进行的编纂引得工作，这对图书的检索和利用提供了极大的方便，其中《艺文志二十种综合引得》是对史志目录的一项综合研究工作。

---

① 《书目答问补正》重印本，柴德赓序，中华书局1963年版。

② 汪辟疆：《目录学研究》，商务印书馆1934年初版序文。

以上八个方面举出十几种目录书和一些相关著述，并略加说明，它不表明这是对目录书的分类，而只是我主观上认为，如果从这个方面读这十几种书，也许就可以对传统目录学的发展概况和目录学的基础知识有些初步了解。

【目录书的体制】 这些目录书的编纂体制归纳起来，基本上是三种不同类型，就是：

（1）部类之后有小序，书名之下有解题。这种体制主要是为了“论其指归，辨其纰缪”，对图书进行全面论述，如《四库全书总目》等。

（2）有小序而无解题。这种体制充分利用小序来“辨章学术，考镜源流”，使读者便于从学术上了解和掌握图书概貌，如《汉书·艺文志》。

（3）无小序无解题，只有书名。这种体制只列书名、作者、卷数；但如果类例分明，也能使读者有清楚的条理，如《书目答问》等。

从这三种不同体制看，古典目录书的基本结构主要是书名、小序和题解。

书名是任何目录都需具备的一项，它反映了图书的基本特征——书名、撰者、篇卷、版本、藏者等。有的较全，有的有缺项。

小序是随着目录开始纂辑就出现的一项基本结构，它论述某一部类图书的学术源流、演变和特点，以便读者提纲挈领，鸟瞰全书。《七略》中的《辑略》是小序体制的开端，《汉书·艺文志》散《辑略》内容入各类，成为后来的小序形式。《隋书·经籍志》正式标举出“小序”之名。

解题也称叙录、书录或提要，它是用来揭示图书主旨和用途，向读者揭示门径和提供方便的。它肇始于《书序》。刘向《别录》就以书录为主要构成部分。宋陈振孙采用解题之名，撰《直斋书录解题》。所以这类目录书往往被称为解题目录或提要目录，它由于取材内容和写法不同，可分为三种类型：

（1）叙录体：这是解题目录中最早的体例，它以较多的文字叙述图书主旨内容，间或加以评论，可借此对全书有概括性的了解。

（2）传录体：这是比叙录体内容简略的一种体裁，它往往只为撰者叙其生平而已。

（3）辑录体：这是广泛辑录与本书相关的资料来揭示图书内容并进行评论。

书名、小序和解题是古典目录书体制基本结构的三个要素。

五

如上所述，近代对古典目录学的研究确是取得了一定的成绩，但是，这些研究工作与我国丰富的古典目录学遗产相衡量，却还颇不适应，很有必要把古典目录学的研究工作向前推进一步。我对这门学科原来所知有限，而又长期荒疏，所以难以提出可供参考的设想；但又考虑这门学科也还应当提倡和拓展，所以不揣固陋，谈点个人观点。我以为这门学科研究趋势似应从整理、研究、撰写和刊印四个方面入手。先就此加以说明如次：

【整理目录学文献】 文献资料是研究工作的必要依据，因此要开展好研究工作，首先要进行文献资料的基本建设。古典目录学除了专著成书可即类求书外，还有丰富的资料散在各书，如正经、正史、类书、政书、诗文别集以至笔记杂著中所在多有，则较难一索而得。如果能组织一定人力，以一定的时间从二十四史的有关纪传中辑出一套资料，再从宋元明清笔记杂著中辑出一套资料，分门别类，汇成《古典目录学资料类编》，则大有裨于学者。又如《书目答问》一书，在范氏《补正》外，不仅有江人度《书目答问笺补》（光绪刊本）、叶德辉《书目答问校补》（《江苏省立苏州图书馆馆刊》第三期），而海内还有很多批注本，如余嘉锡先生就用四五种颜色过录于书头的各家批校本。我曾经眼天津藏书家刘明扬、目录学家邵次公、高熙曾等人的批注本，而在各图书馆所藏不知名的批注本则无法计算。若能汇聚诸家批注资料，再补入各古籍的后印版本，辑录有关评述，仿《增订四库简明目录标注》例，辑为《书目答问汇补》，则不仅对《书目答问》这一有一定影响的书目作一总结，便利学者，也为日后纂集专科古籍目录《新经义考》、《新史籍考》做初步的准备和探索。又如文集杂著中的散见资料更亟待整理辑录。这项工作不妨分朝代进行，如先辑《清人文集中目录学论文汇编》，它与资料类编有所不同，因为清人文集中有许多是成篇谈目录学问题的，不是片断资料。如钱大昕《潜研堂文集》中的《经史子集之名何昉》、黄廷鉴《第六弦溪文钞》中的《爱日精庐藏书志序》、潘耒《遂初堂文集》的《请广秘府书籍以广文治疏》、刘毓崧《通义堂文集》的《黄氏书录序》……还可以列举很多。许多论文中多评述源流，阐明见解，几乎都是足资参考的文献，如能尽数年之功，分册成书，不特是目录学研究之福音，亦不失为整理清人文集之一法。

【研究目录书和目录学家】 过去对于古典目录学著述和学者作了一些研究；但大多集中在汉、隋二志和四库总目等著名作品及刘向、刘歆父子，郑樵和章学诚等著名学者上。即使在这些方面也还有不少的研究余地。如《别录》、《七略》的源流、体制、成书、辑本和评价都尚待总结。《隋志》序是篇好作品，但也还有可订正诠释之处。《四库提要》经余先生所辨证者仅四百余条，也还可续作《辨证》。此外，如朱彝尊所撰《经义考》在国内外都有颇大影响，但一直没有进行全面研究评论，而明清以来大量的私家目录除了若干翻印时有些简短说明外，也缺乏深入综合的研究。对目录学家的研究方面显得更为薄弱，如，司马迁的《史记》中虽没有

《艺文志》，但其《太史公自序》中的小序实是史籍一书目录之始，有目有录，言简意赅，很有研究和借鉴的价值，至于散在全书的目录资料尤比比皆是，今人金德建所写《司马迁所见书考叙论》对此进行爬梳整理，有筚路之功；但进而研究《史记》的目录学贡献及太史公的目录学思想则尚有待来者，而三家注中所引《别录》资料也有可资参考者。牛弘是隋代大目录学家，其“五厄论”是论古代图书聚散的名篇，当时影响很大，对于这一学者就应研究。宋代两大目录学家晁公武、陈振孙所著《郡斋读书志》与《直斋书录解题》是学术界公认的私家目录双璧，但对晁、陈二人，除陈乐素所撰《直斋书录解题作者陈振孙》一文搜采颇备外，其他或相因，或短什，缺乏对这二位著名目录学家的全面评论。有些不甚知名的目录学家更没有很好的发掘和表彰。阮孝绪及其《七录》在目录学史上占了显著的一页，但对《七录》做出崇高牺牲的刘杳却淹没无闻。刘杳其人，阮孝绪《七录序》末特表述其人其事说：

> 通人平原刘杳从余游，因说其事（写七录事）。杳有志积久，未获操笔，闻余已先著鞭，欣然会意。凡所抄集，尽以相与，广其见闻，实有力焉。斯亦康成（郑玄）之于传释，尽归子慎（服虔）之书也。①

这种“凡所抄集，尽以相与”，以助成别人著述的高尚风格，实使后之垄断资料，秘而不宣者赧颜。这样的学者即在叙及《七录》时都被抹煞，更谈不到去专门研究，而刘杳不仅具记于此，《梁书》、《南史》都有专传，实在应该撰文表彰。

有的学者有著作也往往被忽视，如清代道咸同时期的山西耿文光，既是藏书家，又是目录学家。我看到过他所著的《目录学》、

① 释道宣：《广弘明集》卷三，《四部丛刊》本。

《苏溪渔隐读书谱》和《万卷精华楼书目》，像这样的目录学家也可根据其著述进行研究。

又如叶德辉、罗振玉等人对目录学这一领域曾有一定贡献，但其平生功过应如何正确评价，做到不以人废言地加以评述，也是值得研究的课题。

【撰写新的古籍目录】 撰写有关古典目录学的专著是一项很重要的工作，但需要资料基础、撰写时间，而且这种工作比较受到重视，将会得到一定的安排与推动的。我认为目前应该大力提倡和拓展的领域是吸取古典目录书中的优点，编制古籍目录。解放以来，这方面有一定的成绩，如《史记书录》、《红楼梦叙录》都就有关专书写成参考性的提要目录。而由国家主持，动员全国力量纂辑的《中国善本书总目》工作的意义尤为重大，不仅是摸清底数的空前创举，也是向世界昭示中华文化丰富蕴藏的有力武器。另外，如重编的地方志联合目录也是有价值的目录。不过，这项工作仍然还有许多待举的方面，如专科目录的撰集就需大力开展，清初朱彝尊的《经义考》，其后谢启昆的《小学考》，至今还是受到很大的重视，难道不可从中取法吗？乾嘉以来，章学诚等学者先后进行、陆续完成的《史籍考》，不幸稿毁于火，难道我们就不可以重纂吗？个人力量有限，一时聚集人力也有困难，那又为何不化整为零呢？我曾按照自己的设想，对清人年谱进行一次摸底，经眼检读达 800 余种、1000 余卷而撰成《近三百年人物年谱知见录》6 卷，如果有更多的人能分门别类撰辑这类专目，那么积以时日，奠定基础，日后只需统一体例，平衡编制，便可用较短时日纂成《史籍考》（或名《史籍总目提要》）这类的巨著。这就如刘歆有《别录》可据，则《七略》便易于见功。如此，则先可得分类专目之用，终获部类总目之效，这是研究古典目录学值得拓展的园地，并需有计划进行。

还应该编纂一部古典目录书的目录。过去邵瑞彭等辑过《书目长编》，汪辟疆写过《汉魏六朝目录考略》；解放后，冯秉文编过《全国图书馆书目汇编（1949～1957）》。现在是否可分段编《唐宋目录考略》和《明清目录考略》，最后即可合编《历代目录考略》；或组织人力，编纂《中国历代书目提要》，实际上便为古典目录书作一总结。我所主编的《清代目录提要》已于1997年由齐鲁书社正式出版。

【刊印古典目录学书籍】　近代以来，这方面的刊印工作在不断进行。道光时日人辑刊《八史经籍志》，光绪时海宁张寿荣即加以翻刻；宣统二年罗振玉辑印的《玉简斋丛书》即收刊明清私家目录8种；1936年开明书店印行的《二十五史补编》中即收印了若干种史志目录的补志，并且还把姚振宗的古典目录学专著集印为《快阁师石山房丛书》，其他书局坊间印本也所在多有。解放后，刊印工作有很大发展。史志目录和明清私家目录多种都已重印，《四库全书总目》和《增订四库简明目录标注》不仅重印，还增添了新内容，提供了新资料，有利于研究工作。在专著方面，清周中孚的《郑堂读书记》、叶昌炽的《藏书纪事诗》、叶德辉的《书林清话》、汪辟疆的《目录学研究》、姚名达的《中国目录学史》和余嘉锡先生的《目录学发微》、《四库提要辨证》等书都得到重印，其他还有一些，不再列举。但是，这种刊印工作还有可改进之处。其一，刊印古典目录学书籍应尽力做好加工，不仅要加标点、说明，最好能有专论，并附录有关资料，编制索引，有的更应加相当注释，以应实际需要。其二，有计划重印一些传本比较难得而有价值的专书，有的可以独立成书，如姚振宗的《快阁师石山房丛书》已很难搜求，甘肃有人研究姚振宗，通省搜求未得，这种书就应加工重印。有的可把同性质类型的书编印为"丛刊"，如编列《卢抱经先生年谱》、《黄荛圃先生年谱》、《校经叟自订年谱》、《顾千里先生年谱》、《臧在东先生年谱》、《可读书斋校书谱》、《苏溪渔隐读书谱》等为一丛刊，则可提供清代版本目录学与校勘学的参考资料。其中如

《可读书斋校书谱》就是钱泰吉27年的校书记录，很有价值。另外，公私所藏未刊书目有些还有参考价值的也可有选择地加以刊印并汇聚一起，编为《书目丛刊》，也很便于使用。

上述四点看法，只是想到写到，并不全面，也不成熟。读书未遍，妄加雌黄，本为学者大忌；但愚者千虑，或有一得，若借此而获商榷教正，则对古典目录学之研究或能稍有裨益。

六

（一）官修目录和史志目录的创造——两汉

【《别录》与《七略》】 《别录》的作者刘向（公元前77年～公元前7年）是西汉后期的大学者，成帝河平三年（公元前26年），他受命“校书”（整理国家藏书），这是一项空前艰巨的任务，但当时确已具备了校书的良好条件：一方面前人已开始做了些图书整理工作，有成果可吸取，如儒家典籍的系统和诸子百家书的系统已逐渐形成，并有杨仆所作的兵书专门目录，这些都是刘向足资参考的资料。另一方面，当时的社会已有编制一部国家目录的要求，从汉朝建立到刘向生活的时代已有170余年长期统一的局面，又经过汉初、武帝和成帝几次大的求书运动，国家集中了大量的图书，武帝的大一统和“独尊儒术”的政治要求也对学术界产生了重要影响。《史记》是在史学上反映大一统的杰作，图书整理方面也需要这类性质的成果反映。刘向便是在这种可能条件下领导了我国第一次大规模的整理图书运动。他的全部工作可概括为备众书、删重复、订脱误、谨编次和撰叙录，即如《汉书·艺文志序》里说的“条其编目，撮其旨意，录而奏之”。这些工序基本上符合编制目录书的规律——搜求图书、分工（类）整理、异本校勘、确定篇次、撰写提要，最后把这些工序的全部成果汇编成目录书。刘向的这项工作是对当时重要典籍所进行的一次总结性大整理，清理了西汉政府200年来所积累的国家藏书。

在刘向的这项工作中，有两点值得注意。

第一，在使用和培养人才方面取得了特殊的成效。繁重的整理图书工作非独力所能完成的，它需要合理地调动、使用人才，才能有条不紊地展开工作。刘向采取了专材校书，分工（类）进行的办法，他按照图书内容和性质分成六艺、诸子、诗赋、兵书、数术和方技6种，分别由专门人才主持：刘向主持六艺、诸子、诗赋，步兵校尉任宏主持兵书，太史令尹咸主持数术，侍医李柱国主持方技。这既发挥了专门人才的专长，又自然形成了我国最早的正式图书分类。刘向在调动专家的同时，又能不拘一格地奖掖和培养青年。他拥有一批青年助手，如他的儿子刘歆仅二十六七岁，就担任他的主要助手，掌握全面工作。另外参加校书的杜参、班斿（游）、王龚也不过十几二十岁，他们通过学术工作的实践，大多做出了成绩，成长为著名学者。

第二，创制书录，树立提要目录体例的典型。刘向为图书写书录是一项开创性工作，所写的书录是我国文化史上的一份宝贵遗产，可惜绝大部分遗失，只剩下《战国策》、《孙卿新书》、《晏子》等8篇。过去学者对此颇为重视。余嘉锡先生在《藏园群书题记》序中说：

> 昔者刘向奉诏校书，所作书录，先言篇目次第，次言以中书、外书合若干本相雠校，本书多脱误以某为某，然后叙作者之行事及其著书之旨意。

这是对刘向所写全篇文字内容所作的全面概括，但我认为真正的书录正文应是指全篇文字的中心部分。从现存的全篇文字来分析，书录可以分为四部分。

（1）篇目。《晏子》、《孙卿新书》叙录前所列篇目是刘向“条其篇目”后的定目，这是书目，不是书录的内容。

（2）工作报告。从文字叙述的开始到“皆定，以杀青，可缮写”一语止，这是刘向“校雠”工作的总结，是向皇帝所上的工作报告，是确定定本的处理说明。

（3）书录正文。在“可缮写”后，有的有“叙曰”字样，然后叙作者生平、著书意旨、学术价值及资治意义等，有的未加“叙曰”，可能是后来佚落。从“叙曰”到“谨第录”或“谨第录臣向昧死言”一语才是书录的正文。

（4）全书标签。在“谨第录”后往往有“左都水使者光禄大夫臣向所校战国策书录”等字样，这也不属书录正文，这些题字可能起两个作用：一是刘向为清缮者写的工作说明，说明以上是书录，清缮时不要和书的本文相混连；二是作为这部书的标签，是在这一捆青皮简叙录的最外面一简上标明这是什么书的书录。这可看作是这卷简书的笺（标签）。

刘向勤勤恳恳地工作了 19 年，在即将完成全部宏伟事业前死去了。他的未竟事业由他的儿子及主要助手刘歆奉命继承。

刘歆（公元前 53～公元 23 年）从青年时代就奉命参加校书工作，刘向死后，他担负起总结校书成果，建立系统目录的重任，在已有成果的基础上，花了大约两年时间，撰成了我国第一部系统目录——《七略》。这样，国家的全部藏书有了统纪，学术流派和科学文化水平也得到了应有的反映。

《七略》包括六艺、诸子、诗赋、兵书、数术、方技等六略和六略前的《辑略》。《辑略》是全书的总录。它包括总序和各略的序，说明各类图书内容和学术流派，其余六略则依类著录图书，每书之下都有简短说明。《七略》的内容基本上是节录《别录》的书录而成，六略之下有种，种下有家，家下列书。全目除《辑略》外共为6略（大类），38种（小类），603家，13219卷。

《七略》的重大贡献是把我国古代的分类思想具体地运用于整理图书，使西汉前的重要典籍得到了系统的著录，这对古代文化的保存起了重大作用，所以范文澜先生把它和《史记》并提为西汉时期有辉煌成就的两大著作。

【班固与《汉书·艺文志》】 东汉的目录事业集中表现在班固所撰的《汉书·艺文志》上，这是我国现存第一部完整的古代目录书，也是史志目录的开创之作。

《汉书·艺文志》是《汉书》的一个组成部分。它的撰者班固是东汉初年著名的史学家、目录学家。他在刘向父子的影响下，继承了《别录》与《七略》的成果，对它加以剪裁、编次，撰成了《汉书·艺文志》，创立了新的目录体裁——史志目录。

《汉书·艺文志》的体制是前有总序，文字虽短，但内容丰富，主要有：①总述汉以前的学术概况；②汉初至成帝时的图书事业；③刘向的校书程序；④刘歆完成的《七略》；⑤《汉书·艺文志》的编撰。

这篇总序即是西汉以前的学术史和目录学史的大纲，又表明了《汉书·艺文志》的学术渊源。

《汉书·艺文志》分六艺、诸子、诗赋、兵书、数术和方技等六大类，称为“六略”，《辑略》则散入各种类之后，下分38种，596家，13269卷（此家数、卷数不确）。各略均有序，各种除《诗赋略》外也都有序。

书名的著录方法大致有，先书名后撰人、先撰人后书名、或仅著书名无撰人、以撰人作书名、以撰人官爵为书名和以撰人加文体等六种方式。

目录之后即记种、家、卷的数目。书名下有有注、有无注、有图的也加注，所说只是撰人、内容、篇章、真伪和附录等。

史籍在汉志中没有独立地位，是附在《六艺略·春秋家》之中。春秋这一种包括 23 家、498 篇。除《春秋》的左氏、公羊、谷梁、邹、夹各家外，还有另外一些史籍，如《国语》、《世本》、《战国策》、《楚汉春秋》、《汉著记》、《汉大年记》等均见著录，而司马迁的《史记》也作如下著录："《太史公》百三十篇，十篇有录无书。"从这条简略著录可以了解到：①尚无《史记》专名；②全书有 130 篇；③班固所见已十篇有录无书，那么现在所有的十篇显系后人所补。在这条后又著录"冯商所续《太史公》七篇"，可知西汉时已有冯商为《史记》作补篇工作。这些史籍的著录可以了解秦汉时史籍的一些情况，并可作为运用某些史籍时的外证依据。

《汉书·艺文志》虽是申明以《七略》为主要依据，但也付出了作者剪裁编次的劳动，表现了自己的特色，如调整了去取，改易了文字，变更了属类，删略了一些题解，等等。清人章宗源的《隋书经籍志考证》中曾列举二书异同六点即：《汉志》引文与《七略》不同，《汉志》注较《七略》为简，有《汉志》无而《七略》有者，《汉志》书名与《七略》不同，二者归类不同，《汉志》有新加入者。

《汉书·艺文志》的最大贡献在于始创了史志目录一体，使目录成为正史中的组成部分，保存了历代典籍的要略，特别是《七略》自唐以后亡佚，而《汉书·艺文志》至今独存，遂成为征考汉前典籍的重要依据。《汉志》不仅是目录学著作，也是学术史著作，是探究古代典籍状况和学术思想的重要锁钥。当然，《汉志》并非已著录无遗，同时它也不是很容易完全读懂和掌握的。唐宋以来曾有人做过一些拾遗补阙、疏通汇注的工作，这些著述可供我们读《汉志》的参考。

唐人颜师古曾注过《汉书》，《艺文志》在被注之列，他的注主要是解释文字，如春秋种有《汉著记》百九十卷条下，颜注，"若今之起居注"，虽所注寥寥，但却使我们对《汉著记》的内容有个主要了解。清人王先谦的《汉书补注》搜集前人成果颇多，亦可参考。

宋人王应麟是第一个正式研究《汉志》的学者，著《汉书艺文志考证》，补充了一些遗漏，又收集了一些有关资料，分别系属于有关书籍之下，读者称便。

清人姚振宗又撰《汉书艺文志拾补》和《汉书艺文志条理》，对《汉志》作了进一步的整理和研究，资料颇丰，条理也清楚，为读《汉志》的重要参考书。今人陈国庆编《汉书艺文志注释汇编》[①]，亦可参考。

王、姚三书均载《二十五史补编》第二册。

（二）四分与七分——魏晋南北朝

魏晋南北朝是一个战乱频繁、政局动荡的时代，但它在目录方面却取得了一些成就，特别是在图书分类的研究中，表现得尤为突出。

魏、蜀、吴三国可以魏为代表。魏秘书郎郑默编制了一部国家藏书目录——《中经》（今佚）。他进行了比较细致的图书分类工作，为两晋以来正式探索图书分类工作起了先导作用。

【西晋荀勖的《中经新簿》】　荀勖出身于西晋著名的世家，在西晋时担任过许多显赫的官职，他在文学、音乐、目录学等方面都有很高的造诣，为时人所推重。晋武帝泰始十年（公元 274 年），荀领秘书监时，和中书令张华合作，进行了一次大规模的图书整理工作。武帝太康二年（公元 281 年），荀奉诏整理编次汲冢书，并专为汲冢书编制了一份国家目录，把汲冢书收列为国家藏书。

荀勖还以郑默《中经》作主要依据，编制了一部综合性的国家藏书目录，即《中经新簿》。梁阮孝绪的《七录》序说它是四部分

① 中华书局 1983 年版。

类。《古今书最》说它收四部书 1885 部，20935 卷[①]。而《隋志》序则较详细地记述了各部所收的图书内容和体制。

根据上述记载，《新簿》的情况是：

荀勗《新簿》系据郑默《中经》而作。它既据《中经》所录之书，就不可避免地参考了《中经》的分类。它既标《新簿》，就包含改编之意。二者相因关系，诸书所载俱同。所以郑默《中经》对荀勗《新簿》的分类是有一种相承的关系。

《新簿》共分四部，由于有《七录》序和《隋志》序的记载，可略知其每部内容，虽史籍已独成部类，但甲乙丙丁的次序尚为经子史集，与后来经史子集的次序略异。

《新簿》的体制是登录书名、卷数和撰人，并有简略的说明，可是没有很好地继承刘向写书录的传统，缺乏对图书内容的评述和论辩。但其可取之处在于记录图书的存亡，这对后来查考图书存佚流传和借此进行图书真伪的考辨，都起了提供资料依据的作用，而且也开后来目录书著存亡的先例。

总之，荀勗《新簿》在分类、解题等方面虽有不足之处，但它对目录学的发展增加了一些新的内容，起了一定的推动作用。

【东晋李充确立四部顺序】 李充字弘度，江夏（今湖北安陆）人。东晋的文学家、书法家和目录学家，历官至中书侍郎。他曾在晋穆帝永和二年后若干年内，主持整理图书和编制《晋元帝四部书目》。此时距晋元帝时已有 20 余年，因李充编目所据者乃元帝时所“鸠聚”的图书，故名《晋元帝四部书目》。

李充所编之目，由于图书数量较少，仅 3014 卷，“遂总没众篇之名，但以甲乙为次”（《隋书·经籍志》序），即只有四部，而不立各书的类名。他的四部分类虽和荀勗相同，但次序有所变更，清代学者钱大昕曾说：“至李充为著作郎，重分四部：五经为甲部；

① 释道宣：《广弘明集》卷三，《四部丛刊》本。

史记为乙部；诸子为丙部；诗赋为丁部。而经史子集之次始定。”①

李充的四部分类编次方法，一直为后世沿用，所谓“自尔因循，无所变革”②，正说明它在目录学发展史上的贡献。

【王俭与阮孝绪的七分法】 刘宋后废帝元徽元年，著名目录学家王俭主持撰成《宋元徽四年四部书目》和《七志》两部目录书，前者是国家目录，后者是私人撰目。《七志》的成就远远超过《元徽书目》，它不仅开私人编目之先，而且还为目录事业增添了新的内容。

《七志》的体制，在分类上改变了李充的四部分类法，参考了荀勗的《中经新簿》，而主要依照刘向、刘歆父子的分类法，只是略改《七略》部名。《七志》仿效《七略》在卷首写列九篇条例作为各部小序，《隋志》序评论这九篇条例“文义浅近，未为典则”。因本书已佚，难定是非。尽管如此，王俭恢复刘向、刘歆父子“辨章学术”这一优良传统的贡献是应予肯定的。但他却没有很好地继承书录的良规，所谓“不述作者之意”正是其不足之处，不过他尚能“于书名之下，每立一传”（《隋书·经籍志》序），开创了书目解题体制中的传录体，仍不失为有所创新。

总之，《七志》虽有类例不明、论辩不足等缺点，但其私人编目、著录今书、创立传录等事确为前人所无，这是王俭在目录学研究上的一大成就。

阮孝绪（公元479～563年），南梁著名的目录学家，他于梁武帝普通四年（公元523年）仲春，独立完成了《七录》这部极有特色的私人目录。此书久佚，但所幸《广弘明集》卷三保存了《七录》序和所附的《古今书最》，使后人不仅得知《七录》的基本概况，而且还对梁以前的目录事业略得轮廓，成为古典目录学中的重

---

① 钱大昕：《元史艺文志》序。

② 《隋书·经籍志》序。中华书局1973年版。

要参考文献，根据《七录》序可以知道该书的基本体制和成书缘由。

《七录》的体制主要参酌刘歆《七略》和王俭《七志》而自定新例。全目分为内外篇：内篇有《经典录》、《纪传录》、《子兵录》、《文集录》和《术技录》等5录46部，外篇有《佛法录》和《仙道录》等2类9部；全目为12卷，共7类55部，6288种，8547帙，44526卷。《七录》在编撰过程中，曾得到友人刘杳的无私帮助。

《七录》的特色和主要成就是：

（1）《七录》的条件和过去不同。前此的目录书多是就国家藏书撰成。即使如王俭的《七志》虽属私人目录，但也是在编元徽书目时进行的，又有主管图书的职权便利，所以使用图书方便。而阮孝绪则是一个被称为“文贞处士”没有政治地位的普通学者，因而不具备这些条件。他只能根据一些私人藏书家目录和“官目”来整理编目，经过官私目录的对校，发现官目“多所遗漏，遂总集众家，更为新录”。这说明《七录》继承和总结了前人的目录成果，是比较完备的综合目录，开启了研究前人目录之端，摆脱了单纯登录藏书的局限。

（2）《七录》在分类上有所创新。它从图书数量的现实出发，又把史籍从附属地位提到独立部类上来，专立《纪传录》，同时在部类之下又分细类，推动了分类学的发展，对后世的分类有重要影响。

（3）《七录》“总括群书四万余，皆讨论研核，标判宗旨”，介绍了作者事迹和图书的流传情况。虽然《隋志》总序批评它“剖析辞义，浅薄不经”，但我们不能不看到阮孝绪是在既少藏书、又无助手的条件下，力争恢复刘向、刘歆父子书录传统所作的努力，精神可嘉，其成就是值得肯定的。

（4）《七录》的七分和类名是经过一定研究而确定的，它不像王俭名为《七志》，实为九分那样牵强。它把根据文德殿五部目录体例的图书分作五录列为内篇，而以佛法、仙道作为二录列为外篇，既表明列佛道于附录的含义，又确为七分，名实取得一致。

（5）《七录》所收 4.4 万余卷，较之文德殿书目所收 2.3 万余卷，增加几近一倍。在南北朝这样一个动乱时期，阮孝绪能在较差的条件下，独立完成这样一部搜罗比较完备的图书目录，确是古代目录事业中的重大成就。

【北朝的目录事业】 北朝的北魏是汉文化程度较高的时代。孝文帝迁都洛阳后，曾派人检查图书缺少的情况，编定《魏阙书目录》一卷，索书于南齐，南齐藏书本不繁富，而北魏尚向它借缺书，则藏书之少可想而知。《魏阙书目录》是北魏惟一见于著录的一部目录。

北齐在文宣帝天保七年曾命樊逊等 11 人“校定群书”①，但史传不载编目之事。唐刘知几在《史通》中提到北齐时，有宋孝王曾撰《关东风俗录》，记北齐邺下之事。书中有《坟籍志》，记当代著作，开后世地方目录之先声。

北周明帝时，也曾“集公卿以下有文学者八十余人于麟趾殿，刊校经史”②，但未闻有编目之事。

（三）官修目录和史志目录的发展——隋唐

隋唐时期，我国出现了相对稳定的局面。社会经济有所恢复，文化事业也得到相应的发展。隋朝虽立国日浅，确也做了不少工作。文帝、炀帝两朝都进行官修目录的编撰，而炀帝时编成的《大业正御书目录》9 卷尤有价值，所谓“正御书”是炀帝指派学者柳䛒从国家藏书 37 万卷中整理精选出的 3.7 万余卷图书，并为之编

① 《北齐书·文苑传》。

② 《周书·明帝纪》。

目。私家目录则以许善心所撰《七林》为著名，可惜已佚而难知其详。隋朝的这些工作，为唐代的目录事业作了铺路和过渡的工作。

【《隋书·经籍志》】 《隋书·经籍志》，旧题魏征撰，实际上还有李延寿和敬播二人，它成书于唐初，是继《汉书·艺文志》后的一部重要史志目录。《隋志》主要依据隋唐时国家藏书，并参考它以前的有关目录书而编成。

《隋志》虽列入《隋书》，但它包括了梁、陈、齐、周、隋五代（史家惯称为前五代）官私书目所载的现存图书。

《隋志》的材料依据，在《总序》中曾概括说："远览马史班书，近观王阮志录。"它远受《汉志》影响，近承《七志》、《七录》绪余，又参考前代目录，对唐以前的图书状况进行一次总结。《隋志》在各部、类之末都仿《汉志》例写序，简要地说明诸家学术源流及演变，各类小序都分别说明与《汉志》的继承关系。《隋志》和《七录》的关系尤为明显，《隋志》总序是目录学文献中的重要篇什，其主要内容即据《七录叙目》和隋牛弘的《五厄论》。《隋志》的体例也据《七录》而有所损益。

《隋志》对前此诸目均搜集整理加以著录，列为《史部·簿目类》。并将前此诸目的见存书汇为一编，合条为 14466 部，有 89666 卷。这是《隋志》会聚旧目的部、卷数。撰者对这些又删去了"文义浅俗，无益教益者"，附入了"辞义可采，有所弘益者"（总序），实收了 6518 部、56881 卷，并明载其数于志目。

《隋志》的收录以撰人卒年为断，凡隋义宁二年（即大业十四年，公元 618 年）以前者收录，唐初始卒者一概不收。

《隋志》按经史子集分类。四部分类，虽始于魏晋，但现存以四部分类的目录书，则当以《隋志》为最古。但是细察《隋志》的分类，并非是严格的四分，因为它后面还附有道、佛二录，实际上是六大类。在部下分类，计经 10 类、史 13 类、子 14 类、集 3 类、道 4 种、佛 11 类。类下著书。佛、道只计部数，不著书名。在四部中值得注意的是史部。史部不仅有了独立的部类，而且还有了部类的名称。这是史学发达，史籍增多的必然结果。史部 13 细类，通计亡书有 874 部、16558 卷，比《汉志》的 23 部、948 篇增加了几十倍，可见我国图书事业的发展状况。

《隋志》值得注意的一个特点是记存佚。如称梁有、宋有或亡，并以夹注的方式依类附入亡佚书目。小计除子部外，又通计亡书，佛、道二录则计残而未计亡书。小计中尚记残缺，但有遗漏未计者。

《隋志》的著录体例是列书名及卷数为项目，而以撰人为注，对撰人不评介而只叙其时代官衔，间或注明书的内容真伪及存亡残缺，其著录也有错误处。清季沈涛所著《铜熨斗斋随笔》中有考证多则，如卷五《晋诸公赞》、《氏字误衍》、《杨承庆》，卷七《李文博理道集》及《历代三宝记》等则皆为对《隋志》著录的正误。

历代学者对《隋志》评论不一，毁誉相参，直至清代方为学者重视，其专门著述主要有 3 种。即：

清人张鹏一撰《隋书经籍志补》。张鹏一以《隋志》对北朝著述多有逸漏，便根据史传，搜检而得“经说九十二部、史录六十部、子类五十五部、专集七十二家、杂文三十篇”。然后按《隋志》次序分别补入，并搜集后世有关某书的论证。

清人章宗源撰《隋书经籍志考证》。此书虽名为全志考证，实际上只有史部，据撰者族人章小雅说，此书本名史籍考，好事者为它加上现有的这个全称。此书依据《隋志》史部 13 类分为 13 卷，在每种书下注明今存、变迁、历代目录书著录状况；辨明部类分属中的错误，补充缺漏，内容详赡，考证精审。清人朱绪曾《开有益斋读书志》称它《隋志》所载今佚者，必详载体例及诸家评论”，并赞誉这部书是“隋以前乙部殆无遗珠矣”。

清人姚振宗也撰有《隋书经籍志考证》，虽与章书同名，但此书是对全志的考证，篇帙巨大，有 52 卷之多。此书博搜广采，考证详尽，将《隋志》中撰人、书名、体例及后世评论的有关资料均汇于一编，又核正刊误，补充不足，终于以前后四年的功力，数易草稿的辛勤而纂成。它为整理《隋志》最有成绩的名著，是研究《隋志》必不可缺的重要参考书。

张、章、姚三书均载《二十五史补编》第四册。

【《群书四录》和《古今书录》】 唐代的官修目录以唐玄宗时编撰的《群书四录》为最著名。这是在开元初年唐玄宗的亲自过问下，屡易编者，终于在开元九年撰成的一部官修目录，全书200卷，内容繁富，可称是有书录以来的一部巨著。但由于篇幅巨大，成书仓促，必然存在着一些缺点。但这些缺点在一般官修目录中也在所难免。而这部目录能在短期内完成收书2000部、40000卷的编目工作，确属不易，仅以其篇卷之大不能不使它在目录学史上占据应有的历史地位。

《古今书录》40卷，是唐玄宗时的目录学家毋煚所作，他曾参加过《群书四录》的编撰工作，可能由于官修目录未能很好地吸取他的建议而自撰了《古今书录》。此书在宋以前已佚。但它的书序被《旧唐书·经籍志》抄录而幸存下来。这篇书序内容丰富，是研究古典目录学的重要参考文献。从这篇书序中得知：《古今书录》每部有小序，每书有撰人名氏及解题。全书共45家，3060部，51852卷。更重要的是此书序深刻地阐述了目录学的作用。

【五代十国目录工作的衰落】 五代十国目录著作甚少。十国仅从《通志·艺文略》著录中知有《蜀王建书目》一卷。五代则后晋刘昫所撰《旧唐书·经籍志》影响尚存，为五代目录事业增色不少。它主要取材于《古今书录》，体制模仿《隋志》，所录为开元盛时之书。开元以后著述则未收入。《旧唐书·经籍志》是正史目录中的一种，在保存目录学资料方面颇有功绩。

（四）私家目录的勃兴和目录学研究的开展——宋元

宋仁宗时，命王尧臣、欧阳修等人编撰《崇文总目》66 卷。它把所收的 30669 卷图书分为四部 45 类。原来类有小序，书有提要，可惜南宋后都被删去，仅存书名。明清时只剩简目，清学者钱侗等曾为辑佚 5 卷。

宋代十分注重修撰“国史”，而每种国史都有“艺文志”。有《三朝国史艺文志》、《两朝国史艺文志》、《四朝国史艺文志》及《中兴国史艺文志》等 4 种，今虽已佚，但从其他记载中尚能略知大概。这些目录都是类有小序，书有解题，各志相承而不重复。它虽以国家书目为主要依据，似有官修目录的性质，但它终究附于各朝国史，仍应列入史志目录。它在目录事业发展上开创了官修当代史志目录的先例。

史志目录有欧阳修所撰《新唐书·艺文志》，它著录图书 3277 部、52094 卷，在记录唐代藏书及唐人著录方面比《旧唐书·经籍志》完备。它在分类编次上有所改进，如废除以部类为“家”而以学术流派分类，并将霸史、伪史合一而删去霸史类名，列笔记杂著于史部杂史类，等等。这对后来《国史经籍志》、《校雠略》等目录学著述都有影响。

【《郡斋读书志》和《直斋书录解题》】　《郡斋读书志》的作者晁公武，为官多年，藏书丰富。他大约在 50 岁左右任荣州太守时开始编撰《郡斋读书志》。

《郡斋读书志》按四部分成 45 类，每部有总序，各书对作者、全书主旨、学术源流、篇第次序等都按不同情况，写成提要，可供后世考订典籍所借鉴。

陈振孙是宋代继晁公武之后的另一位卓有贡献的目录学家。他聚书 40 余年，藏书 5 万余卷。在晚年耗费了 20 年的时间，仿《郡斋读书志》的体例，撰成《直斋书录解题》56卷，著录图书3096种、51880卷，与南宋官修目录所著录，相差不及万卷。

《直斋书录解题》原按四部分类并有小序，明初亡佚。今本从《永乐大典》辑出22卷，直接分为53类目，但综观编次，仍存四部顺序。它对所著录各书都叙明卷帙，并评论作者，创制解题体裁，并开始以解题名书。它的解题内容涉及甚广，有评论人物、评论图书价值，介绍内容与取材，记述撰述时间及版本等方面。这些资料对后人研究古代学术及典籍都有重要的参考价值。所以《四库全书总目》对22卷辑本给予了极高的评价。

《郡斋读书志》和《直斋书录解题》不仅在宋代声名卓著，也堪称私家目录的双璧。

此外宋代尤袤的《遂初堂书目》也是值得注意的私家目录。此目只有书名，不撰解题，但记录各种不同版本，成为我国最早的版本目录著作。通行本缺卷数与撰者，《四库提要》认为是传写者所删削，而非原本脱漏。

（五）古典目录学的昌盛——明清

明清时期，古典目录学由元代颇为缓慢发展的阶段过渡到昌盛阶段。

明初虽注意到“求书”，但未能顾及到“校书”，直到英宗正统六年（公元1441年）始由大学士杨士奇等建议对国家藏书登录编目，遂编成明代的国家图书目录《文渊阁书目》。这部书目是国家藏书登录簿性质。全目不分经史子集，而将藏书以千字文排次为序，自天字至往字，凡20号，共5橱，贮书7297种，其卷数也按此分号编为20卷。这部目录虽多被后世学者讥评为疏陋，但因它是明代现存的一部官修目录，于考校当时的图书状况和保存遗佚书资料等还是有一定的参考价值。其他尚有作为史志目录的焦竑所撰

《国史经籍志》。这部书目特别注重分类，其有关分类的论述有足供参考之处。但能代表明代目录水平的仍应归于私家目录。

【私家目录的丛出】 明代的私家藏书比较兴盛，而藏书家又大多撰有目录，形成私家目录丛出的局面。它们大体上以藏书目及专科目为主。

藏书目录数量较多，其著名的如：

（1）《百川书志》20卷 高儒撰

高儒字子醇，自号百川子，涿州人，他是一个武人而藏书甚富。他以6年时间，整理考索私藏，三易其稿，于嘉靖十九年（1540年）写成此目。全目以四部分类，下列93门，收书近万卷，每书都有提要。他的特点是在史部之下收录了小说、戏曲之类，反映了撰者已突破传统的收书规范，而这一突破却为古典文学的研究提供了重要资料。

（2）《红雨楼书目》4卷 徐𤊹撰

徐𤊹（1570～1646年）字惟起，更字兴公，闽县人，藏书3万余卷。仿《通志·艺文略》及《通考·经籍考》体例，撰成《红雨楼书目》4卷。它著录文艺图书较多，如卷三子部传奇类收元明杂剧和传奇140种。它所收明代集目也较多，其《明诗选》部分更详注作者履历，是有关明代文艺的资料。

（3）《澹生堂书目》 祁承㸁撰

祁承㸁（1563～1628年）字尔光，山阴人，是明末浙东的藏书世家，聚书达10万余卷，编成《澹生堂书目》。此目原写本未分卷，采用表格式，清人邵懿辰谓其书“可分四十七卷”。它虽按四部分类，而其下细目多有新意。它为便于检索，采取分析著录与互见著录的方法，对同书而卷册版本有所不同的，则以又字别著一条；对上下或正续编著作则分条著录；其成目续收各书皆续附各类之末，因而，它并非简单的登录簿而是自有其例的。

其他藏书目如《赵定宇书目》、《晁氏宝文堂书目》和《万卷堂书目》等都是独具特色的著名私家目录书。

明代私家目录的另一类是专门目录。它虽不如藏书目录繁盛，但也是很具特色的，如周弘祖撰《古今书刻》二卷可称代表作。周弘祖，湖广麻城人，嘉靖时进士，曾官福建提学副使。《古今书刻》上编载各直省所刊古籍，下编则录各直省所存石刻，故名“书刻”。它实际上是出版目录和金石目录的混合体。它保存的版刻资料为考求版刻源流及图书存佚提供方便。其他如讲医籍的有殷仲春所撰《医籍目录》、讲明传奇的有吕天成所撰《曲品》二卷，都含有专科目录的性质。

明代虽有私家目录的丛出，但还只是古典目录学昌盛期的前期，而真正使古典目录学达到昌盛的，应该说在清朝。

【四库全书总目提要】 清朝由于康雍乾三朝社会经济的较快恢复，学术文化得到相应发展，目录学的运用多为学人所掌握，同时，由于清朝推行文化专制主义，目录学又成为可以直接避免知人论世的避风港，更推动了目录学走向昌盛。

清朝不仅目录学著作的数量超越前代，即从编制体例、收录范围、体裁多样和内容价值各方面看，也都显示出一种总结前代，开启后来的特色。诸多著述中最有成就的便是《四库全书总目》（简称《四库提要》）200卷。它是清乾隆三十七年至四十七年间纂辑《四库全书》的相连产物，是篇帙巨大的一部官修书目。全书按四部分类，计经部10类、史部15类、子部14类、集部5类。全目共著录图书3461种、79309卷，存目6793种、93551卷，有401部无卷数。在编写体例上，部有总序，类有小序，书有提要。它的提要大多定稿于著名学者之手，如由戴震、邵晋涵、周永年和纪昀分任经史子集提要的撰写，而由纪昀总其成。这些提要的内容不仅“叙作者之爵里，详典籍之源流，别白是非，旁通曲证，使瑕瑜不掩，淄渑以别”，而且还“剖析条流，斟酌古今，辨章学术，高挹群言”①，对 18 世纪以前的学术进行了一次总结。有的提要后还有按评，主要说明分类归属的移动理由，是研究图书分类的资料。因此，《四库提要》可以说是一部篇帙巨大、体例较备、内容丰富和具有一定学术价值而为前代所未有的目录学名著。这不仅是清代目录事业上的一大贡献，也是古典目录学领域中的一大成就。

清朝见于《四库提要》篇幅过大，乾隆三十九年，又命纪昀简编了《四库全书简明目录》20 卷。它虽然精简了总序和小序，但有些子目仍附有简短的按语，颇便于翻检。官修目录同时编制繁、简二本，也是前代所无的创举。

《四库提要》因是官修，所以清代学者对它以颂扬为主，如目录学家周中孚评论说：

> 窃谓自汉以后，簿录之书，无论官撰私著，凡卷第之繁富，门类之允当，考证之精审，议论之公平，莫有过于是编矣。②

后世学者也有些评论，而比较允洽的当推余嘉锡先生的意见。他认为《四库提要》“就其大体言之，可谓自刘向《别录》以来，才有此书也”，“《提要》之作，前所未有，足为读书之门径，学者舍此，莫由问津”。同时，他也指出《提要》的不足之处是仓促成书，取材范围不广，对许多重要目录书未能善加征引，立论有纰缪处，缺少版本项目，等等。因而后来出现一些对《提要》进行补正的著述，如补其不足的有《四库撤毁书提要》、《四库未收书提要》、《清代禁毁书目》、《清代禁收知见录》和《增订四库简明目录标注》等，其订正谬误的有《四库提要辨证》及《四库全书总目提要补

---

① 余嘉锡：《四库提要辨证》序录，科学出版社 1958 年版。

② 周中孚：《郑堂读书记》，文物出版社 1986 年版。

正》，等等。这些书都对研究《四库提要》有益。

约与《四库提要》同时，乾隆、嘉庆两朝还相继完成了《天禄琳琅书目》正续编。它记录版刻年代、刊印、流传、庋藏、鉴赏和采择都较详备，是为版本目录学奠定基础的重要著作之一。

【目录学研究的开展】 清代目录学的研究主要表现在目录的编制、理论的阐发和相关学科的发展等三个方面：

清代的编目工作除了《四库提要》所取得的卓著成就外，很突出地表现在私家目录的撰著上。一些著名的藏书家，同时也是学者。他们已经不满足于收藏、登录和鉴赏，而是从各个方面研究图书，像撰写专著那样撰写书目，如钱曾（1629～1702 年），字遵王，自号也是翁，江苏常熟人，是清初“见闻既博，辨别尤精”的版本专家。他曾据私藏编制《也是园藏书目》、《述古堂书目》和《读书敏求记》等 3 种书目，其中《读书敏求记》收录藏书中精华部分 634 种，专记宋元精刻，对书的次第完缺、古今异同都加标明和考订，不仅是一部有很高学术水平的版本目录学专著，也开启了后来编纂善本书目之端。

清代有些学者在传统目录体裁外，还用其他形式撰写目录性质的专著。他们从研究学术入手，随着读书和研究，按书写成读书记来表述个人心得与见解，经久积累，便撰成有相当学术水平的目录学著作，如周中孚的《郑堂读书记》和朱绪曾的《开有益斋读书记》等都为学术界所推重。有的学者通过对图书鉴定研究后加以题跋，这些题跋汇编成书就形成题跋式书目，如著名藏书家黄丕烈的《士礼居藏书题跋记》和《荛圃藏书题识》都是这方面的专著。

清代专科目录的编制有了显著的发展，朱彝尊的《经义考》就是这方面的名作。朱彝尊字锡鬯，号竹垞，浙江秀水人，是清初经学、史学、文学、目录学各方面都有成就的学者。所撰《经义考》300 卷是历经多次修订刊印的一部经学专科目录。《经义考》不仅注明图书的存、佚、阙或未见，又按书汇辑有关序跋、传记及评论等参考资料，成为辑录体提要目录中空前巨著。同时代的学者就赞誉这部目录书是“非博极群书，不能有此”和“微竹垞博学深思，其孰克为之”① 等语，而其影响及于国内外，日本学者所撰《医籍考》和章学诚的《史籍考》都受到它的重要影响。

在目录理论研究上当以章学诚为代表，章学诚字实斋，浙江会稽人，是乾嘉时期的史评家与目录学家。他除以多年心力撰著过《史籍考》（咸丰六年稿毁于火）外，还着重探讨研究了目录学的有关理论。他虽然不同意目录学的专名而标举校雠学，并为自己的专著命名为《校雠通义》，但他所研究的问题仍然是目录学领域中的问题。《校雠通义》一直被后世学者公认为目录学专著，书中标举宗刘（向）、补郑（樵）、正俗（说）的著述主旨。他评价了郑樵在编目分类上的卓识，也提出了对郑樵某些论点的不同见解。章学诚以揭示图书内容为出发点来研究目录学，标举出“辨章学术，考镜源流”的宗旨。他把神圣不可侵犯的“六经”看作古代典章制度的记录，有提供图书资料的作用；把编撰目录提到学术高度来对待。他认为写类序的工作是：

> 著录部次，辨章流别，将以折衷六艺，宣明大道，不徒为甲乙记数之需。②

他又认为写提要的工作是：

> 推论其要旨，以见古人之所言有物而行有恒者，则一切无实之华言，牵率之文集，亦可因是而治之，庶几辨章学术一端

① 朱彝尊：《经义考》毛奇龄、陈廷敬序，中华书局《四库备要》本。
② 章学诚：《校雠通义》内篇一《原道篇》，道光十三年刻本。

矣。①

总之，他把撰著目录看作为探求图书内容，以备研究学术源流的工作，而非编排登录的单纯技术性操作。他主张在“辨章学术，考镜源流”的思想指导下进行目录工作。他认为图书资料主要是为学术研究做“聚粮”和“转饷”的后勤工作。他的这种主观上强调目录应该以为学术研究服务为主要任务的观点，比过去那种只在客观上起了为学术研究服务的作用，确是一种突破，而成为清代目录学研究中的一大成就。

随着目录事业的发展，若干有关学科如分类、校勘、版本、考证诸学也多兴起而成为专学，从事学者，为数甚多，人才之盛，前所未有。即如分类，当时四部分类已成定例，而著名学者孙星衍为宗祠所编《孙氏祠堂书目》则不依四部分类，直接分为十二属，在改变图书分类上有它的创新意义。在校勘学方面，除享有盛名的顾炎武、戴震和段玉裁等大力倡导，提出过具体要求和方法外，卢文弨和顾千里是专精校勘的魁杰。卢文弨“家藏图籍数万卷，皆手自校勘”②。顾千里不仅在国内“以精校雠名”③，而且日本人也誉之为“清代校勘学第一人”④。他们的校勘成果都是目录书中重要的著录资料。他如黄丕烈之精于版本、钱大昕之深于考证以及其他学者在这些有关学科方面的成果都为清代目录学提高到学术研究水平做出了应有的贡献。

① 章学诚：《校雠通义》内篇一《宗刘篇》，道光十三年刻本。

② 钱大昕：《卢氏群书拾补序》，见《潜研堂文集》卷二五，光绪十年刻本。

③ 冯桂芬：《思适斋文集序》，见《显志堂稿》卷二，光绪三年刻本。

④ 神田喜一郎：《顾千里年谱》，民国十五年印本。

第三章　论版本

一

版本知识是整理古籍必备的一种知识。好的版本通常是指刊行较早、刻印较精、内容比较完整、文字比较准确而言。选择某书的好版本来读，可以帮助我们减少读书和研究过程中的某些障碍。

版本的名称，正式出现于宋初。开始是专指由雕版印刷而成的图书；后来，范围逐渐扩大，便泛指雕版印刷以前的简策、缣帛和写本，以及雕版印刷以后的拓本、石印本、影印本、活字本等等形式印成的图书，于是版本便成为一切形式图书的总称而沿用下来。

从泛指含义来说，我国的图书版本应从作为正式图书的简策开始（甲骨文等不是正式图书）。刘向校书时所谓的“一人持本，一人读书”的本①，就是指简策这种版本而言的。从刘向《别录》所留存的几篇书录可以看到有中书、太史书、太常书、臣向书、臣参书、大中大夫卜圭书、射声校尉立书等等各种不同的简策版本②。这是著录异本的开始。1973 年长沙马王堆三号墓出土的帛书《老

① 《文选·魏都赋》注，《太平御览》六一八引，读书作读析。

② 《七略别录佚文》，《快阁师石山房丛书》，1931 年浙江省图书馆印本。

子》甲乙本就是汉初帛书的两种不同传抄写本。魏文帝曹丕用纸、帛二种材料写《典论》和诗赋分赠孙权、张昭，可以算是当时不同载体的版本①。南北朝时，写本已有若干不同的版本，在北齐颜之推所著的《颜氏家训》中就标举出河北本、江南本、江南旧本、江南古本、江南书本、俗本等等不同名称②。这些都是雕版印刷以前的版本，而雕版印刷发明和盛行以后，版本范围迅速扩大，便逐渐成为一种专门之学了。

我国雕版印刷始于何时？过去学术界对此说法不一。张秀民在所著《中国印刷的发明及其影响》的专著中，曾以专节讨论。他综合诸说，有汉朝说、东晋说、六朝说、隋朝说、唐朝说、五代说和北宋说等七种。他经过一一考辨后，肯定了唐朝说，又从印玺、石刻的摹刻，印刷的必备器材和文献记载等方面核定，雕版印刷当始于贞观十年左右③，而得出结论说：

> 中国雕版印刷术大概起源于七世纪初年（636 年左右），八世纪市场上出现了印纸，九世纪不但文献记载更多，敦煌发现的实物也不少，成都并且已成为全国刻书业的中心了。

这一结论的论据比较可信，但是否一定始于唐贞观十年还可以进一步探讨研究。现存最早的雕印品实物则是唐懿宗咸通九年（868 年）四月十五日王玠为父母消灾祈福而出资雕印的《金刚般

---

① 《三国志·魏志·文帝记》注引胡冲《吴历》说：“帝以素书所著《典论》及诗赋饷孙权，又以纸写一通与张昭。”中华书局 1959 年版。

② 颜之推：《颜氏家训》卷六《书证》，上海古籍出版社 1980 年《集解》本。

③ 张氏的文献根据是从清人郑机《师竹斋读书随笔汇编》卷十二中找到了明邵经邦《弘简录》卷四六所记唐太宗在长孙皇后卒后，命令“梓行”她所撰《女则》十篇，而长孙皇后即卒于贞观十年六月。

若波罗密经》一卷[①]。这卷经是1900年在敦煌千佛洞发现的。全经由1页扉画和6页篇幅相等的经文粘连而成，长16尺，高1尺，是卷子本。卷首的扉页是释迦牟尼佛在孤独园的莲花座上对长老须菩提说法图，布局谨严，刀法纯熟，是一件异常精美的艺术品，经文字体也端庄凝重，浑厚劲拔。从雕印品的技巧成就上推测，雕版印刷术的发明在此以前。令人愤慨的是，这件国宝和其他敦煌古写本几千卷竟在1907年都被英帝国主义分子斯坦因劫窃而去，收藏于伦敦博物馆已达半世纪之久。

现存国内最早的雕版印品是1952年在成都东门外唐墓中发现的成都府成都县龙池坊卞家雕印贩卖的《陀罗尼经咒》梵文经本，大约一尺见方。中央刻一小佛像坐莲座上，外刻梵文经咒，大部分是古梵文。咒文外又围刻小佛像。雕印时间虽无直接证据，但唐代成都设府在肃宗至德二年（757年），此件当在此以后，原件现藏四川省博物馆。其他现存实物还有如唐僖宗乾符四年（877年）的历书和中和二年（882年）的民间私历（现藏法国巴黎图书馆）。而中和三年，柳玭随僖宗逃蜀后，在成都书铺所见出售的印本书则种类更多。据《柳氏家训序》说：

> 中和三年癸卯夏，銮舆在蜀之三年也，余为中书舍人，旬休，阅书于重城之东南，其书多阴阳杂记、占梦相宅、九宫五纬之流，又有字书小学，率雕板，印纸浸染，不可尽晓。[②]

这些书虽然刻印质量较差，但公开发售多种日用书，也在一定程度上反映了雕版印刷这一新技术已经比较广泛地被应用。

---

① 有人认为1966年10月在朝鲜庆州一石塔内发现的《无垢净光大陀罗尼经》可能是公元704～751年间的刻印本。

② 《旧五代史》卷四三《唐书·明宗纪》小注引，中华书局1976年版。

雕版印刷术的广泛应用为书有异本提供了有利的物质条件。

唐朝的印本书从现存实物和文献记载看，主要是佛经和民间用书。由政府正式刊印儒家经典则从五代后唐开始。

后唐明宗长兴二年（932 年）在冯道、李愚等人的建议下，由政府国子监根据唐文宗时的开成石经文字刻印《九经》后，又及他经和《经典释文》等书。这项巨大工程，历时 22 年，直到后周太祖广顺三年（953 年）始完成，是官刻经籍之始。这份刻印本就是宋人所称的旧监本或五代监本。它经注并备：经文大字，行约 16 字；注文双行小字，行约 21 字，沿用了旧写本格式，可惜后来都亡失了。与此同时，后蜀孟昶（934～965 年）相毋昭裔在四川用私财刻印《九经》、《文选》、《初学记》、《白氏六帖》等书，为私人刻书之始。而石晋相和凝除刻印《颜氏家训》等书外，又自写自刻自己的著作，为自刻所著之始。雕版印刷的发展日益兴盛。

雕刻印刷发达后，就把印本书称之为版，而称未雕的写本书为本。所以《书林清话》中说："雕版谓之版，藏本谓之本。藏本者官私所藏未雕之善本也。"①

到了宋代，版本名称便成为雕版印刷图书的专称。《宋史》卷四三一《崔颐正传》说："（真宗）咸平初，又有学究刘可名言：诸经版本多舛误，真宗命择官详正。"同卷《邢昺传》中说：

> （真宗景德二年）上幸国子监阅库书，问经版几何？曰：国初不及四千，今十余万，经传正义皆具。臣少从师业儒时，经具有疏者，百无一二，盖力不能传写。今版本大备，士庶家

① 叶德辉：《书林清话》卷一《版本之名称》，清宣统庚申观古堂刊本。又张舜徽氏在《中国校雠学分论（上）·版本》一文中说，"'版'的名称原于简牍；'本'的名称原于缣帛"，并有较详论述，可参阅《华中师范学院学报》1979 年第 3 期。

皆有之。斯乃儒者逢辰之幸也。

这段对话是版本学上很重要的资料，它包括以下几个内容：

(1)“国初不及四千，今十余万”。所谓“国初”指宋建国之初，当在960年以后。所谓“今”指真宗景德二年，为1005年。前后相距不过40余年，而版片数量由4000增至10余万，有20多倍，足证雕版印刷发展之速。

(2)“经传正义皆具”。“经”是指儒家经典，“传”是指儒家学派对经的解释，“正义”是唐朝学者的疏解，这表明宋代由于雕版印刷的兴盛而具有了完整一套的儒家经典的多种注解了。

(3)“盖力不能传写”一语说明有了雕版印刷以后，写本书仍然存在，但因费用过昂，不是一般人士所能承担的。

(4)“今版本大备，士庶家皆有之”。循此文意，版本当指雕版印刷的书，版本之名作为印本书的专称，或即以此时为最早。由于雕版印刷品比写本价廉，一般士庶之家都能购置。私家藏书的范围显然扩大，为目录学的发展提供了物质条件。

在宋人的著作中，版本的名称作为印本的专称而被广泛地使用，如米芾的《海岳题跋》卷一中说：“唐僧怀素《自叙》，杭州宋氏尝刻版本。”陆游的《老学庵笔记》卷五中也说：“尹少稷强记，日能诵麻沙版本书厚一寸。”朱熹在《上蔡语录》跋中说：“熹初到括苍，得吴任臣写本一篇，后得吴中版本一篇。”

像这样的记述还有很多，它说明了印本书在日益增多；相对而言，写本书在日益减少，这种增减现象，宋代也已明显存在，所以宋代藏书家叶梦得在所著《石林燕语》中就说道：“世既一以版本为正，而藏本日亡。”

所谓“藏本”，就是指未雕版印行的写本。所谓“日亡”就是说写本已经由独立地位沦于附庸，而逐渐被印本所代替。而后来著录者在著录印本的同时，也不可避免地著录印本以外的各种形式的图书，于是渐渐地版本名称也不专指印本而成为包括印本和印本以外一切形式图书的总称，后世沿用，至今未改。

著录版本资料从目录书创编时就开始，在《别录》中有这样的著录：

> 臣向以中古文校欧阳、大小夏侯三家经文。《酒诰》脱简一，《召诰》脱简二。率简二十五字者，脱亦二十五；简二十二字者，脱亦二十字。文字异者七百有余，脱字数十。①

这可以认作是目录书著录版本之始，但它所著录的重点是经过广搜异本、比勘文字后的结果，不是纯粹把各种异本著录专项。把各种本，即一种书的多种版本作为著录专项的应以宋尤袤所撰《遂初堂书目》为开端，而同时稍后的岳珂所撰《九经三传沿革例》又张其势。《书林清话》中言其事说：

> 自镂版兴，于是兼言版本。其例创于宋尤袤《遂初堂书目》。……目中所录，一书多至数本。……同时岳珂刻九经三传，其沿革例所称……合二十三本。知辨别版本，宋末士大夫已开其风。②

这种注意版本的风气也可能和宋代刻书事业的兴盛有一定的关联。而宋的私家刻书，据《书林清话》所记有 32 家，其中有几家一直著名于后世，所以《天禄琳琅书目茶宴诗》中有“赵韩陈岳廖余汪”的诗句，就指私家刻书中的著名七家。刻坊知名的也有近

① 《七略别录佚文》，《快阁师石山房丛书》，1931 年浙江省图书馆印本。

② 叶德辉：《书林清话》卷一《古今藏书家记版本》，宣统庚申观古堂刊本。

20家。这样，一种书可能会有许多刻家，自然也就会有多种刻本，藏书家和学者也就必然会加以注意和著录。如始立著录版本专项的《遂初堂书目》中曾记一书中有成都石经本、秘阁本、旧临本、京本、江西本、吉州本、杭本、旧杭本、越州本、湖北本、川本、川大字本、川小字本、高丽本等多本。其后，岳珂校刻《九经》时曾搜集了23种不同类型的版本。后来的目录学著作和目录书也往往把版本作为研究和著录的一项内容，如清初钱曾的《述古堂书目》就记元版、宋版等资料，而最称记录资料完备的是清代乾嘉时期官撰的《天禄琳琅书目》前后编。它的编纂情况主要内容是：

> 乾隆四十年，大学士于敏中奉敕编《天禄琳琅书目》十卷。分列宋版、元版、明版、影宋等类。于刊刻时地、收藏姓名、印记，一一为之考证。嘉庆二年，以前编未尽及书成以后所得，敕彭元瑞等为后编二十卷。……是为官书言版本之始。①

由于有许多不同的本子，就会出现彼此间在文字、印刷、装帧等等方面的差别，也会有各种版本的源流、相互关系等等复杂现象。为了研究和鉴别这些差别并从许多复杂现象中寻求共同规律，于是渐渐形成所谓“版本之学”。

版本学的研究对象是包括一切形式在内的各种图书——碑本、写本、刻本、印本、稿本、抄本、批校本等等。对于这些图书对象主要的研究范围是：

（1）研究各种图书版本发生和发展的历史，如雕版源流和演变、传抄源流等等。

---

① 叶德辉：《书林清话》卷一《古今藏书家记版本》，宣统庚申观古堂刊本。

（2）研究各种图书版本的异同优劣，加以鉴别以判定时代，品评高下，指明特点，并从直接和间接经验中总结和概括出规律性的东西。

（3）研究版刻、印刷、装帧等各方面的技术和它的演变发展与成就，如印刷墨色、字体刀法、藏书印记、版式行款、装帧式样等等，为版本的鉴定提供技术条件。

那么，这种版本之学究竟始于何时呢？

顾廷龙认为商周彝器、秦诏莽量的同文异范，如虢叔钟、史颂敦之类就是“版本的权舆”[①]。这些实物对版本学的研究固然有所启示，但以它为肇端，似乎过早。因为版本主要是对图书而言。古器物虽有文字记载，但它本身不是特定的载体，所以不是正式图书。简策具备了图书的要素而成为最早的正式图书，于是开始有了版本，而版本的研究应以刘向父子对这些简策图书的搜集整理时为始；随着雕版印刷和活字印刷的盛行而兴起于宋；由于图书日增，研究领域日广，研究者日增而大盛于清。

刘向、刘歆父子把“广搜异本”放在全部校书工作的首要程序上，然后在异本基础上进行删除重复、条别篇章、定著目次、校雠脱漏、写定正本和著录编目等程序。如果不对所搜罗的异本加以研究比勘，那么以后的几道程序就毫无坚实的基础，所以说这是版本学研究的开端是完全可以的。

隋初征求遗书时，对陈太建抄本，认为纸墨不精，书法不好，而召“工书之士”来补续残缺。这是对版本鉴定后的决策。炀帝对所抄副本分三级装池：“上品红琉璃轴，中品绀琉璃轴，下品漆轴。”[②] 可证这时已注意到版本的装帧技术。

唐代对于版本也很重视，不仅有专设官员和工匠（如“熟纸

① 顾廷龙：《版本学与图书馆》，见《四川图书馆》1978 年 11 月。

② 《隋书·经籍志》序，中华书局 1973 年版。

匠”、“装潢匠”）掌管技术工作，而且从太宗起就由政府组织人力传写遗佚书，如玄宗在东都时就缮写了5万余册的奇书古籍。私家也大量藏书，如李泌的“插架三万轴”，柳公绰的每种书抄备三本。在雕印以前大量的传写藏书反映了图书数量在增多。

宋代由于雕版印刷盛行和活字印刷的发明，为版本领域的扩大提供了条件。版本名称正式出现，版本学的研究正式开始。不仅创编了专门的版本目录——《遂初堂书目》，而且许多著名学者也利用版本来治学，如宋景文用13种版本对校以求得《前汉书》的善本[①]。刻印书时也利用版本来求得好的底本，如廖莹中刻《九经》曾用数十种版本校勘，择定佳本[②]。一些提要目录书也以版本资料作为一项内容，如陈振孙的《直斋书录解题》卷八著录说：“《元和姓纂》绝无善本，顷在莆田，以数本参校，仅得七八。后又以蜀本校，互有得失，然粗完整矣。”

这些情况说明，版本学的研究、运用已进入到第二个发展阶段。

清代的版本学由于图书事业的发展和学者的专门致力而进入第三个兴盛阶段。其兴盛状况可从三方面作些初步考察。

（1）版本目录和版本学著作的撰著：清代的版本目录有国家目录《天禄琳琅书目》正、续篇，私人目录如钱曾的《也是园藏书记》和邵懿辰的《四库全书简明目录标注》；在研究著作方面如钱曾的《读书敏求记》、张金吾的《爱日精庐藏书志》和黄丕烈的《士礼居藏书题跋记》等，而散在文集、笔记中论及版本的专类专篇更是所在多有，如顾广圻的《思适斋集》、钱泰吉的《甘泉乡人稿·曝书杂记》和法式善的《陶庐杂录》等等。

（2）版本学成为学术研究的重要组成部分：清代许多著名学者

① 叶梦得：《石林燕语》卷八，清光绪丁未长沙叶氏刊本。

② 周密：《癸辛杂识》，《稗海》本。

在从事经史诸子各方面的研究中，往往需要研究版本和借助于版本学知识。钱大昕、段玉裁等名家都是具备这方面专门知识的学者。段玉裁把寻求好的版本作底本视为治学第一步，甚至主张“不先正底本，则多诬古人”①。钱大昕《潜研堂文集》中的书序和题跋等多有涉及版本之处。这些可以说明版本学已成为清代学术中不可或缺的一个门类了。

（3）版本学人才的辈出：清代以版本学为专业者，人才辈出，而且各有所长。清人洪亮吉曾品第清代版本学家为若干等次，他说：

> 藏书家有数等：得一书必推求本原，是正缺失，是谓考订家，如钱少詹大昕、戴吉士震诸人是也。次则辨其版本，注其错讹，是谓校雠家，如卢学士文弨、翁阁学方纲诸人是也。次则搜采异本，上则补石室金匮之遗亡，下可备通人博士之浏览，是谓收藏家，如鄞县范氏之天一阁，钱塘吴氏之瓶花斋，昆山徐氏之传是楼诸家是也。次则第求精本，独嗜宋刻，作者之旨意纵未尽窥，而刻书之年月最所深悉，是谓赏鉴家，如吴门黄主事丕烈、邬镇鲍处士廷博诸人是也。又次则于旧家中落者，贱售其所藏，富室嗜书者，要求其善价，眼别真赝，心知古今，闽本、蜀本一不得欺，宋椠、元椠，见而即识，是谓掠贩家，如吴门之钱景开、陶五柳，湖州之施汉英诸书估是也。②

洪氏所论，虽对当时版本学不同领域有所高下，但也可见到版

① 段玉裁：《与诸同志校书之难》，见《经韵楼集》卷七，清嘉庆间刊本。

② 洪亮吉：《北江诗话》卷三，清刊本。

本学专才之济济，反映了版本学兴盛的一个侧面。有不少学者是赞成洪氏这种高下之论的，但我认为吴则虞对洪氏此论的评论则是比较允当的，他说：

> （洪说）是研究版本学之态度与目的问题，是由于各人之目的与要求，与其他学术成就不同，因此而有不同之流派。平心论之，除却贸易获利行为而外，一概俱应同等看待。①

分支流派愈细愈专，正说明这门学问研究内容的广泛和功力之深。清代的版本学已是专门之学了。

从版本学专著的撰写、与各种学术关系的密切和专业人才的辈出三方面可以看出：版本学在清代确已成为清代学术领域中与目录、校勘等等并存的一门专学了。叶德辉在《书林清话》中曾论及此事说：

> 近人言藏书者，分目录、版本为两种学派，大约官家之书，自《崇文总目》以下至乾隆所修《四库全书总目提要》，是为目录之学。私家之藏，自宋尤袤遂初堂，明毛晋汲古阁及康雍乾嘉以来，各藏书家断断于宋元本旧钞，是为版本之学。然二者皆兼校雠，是又为校勘之学。本朝文治超轶宋元，皆此三者为之根柢。②

把目录、校勘、版本三学作为清学根柢，似欠全面。因为清学不能只以此三者为之根柢，即以张之洞《书目答问》所附清代学术家姓名略的粗略划分就有经学、史学、理学、小学、算学、地理、

---

① 吴则虞：《版本通论》，见《四川图书馆》1978 年 12 月。

② 叶德辉：《书林清话》卷一《板本之名称》，清宣统庚申观古堂刊本。

校勘、金石等等，何一不可作为根柢；若他所谓的清学是专指考据学而言，则音韵、训诂等学也足称根柢，不过从他这种说法中可见版本之学在清学中的地位及其兴盛状况。

二

版本学始于汉，兴于宋而盛于清，足见其对学术必有所作用，始能获得如此的发展。那么，它的具体作用究在何处呢？这里只作简略论述。

首先，版本学是探讨图书制成情况和发展演变过程，从而探求文化发展状况的一种途径。从各种不同版本的本身可以了解到某一时期图书印行流布的大概情况，如从《颜氏家训·书证篇》所记江南本、河北本、古本、旧本等等写本情况就可以了解南北朝时雕版印刷发明以前，图书已在抄写流传，而且其流布已遍及大江南北。从宋版书中浙本、建本、蜀本较多且有名，可以知道宋代的浙江杭州、福建建阳和四川的成都、眉山等地是宋代的印刷中心。同时还知道宋版书中另有安徽、江苏、江西、湖北、湖南、广东等地的官私刻本和书坊刻本，这些都反映了宋代印刷业的发达和图书流布面广阔的情况。从初期的雕版印刷品多为占梦、相室之书，日历和字书等民间用书看，使人们知道唐代后期民间应用印刷已较普遍，从而反映了人们对文化的要求。又如从唐代雕印的佛经可以见到当时信仰佛教的情况。宋代从神宗熙宁弛刻书之禁后，私刻、坊刻大盛，除儒家经典外，史书、子书、医书、算书、诗文集等均有雕印，颇能说明宋代学术文化之盛。又从印刷技巧上也可反映我国文化成就，如宋仁宗庆历年间（1045 年前后）毕昇发明的泥活字就比德国谷腾堡发明铅活字要早 400 多年，在世界文化史上占了光辉的一页。元时又有木活字[①]，还有锡活字则是用铸法而非刻字，这又是一大进步。明朝孝宗弘治以后又盛行铜活字[②]，而明朝世宗嘉靖以后彩色套印版技术的发明等等，在在都显示了我国文化的卓越成就。

其次，版本学的知识是顺利地读书和研究的重要条件之一。某种图书版本多，说明它的流布面比较广，一般说来比较重要或受人重视。从这种重视与否又可以考察当时的学术风气，有助于了解这一时期的学术潮流。

不同的版本，内容不一定全同，最通常的现象是文字有差异。不了解版本就无从知道书的好坏。清朝版本学家顾广圻在《石研斋书目序》中特别强调了解版本的重要性说：

> 同是一书，用较异本，无弗夐若径庭者。每见藏书家目录，经某书，史某书云云，而某书之为何本，漫尔不可别识，然则某书果为某书与否，且或有所未确，又乌从论其精粗美恶耶？[③]

由于了解版本，便可以知道应看哪些版本书，哪种本子的书内容比较完整，文字比较正确，否则研读误本，往往运用错误资料，

---

① （清）缪荃孙：《艺风藏书续记》卷二说他藏有南宋宁宗嘉定十四年木活字本范祖禹《帝学》一书。近来潘天祯所写《明代无锡会通馆印书是锡活字本》一文中说："近代某些藏书家定为宋活字印本的书，实不足信。"所指似包含缪说在内。并据王静如著《西夏文木活字版佛经与铜牌》一文，认为我国现存最早的活字印本当是元代的木活字印本西夏文《华严经》（《图书馆学通讯》1980年第1期）。潘文对缪说未加论辩，姑并录待考。顾廷龙先生曾面告缪说不可信。

② 据潘天祯上文考证，一般据明华燧会通馆所印各书上有"活字铜版"字样即定为"铜活字版"之说不确，应理解为"锡活字铜版"，详参潘文。

③ 顾广圻：《思适斋文集》卷十二，清道光己酉刊本。

招致无法理解，甚至发生荒谬的笑话。

因读误本造成笑柄的故事，在雕版以前的写本时代就已发现。颜之推的《颜氏家训·勉学篇》中曾记一读误本贻笑的故事说：

> 江南有一权贵，读误本《蜀都赋注》，解蹲鸱芋也，乃为羊字。人馈羊肉，答书云："捐惠蹲鸱。"举朝惊骇，不解事义。久后寻迹，方知如此。

雕版印书后仍有因误本而造成的笑话。明代陆深的《俨山外集》中曾记一俗医追告病人煎药需放"锡"作引，使路过的名医戴元礼感到诧异，便不耻下问地去追根求源，原来是俗医读了误本，"锡"字是"饧"（麦芽糖）字之误。

在学术研究上，有些学者往往因不讲求版本之学而贻人以浅陋之讥。在《资治通鉴》卷八七，晋怀帝永嘉五年条有记事说："周𫖮中坐叹曰：'风景不殊，举目有江河之异。'"

胡三省的注也以"江河"为是。

清人赵绍祖是有多种著述的史学家，在他所撰《通鉴注商》一书中，根据《晋书·王导传》中有"江山之异"一语，于是批评司马光为"偶易"，胡三省为"傅会"，并说"江河之异"一语，"乃使情味索然"。

陈垣先生在《通鉴胡注表微》一书中的《校勘篇》中指出赵绍祖以误本改正本的错误。原来宋本《晋书》就是"江河之异"，而明监本、汲古阁本、清殿本方作"江山之异"。赵绍祖的错误在于"读误本《晋书》"，"为不讲求异本之过也"。所以陈垣先生感叹说："校本当蓄异本，岂可轻诬古人。"

司马光和胡三省所见所据的宋刻《晋书》，原本无误，明以来的误本，二人不可能得见。赵绍祖以人所未见的误本来改人所已见的正本，恰恰铸成了自己的错误。另一个著名的朴学家惠栋撰著

《后汉书补注》时发现了李贤注有一处不妥，但由于没有利用版本，结果在改前人错时又造成自己武断鲁莽的错误而被后人利用版本来加以纠正。清季学者沈涛曾记其事说：

《后汉书·光武帝纪》：建武二十五年乌桓大人来朝。注：乌桓谓渠帅也，惠征君补注曰：谓字衍。涛案汲古阁本注大人谓渠帅也，则谓字非衍，注中乌桓字误耳。①

从赵、惠二人不重版本致误看，读书治学又怎能不注重版本？又如殿本《史记》，一般认为校印较好，但用宋黄善夫本相校，误夺甚多，如《武帝本纪》："后常三岁一郊是时上求神君"下，黄本索隐正义比殿本多203字，所以，清代版本学家顾广圻就力攻不讲版本是自欺欺人，他说：

书以弥古为弥善，可不待智者而后知矣。乃世间有一等人（原注：其人尧翁门下士也。）必谓书毋庸讲本子。噫！将自欺耶？将欺人耶？②

顾氏抨击治学不讲求版本之说是对的；但是"书以弥古为弥善"的说法则又陷于绝对化。这种说法是清人"佞宋"风气的典型代表，它单纯追求形式，一意求古求孤，而置图书内容于不顾。这正是自明以来，宋版书日益昂值，变为古董的原因所在，是不足取法的。

---

① 沈涛：《铜熨斗斋随笔》卷四《乌桓大人》，见《清人考订笔记》，中华书局1965年版。

② 顾广圻：《蔡中郎文集十卷外传一卷（校本）》跋，见《思适斋书跋》卷四，清道光己酉刊本。

清代有一部分人对宋版书已到了迷信的地步，不问精不精，但问宋不宋，甚至以页论价。著名的版本学家黄丕烈即自号佞宋主人。所谓百宋一廛、皕宋楼等等藏书楼名也都为了炫奇夸珍。有的视若拱璧，什袭珍藏，不轻示人。清人陈其元的《庸闲斋笔记》中记有一段嘲笑迷古的故事说：

好古者重宋版书，不惜以千金、数百金购得一部，则什袭藏之，不轻示人，即自己亦不忍数阅也，每笑其痴。王鼎臣观察定安酷有是癖，宰昆山时，得宋椠《孟子》，举以夸。余请一观，则先令人负一椟出，椟启，中藏楠匣，开匣方见书。书之纸墨亦古。所刊之笔划亦无异于今之监本。余问之曰："读此可增长智慧乎？"曰："不能。""可校别本多记数行乎？"曰："不能。"余笑："然则不如仍读今监本之为愈耳，奚必费百倍之钱以购此耶？"王恚曰："君非解人，岂可共君赏鉴。"急收之。余大笑。

这段故事讽刺得很好。宋版由于刻印时间早，比较接近旧本，错讹相对较少，传本又数量不多，应该加以珍惜。不过也应考虑宋版书本身也有高下，当时即有杭本最精，建本最下的看法（实际上建本中也有佳本）。有些书不加校正，多有讹误缺脱，宋人已有所感，司马光在给刘道原的信中就说：

今国家虽校定摹印正史……又校得绝不精，只如沈约《叙传》差却数版亦不寤，其佗可知也。①

周辉也曾论及宋版书的讹舛说："印版文字，讹舛为常。盖校

① 司马光：《司马温公集》，清乾隆刊本。

书如扫尘，旋扫旋生。……若麻沙本之差舛，误后学多矣。”[①]

这是当时人的所见所言，应是可靠可信的，而清人对迷信宋版事也有异议者，如清初的王士祯提出了择善而从的标准，他说：“今人但贵宋椠本，顾宋椠本亦多讹误，但从善本可耳！”[②]

嘉道时人光聪谐曾引司马光对宋版的意见来提醒当世那些“矜言宋椠”的人，“观此当亦爽然自失”[③]。同时，著名藏书家张金吾还制定了一个对待宋元旧版的标准说：

> 宋元旧椠有关经史实学而世鲜传本者上也。书虽习见，或宋元刊本、或旧写本、或前贤手校本，可与今本考证异同者次也。书不经见而出于近时传写者又其次也。而要有裨学术治道者为之断。[④]

这是在佞宋风气甚盛时的一些比较平允的意见。宋本可贵，自不待言，但以后的版本也不能认为全部低下。明本一般认为较差，尤其万历以后，乱改古书，雕版质量欠佳。不过，如明王延喆刻宋本《史记》以及套版印花等书不能不说是善本佳刻；清初时间虽晚，不过如林佶四写之类的精刻本也是极为精美之品[⑤]。所以说，对于古本旧刻，应从形式、内容，也即学术、工艺各方面去考察，不能持弥古弥善的态度，也不要一概而论。

---

① 周辉：《清波杂志》卷八，知不足斋本。

② 王士祯：《居易录》。关于宋本也有优劣，前人成说甚多，如（宋）周辉《清波杂志》、（清）卢文弨《抱经堂文集》、顾千里《思适斋集》和杭世骏《道古堂集》中都有记载，可参阅。

③ 光聪谐：《有不为斋随笔》，光绪十四年刊本。

④ 张金吾：《爱日精庐藏书志》，光绪十三年木活字本。

⑤ 林佶，清初福建人，名写家，曾手写王士祯的《渔洋山人精华录》、《古夫于亭稿》，汪琬的《尧峰文钞》和陈廷敬的《午亭文编》上版，通称“林写四种”。陈寿祺的《东越文苑后传》有林传。

三

版本按照刻书的情况和图书本身形态的不同来加以区分，因而有许多习惯名称（术语）。一般地说，可以有13种区分方法。

【按刻书时代的不同区分】 即按朝代来区分，如称宋本、元本、明本、清本，或称宋版、宋刊本……

【按刻书单位的不同区分】 有官刻本、私刻本、坊刻本三大类，各类又有种种不同名称：

（1）官刻本：指由政府主持编校刊行的图书。它往往因具体主持单位不同而具有不同的名称。

①监本：指各朝国子监所刻的书。国子监是官刻的主要单位，在前面多冠表明朝代的字样。如宋监本；明朝因南京、北京二国子监都刻书，所以称南监本、北监本。

②公使库本：宋朝在各地所设官员的过路招待所称公使库，它设有印书局，利用积余经费刻书。

③经厂本：明代司礼监专设的印刷经卷的机构称经厂，有汉经厂、番经厂、道经厂；经厂也刻印一些其他图书，统称经厂本。

④内府本：指明清两朝宫廷内刊印的书。

⑤殿本：指清武英殿刻印的书。

⑥官书局本：指清同光间曾国藩等倡导主持下在各地所设书局的刻印书，经常把书局名加上，如武昌书局本。光绪间五个书局分担刻印二十四史，刻成称为五局合刻本。其他地方府州县学也多有刻书，都把刻书单位名称加在刻本上作为称呼。

（2）家刻本：指私人刻印的图书。有的用堂名或室名，如宋廖氏的世綵堂本、明晁氏的宝文堂本、清黄氏的士礼居刻本。有的用刻者姓名，如宋黄善夫本。有的仅用姓，如明闵齐伋和凌濛初所刻书称闵刻本、凌刻本；清秦镤的秦刻本，阮元的阮刻本。一般无定名和惯称的称某氏刻本或径称家刻本均可。

（3）坊刻本：指书商刻印牟利的图书，如宋的黄三八郎书铺，明的安正书堂都刻书颇多。坊刻本的书一般比较滥杂，刻印质量较差；但也不能说得很绝对，即如一向被斥为“劣本”的麻沙本，在《增订四库简明目录标注》著录的“法言”条下“续录”中说：“大字麻沙本，最善。”明清之际毛氏汲古阁所刻售的书也相当不错。

【按刻书地点不同来区分】 国内刻本如浙本、闽本、蜀本。有些还可用具体地点来称，如浙本之中有杭州本、衢州本，闽本之中有建阳本、麻沙本，国外刻本有朝鲜本、日本本（和刻本）、越南本。

【按刻印质量情况不同来区分】

（1）单刻本：这是指与丛刻本或丛书本相对的单行图书。一般比丛书质量要高。因为有的丛书本收录时会有删节，明刻丛书中割裂分开、句删字易的现象就比较严重。

（2）写刻本：这是指上版底本由撰者或名书家书写后照刻的图书，一般书写精美，刻印俱佳。清代康熙时写刻较盛行，所以也有称这时写刻的书为康刻本的。写刻始于五代和凝。宋代有傅稚书的《注东坡先生书》；元明都有写刻书，如元大德三年广信书院刻《稼轩长短句》就是赵体写刻本，明有著名书家文徵明手写《文温州集》的写刻本等；清代金农的《冬心先生集》、郑燮的《板桥集》都是自写刻印，而“林写四种”最为有名。有的书序跋是写刻，就不称写刻本了。

（3）通行本：指一般流行的普通刻本。

（4）三朝本：指宋、元、明三朝修补重印的书，如南宋国子监对所藏《史记》、《两汉》十行中字本等版修补刊行，元代移入西湖书院后，余谦等又修补出版，明代又称入南监修补重印①，另外有些多次刷印历经修补的又称递修本。

(5) 邋遢本：指书版漫漶模糊的印本。

(6) 百衲本：指选用不同佳本书版凑成一部书或一套书而言，如傅增湘印行的《百衲本资治通鉴》、商务印书馆汇印的《百衲本二十四史》。

(7) 书帕本：明朝官场（一般外官入朝或公出还朝）作为礼物馈赠的一书一帕（也有一书二帕）的那种书。有自刻印行的，也有剜改旧版印行的。多是仓促行事，很少有质量好的。

【按刻印先后来区分】 有祖本（初刻本、原刻本）、重刻本、翻刻本、仿刻本、影刻本、初印本、后印本。

【按版式字体不同来区分】

(1) 巾箱本：这是一种版式小，便于携带的图书。巾箱之名始见于《南史·齐衡阳王钧传》。宋代就有巾箱本的名称。这种本最小的有寸余见方的。后世考场夹带也有这类书，如《四书典仓》。后世有称袖珍本的。

(2) 两节版本、三节版本：这是指书页横分为二三栏的印书，俗称两层楼、三层楼。有的都是文字，有的是上图下文，多半是民间通俗读物和蒙学读物。

(3) 大字本、小字本：宋人刻书多喜用大字，版框纸幅都较高大，称大字本；有的刻本字体比一般刻本小，称小字本。

【按纸页不同来区分】 有白纸本、黄纸本、绵纸本、开花纸本等。

【按印刷颜色来区分】

(1) 朱印本、蓝印本：用红色刷印的称朱印本，用蓝色刷印的称蓝印本。明清两代多用红色或蓝色刷印若干部供校订改正之用

① 此三朝本版在清嘉庆时在南京某署被焚。

的、类似现在的“征求意见稿”，所以多是初印本，最后定本才用墨印。《胡刻通鉴正文校宋记》就有红、墨两种印本。王氏学礼斋刊《思适斋书跋》就是蓝印本，后世行状哀启等也有用蓝色刷印的。

（2）套印本：用不同颜色写书可能始于唐陆德明的《经典释文》。他在《序录·条例》中规定“以墨书经本，朱字辩注”，那就是说经是黑色，注是红色，以后传抄方混为墨书，而雕版后的套印本是指用二至六种不同颜色套印的图书。普通的是红黑二色套印。四色的如《唐宋文醇》，在黑色底本外，康熙评语用黄色、乾隆的评点用朱色、诸家的品题用蓝色。五色的如明崇祯时的《十竹斋图谱》。王崇烈的《种瓜亭笔记》（抄本）中说其父王懿荣（清末甲骨文家）见过五色本《西清古鉴》。六色本如南开大学图书馆藏清人祁埙所刻《杜工部集》，用紫、蓝、朱、绿、黄、墨六色。

【按内容增删评点来区分】　有增订本、删本、节本、足本、残本、批点本、评本、配本等。

【按装帧形式的不同来区分】

（1）简策（册）本：这是最早的正式图书版本形式。刘向《别录》和《汉志》所记《尚书》的中古文、欧阳、大小夏侯等不同版本是版本著录的原始。后世发现的简策可按其时代称秦简和汉简，有的按其出土地点来说，如汲冢本。

（2）卷子本：指用缣帛或纸所写的图书卷成一卷，有的可冠以时代，如称唐卷子本。后世照卷子本复刻的，如黎庶昌《古逸丛书》中有据唐写卷子本刻印的书，也可称复唐卷子本。

（3）梵箧本（折子本、经折装本）：从宋元丰时刻印的《崇宁万寿大藏》到清雍正时刻印的《龙藏》都是梵箧本，形似后世的折子，所以也可称折子本。又因为它是由于佛经诵经方便，把卷子折叠起来的形式，所以又称经折装本。后世江南一带一直把这种折叠式的折子俗称为“经折”。

(4) 旋风装本：就是在卷轴式的底纸上，将书叶鳞次相错地粘裱。打开时形似龙鳞，所以称为龙鳞装；收卷时，书叶鳞次朝一个方向旋转，宛如旋风，所以又称为旋风装或旋风叶卷子①。

(5) 蝴蝶装本（简称蝶装本）：这是宋代主要的装帧形式。就是把每一印叶有字的一面反折向里，版心向里，各叶折好叠起，用糊粘书脑，再用标纸包装起来即成，类似现在的地图册。这种书可以保护版心，四周即使损坏不影响版心；但翻阅时需经过两个背面的空白，翻二次看一叶书，比较费时，它在翻阅时像蝴蝶双翅挥动，所以称蝴碟装，简称蝶装。日本天理图书馆藏有原傅氏双鉴楼所藏的《通典》蝶装本（曾被改装，后经天理图书馆复原）。

(6) 包背装本：它和蝶装本的不同就在它是把有字的一面外折，使书口向外，再用书皮包装，已和线装形式差不多，只是不穿孔钉线而用糊粘，后世平装书即取形于此。

(7) 线装本：这是公元15世纪前后（明中叶）在已有基础上改进采用的一种装帧形式。它把书叶整齐地用线装订，既便翻阅又不易破散，所以这种形式代替了前此各种形式而一直为后世所沿用。

(8) 平装本、精装本：这实际上就是包背装而略改进装订方法而已，它是目前通用的装帧形式。

【活字本】 活字本的发明是我国对世界文化史上的一大贡献。开始用泥，以后用木、铜、锡、铅等做材料。按制作材料不同可区分为：

(1) 泥活字本：北宋时毕昇发明，用泥制作，但无流传印本。清道光时泾县翟西园（金生）耗用35年时间，用泥自制活字，自印图书《翟氏家谱》等数种，复活了泥活字。

(2) 木活字本：现存最早的印本是元代的西夏文《华严经》。

---

① 李致中：《古书“旋风装”考辨》，见《文物》1981年第2期。

元王桢的《农书》中有《造活字印书法》即指木活字。

（3）铜活字本：明孝宗弘治后盛行的一种活字。清代所印的《古今图书集成》就是铜活字本。

（4）铅活字本：约在明弘治、正德年间出现，但当时不受重视，仅见于明陆深的《金台纪闻》的记载，未见过印本，而后世印刷主要用铅字了。

（5）锡活字本：据王桢《农书》所载，或始于元初，可注意的是“铸锡作字”即已改刻为铸，这是重大的发展，但因用墨不易，未能流行。据近人考证，明弘治间无锡毕氏会通馆所印各书就是锡活字本，并说它是我国现存的最古的汉文活字印本①。

（6）聚珍版：指清武英殿用木活字所印的大量图书就称聚珍版，以后因区别各地仿刻本而称内聚珍本。武英殿聚珍本刻书甚多，各地需要量大，于是福建、广东即照聚珍本版式原样仿刻。杭州、江西、苏州则照式仿刻为袖珍本。这些仿刻本称外聚珍本。必须注意的是，武英殿聚珍本虽是活字，但又不完全用活字。它先刻一块有界栏的版，称为“套格”，然后在版心处嵌入所印书的书名、卷次、页码等，先刷印“套格”，再排版，成版就将印好的“套格”复上套印成页。另外《武英殿聚珍版丛书》中的《易纬》、《汉农旧仪》等4种根本不是活字而是雕版印刷的。还有一些未收入丛书的活字印本书。

【非雕版印刷的图书】

（1）写本：现存最早的写本是晋元康六年佛经残卷，现存日本。写本可在前冠以时代和写者，如唐写本、宋写本、内府写本、××写本等。

（2）抄本：宋抄本、元抄本、传抄本、影抄本、旧抄本、清抄

---

① 潘天祯：《明代无锡会通馆印书是锡活字》，见《图书馆学通讯》1980年第1期。

本等。

(3) 稿本：手稿本、清稿本。

(4) 拓本：碑本、石本。

(5) 其他有石印本、铅印本、影印本、珂罗版本和油印本等。

【按文物价值来区分】 有孤本、秘本、珍本、善本等。

以上所述并不完备，只是就目录书所著录的版本资料中常见者，在著录版本资料时常用者，做些概括的说明而已。至于目录书如何著录版本资料，余嘉锡先生曾讲过一段很详尽的话，他说：

> 余谓欲著某书之为何本，不当仅言宋刊本、明刊本已也。刻书之时有不同、地有不同、人有不同，则其书必不尽同。故时当记其纪元干支；地当记其州府坊肆；人当记其姓名别号。又不第此也，更当记其卷帙之分合、篇章之完阙、文字之同异；而后某书之是与否，庶乎其有可考也。①

四

版本的鉴别是版本学中的重要技术问题，也是编制目录书著录版本所遇到的第一道难关。因为只有鉴定确实以后才能著录。区分版本，是需要有长期积累的知识才能比较好地解决的。版本鉴别的中心问题是确定书籍出版的时代，经眼实物和参考文献资料（包括记载和书影）固然重要，但我认为一些专家和老书业人员丰富的经眼经验也不容忽视。解放后，中国书店曾经对鉴别版本问题比较全

① 余嘉锡：《藏园群书题记序》，《余嘉锡论学杂著》，中华书局 1963 年版。

面地进行过总结，他们把鉴别版本的方法归结为八个方面①。这八个方面是：

【根据牌记、封面和序文来识别】

（1）牌记：俗称牌子，也叫木记。私刻和坊刻多有这类牌记，一般在书的序目后边或卷末，牌记上刊有刻家姓名、堂号或书铺字号、刊刻年月、地点等项以表示版权所有。利用牌记要注意二点：①假刻或剜改牌记；②翻刻时照刻原牌记。

（2）封面：这不是指现在图书外面的封面——这在过去称封皮。封面是指封皮翻开后反面的一页或另一扉页，上面往往记有书名、刻家名和刻版年月。但要注意有的重印本换了封面而正文仍是原版。

（3）序文：序文内容通常包括图书的内容、编者意旨、刊刻经过，序尾署撰者姓名、时间等，一般撰者自序的写作时间与刻书年代相近。但要注意：①序文中所记年月，有的仅记甲子，就要细加审订，否则至少会差60年；②撰者自序以外的其他序要细看序文内容是否提到刻书的情况；③有的翻刻本把原序刻入，要寻求其他根据，以免误定为原刻。

【根据题跋识语、名家藏章来识别】

（1）题跋识语：图书的卷首、卷尾或扉页往往有藏书家的题跋识语，叙明版刻时代、内容正误和收藏源流等。

（2）藏章：藏书家为表明自己的收藏，常在书的首、尾、序、目等处钤盖姓名、别号、室名等藏章；如是名家还比较容易找到藏者的真名，如不是名家就需要利用一些工具书去辗转追索，了解到收藏来源，便有利于解决版本时间的下限问题。

【根据书名虚衔来识别】　书名前所加尊称如皇朝、国朝、

---

① 中国书店：《怎样鉴定版本》，见《古旧图书业务知识》，河北省文化局1962年编印。

昭代等等多半是当代所刻。如《国朝诗铎》是清刻本的书名，而解放后印本则称《清诗铎》。

【根据避讳字来识别】 封建王朝对本朝的帝王名字都要避讳，宋刻讳字甚严，要缺笔、改字或在名字处改填“御名”、“今上御名”等字样，不仅讳本字，嫌名亦讳，元刻就不像宋人之严。另外对家庭中尊辈也避讳称“家讳”，宋人陆游子刻印《渭南文集》时，“游”字缺笔。各朝讳例可查陈垣先生所著《史讳举例》卷八。利用避讳来鉴定版本时要考虑后代避前朝讳和翻刻、复印沿而未改等情况。

【根据刻工姓名来识别】 宋朝版本版心下端常常有刻工姓名。如此刻本有姓名而不知时代，彼刻本有同样姓名，并知确实时代，那么互相比证，就成为鉴定版本的有力根据。今人李国庆编纂之《明代刊工姓名索引》便是这方面有用的工具书。

【根据行款字数来识别】 一书多刻，行款字数有所不同，就可作为依据。清人江标所辑《宋元本行格表》和近人赵鸿谦所辑《宋元本行格表》(《中央大学国学图书馆第一年刊》)均可供参证。

【根据各家著录来识别】 不少目录书中往往记有字体、纸张、行款、版式、卷数等等版本资料，这些著录资料可作识别版本的参证。但要注意翻刻本有无篡改，如《筹海图编》一书，目录书多著胡示宪撰，实际是郑若曾纂，因原版毁于火，胡氏子孙翻刻时篡作胡撰，后得祖本，方知为郑纂。

【根据版刻本身特点来识别】 各时代刻本有各自风格，主要从字体、墨色、用纸、版式、装帧等方面的特点来识别。如宋刻本字体有“早欧中颜晚柳”之说。版式早期多单栏，后为左右双栏、上下单栏、白口单鱼尾，多有刻工姓名和牌记。蝴蝶装，墨香色淡，纸多洁白厚纸。其用旧纸背面印者尤利鉴别。明刻本字体初期仿宋及赵字，中期类颜，晚期成为长宋。版式四周双栏，初期粗黑口，正德以后多为白口，版心记字数及刻工，有牌记。包背装和线装，墨纸则嘉靖前多绵纸，嘉靖后多竹纸。这些只指一般情况，也有一些不同情况，不能只执一端。

上述八个方面只就主要根据而言，未能概括无遗，尚需读版本专著，接触实物，细心辨认，积累经验，使鉴别版本本领日趋熟练。

对于校钞本的识别，一般根据四条标准，即：

（1）分清各时代的书法和风气；

（2）分清各时代的纸墨质量；

（3）熟悉各家室名、别名、图章、印色；

（4）辨认钞书各家用纸。

这四条标准都是从形式方面来考察。我认为，由于习惯上常把校钞书的价值看得高于刻本书，因此要注意到作伪问题，除了形式考察外，还要注意书的内容，即：①注意书的内容是否和作者的时代相符；②注意校钞本内容是否从一些稀有刊本中反抄回来的；③注意内容是否从许多书里杂抄、类抄而成的。

至于活字版本的鉴定，一般注意它和雕版书的区别，如：

（1）活字版的栏线、界线的连接处不甚衔接、有间距，有的行线时有时无；雕版书无此现象。

（2）活字版是摆字，所以行气不整，字有倾斜歪扭，甚至倒置；雕版书行气连贯，字无歪倒。

（3）活字版每字一刻，字体大小笔画粗细不一；雕版一气呵成，字体匀称，笔画基本一样。

（4）活字版摆印时有凹凸，所以墨色有轻重；雕版版面平整，墨色较均匀。

（5）活字版字各为体，所以字无交叉；雕版的行气结构美观，文字时有交叉。

（6）活字版拼版时上下栏线有一定距离，所以书口上下栏线整齐；雕版由于书版涨缩和版心大小不一，所以只齐下栏，上栏不齐。

（7）活字版现拼现拆，故版面无断裂痕；雕版年久会出现断裂。

活字本看来似乎比较容易鉴定，但需要注意影刻活字本。它具备活字本特点，却是雕版，所幸这种版本数量较少，现在人所共知的有几种，如明影铜活字本《锦绣万花谷》、明《蔡中郎集》和清广雅书局影内聚珍各书。事实上，如果从栏线衔接、墨色纸张和版面上仔细考察还是有不同之处的。

总之，版本的鉴别最重要在于经眼，文字记载只是辅助知识，告诉人们从哪些方面着手考察而已，如果以为知道一些初步知识就能鉴别无误，那是不实际的；有些书一直还存有争论，如《万宝诗山》一书，清代著名版本学家钱谦益、季振宜、陆心源、莫友芝等都鉴定为宋版，日本学者岛田翰认为是明宣德本，近人叶德辉认为是明正统本，而现代版本专家赵万里则认为是元建阳本。

最后，我对鉴定版本问题提出几点粗浅的看法：

（1）鉴定版本不要只根据一个或几个方面就作判断，要从多方面作综合考虑，还要结合时代的其他因素（如文化发展状况）和图书内容考虑。

（2）鉴定版本所需的知识方面很广，除一般文史知识外，如书法、篆刻、墨色、纸张、装潢、文字、时代风尚、社会习俗等等方面的知识都要牵涉到，所以不能只从单纯技术方面考虑，而要逐步掌握多方面的知识。

（3）鉴定版本要多翻阅和熟悉有关版本问题的文献记载和目录书中著录的版本资料，也要注意新的出土文献，如长沙马王堆汉墓出土的帛书《老子》甲乙本、《战国策》和《易经》等都为版本扩大了领域。

（4）鉴定版本要利用一切可能机会多接触实物，至少多看些书影、集锦之类[①]以增加感性知识，开拓眼界，并把经眼所得与文献相印证。

（5）鉴定版本要多请教专家内行，尤其要重视和总结老收藏家和老书业人员的经验与见解，不能以他们的赏鉴或稗贩而不予重视。

关于版本学方面的书可以参阅以下两种：

（1）《书林清话》，叶德辉撰，十卷。

此书系著者根据丰富的资料，用笔记体裁说明书籍和版本的各种名称，历代刻书的规格、材料以及工料价值的比较，印刷、装订、鉴别、保存等方法，并叙述了古代活版印刷、彩色套印的创始和传播，各时代所出的著名刻本、刻书、抄书、卖书、藏书的许多掌故，叶启鉴在此书跋中曾盛推此书称：

> 于刻本之得失，钞本之异同，撮其要领，补其阙遗，推而于宋、元、明官刻书前牒文，校勘诸人姓名。版刻名称，成一版而转需数人，虽至坊估之微。如有涉于掌故者，援引旧记按语，益以加详。凡自来藏书家所未措意者，靡不博考周稽，条分缕析。

（2）《中国版刻图录》，北京图书馆编，八册。

此书以北京图书馆馆藏为主，并从全国各大图书馆和博物馆中广为搜集，共收集唐至明清历代优秀刻本书籍 500 种，共计图版 668 幅，分刻版、活字版和版画三大部分。此书是一部比较完整的我国雕版印刷史的图谱，共分八册，第一册是序言和图版说明，序

① 书影是影印各种善本的样张，每种印一二页加以说明，字体版式一如原物。集锦是每种善本抽一二页集在一起，原书面目一一保留，如苏州《文学山房明刻集锦》。

言阐述了历代刻印的发展过程，每个图版说明都从刻工、规格、刀法、字体等方面作了论述，对研究、鉴定版本和考证古籍，有极大的参考价值。

第四章　论句读

一

“句读（dòu）”是一种符号，是帮助我们把书读通的一种标识，也是整理古籍的一种基本方法。我国至迟在汉以前就已经创始了这种符号。东汉许慎的《说文解字》第五篇上丶部说：“丶[zhǔ]有所绝止，丶而识之也。”清人段玉裁注称：“凡物有分别，事有可不，意所存主，心识其处者皆是，非专谓读书止，辄乙其处也。”

丶音主，古音与豆同部，即句读［dòu］之读，即今之逗号。段注所称“非专谓读书止，辄乙其处也”的意思是说明丶的用途不仅只作逗号，还有其他作用。但这说明汉时至少已用丶作读书时的符号了。

又《说文解字》第十二篇下亅部说：“𠄌（jué）钩识也。”段注说：

> 钩识者，用钩表识其处也。褚先生补滑稽传：东方朔上书，凡用三千奏牍，人主从上方读之。止，辄𠄌其处。二月乃尽。此非甲乙字，乃正𠄌字也。今人读书有所钩勒即此。

清人王筠在其《说文句读》中认为 ⺄ 是分章的标识。⺄ 音厥，即句读之句，即今之句号。

句读有各种异名。清人梁同书的《日贯斋涂说》中说：

> 句读，法华经作句逗。马融长笛赋：观法于节奏，察度于句投，音如逗。亦作句度，《唐摭言·切磋》一条：书字未识偏旁，高谈稷契；读书未知句度，下视服郑。又支同诗：驱联以大语，句度实奔放。于此可知度曲度字之义，即俗所谓板眼是也。

古时对标点工作，称为“章句”。所谓“章”，《说文解字》第三篇音部说：“乐竟为一章。”意思是凡陈义已终，说事已具者皆能称为章。所以章句之义，便是分析古书章节句读的工作，亦即后世的划段分句工作。这种工作，古代是用文字来表明的。如《诗·关雎》篇后题云：“关雎五章，章四句。故言三章，一章章四句，二章章八句。”唐人陆德明《经典释文》解释说：“五章是郑所分。故言以下是毛公本意。后放此。”

汉人也已有用“读”字来断章句的。段玉裁在《说文解字注》第三篇上言部“读”字下注说：“汉儒注经，断其章句为读，如周礼注，郑司农读火绝之。”

不论标章、句或读，都是出自注者之手，可见标段分句乃是整理文献资料的一项工作内容。从这种标段分句工作中也可看到篇、章、句间的关系。正如汉王充在《论衡·正说》篇中所说：“文字有意以立句，句有数以连章，章有体以成篇。”

随着时间的推移，对于历史文献仅仅划段分句有些已不易理解原著的精神，整理者便加些传注以说明和发挥原著者的意旨，从而，章句便在原来的分章断句含义外，又增添了新内容。但汉儒著书仍喜用“章句”题名。据《汉书·艺文志》著录，书有《欧阳章句》、《大小夏侯章句》，《春秋》有《公羊章句》、《谷梁章句》等等。

古人除了用▮、乚等符号和用文字划分章句外，某些文字实际上也起了句读的作用，如“曰”字、“所谓”字便有引号的作用，“云云”便有删节号的作用。一些语气词也表示语句终了之意。有的学者也有用文字来代替标点的，如《说文解字》一篇上玉部“瑾”字下解称：“瑾瑜美玉也。”段注则作，“瑾瑜（逗）美玉也”，就是“瑾瑜，美玉也”。

古人写书也有分段，凡分段则提行，称为“跳出”。《左传》襄公二十六年疏云：“魏晋仪注：写章表别起行者，谓之跳出。”

因此，我认为：古人是重视划段分句的，只是在雕版印刷盛行后，可能为了减工省料而渐次减少和消失，以至人们只根据看到的许多刻本没有标点，便误以为古人不使用划段分句。

其实，刻本书也不是绝对没有标点的。近人叶德辉在所著《书林清话》卷二《刻书有圈点之始》一则中说：

> 刻本书之有圈点，始于宋中叶以后，岳珂《九经三传沿革例》有圈点必校之语，此其明证也。孙记宋版西山先生真文忠公《文章正宗》二十四卷，旁有句读圈点。……有元以来，遂及经史。……大抵此风滥觞于南宋，流极于元明。

清人王鸣盛也说所见宋版周礼，“每句旁有圈”①。

刻书圈点始于宋，一方面是时代较晚，读通古书已有困难，客观上要求有圈点以利读者；另一方面，宋朝政府也注意及此，把句读形式都规定在整理国家图书条例中，岳珂的《九经三传沿革例》

① 王鸣盛：《蛾术篇》卷二，商务印书馆1958年版。

曾说："监、蜀诸本，皆无句读，惟建本始仿馆阁校书式，从旁加圈点，开卷了解，于学者为便。"

《增韵》（宋高宗绍兴末，衢州毛晃把《礼部韵略》增修成《增修互注礼部韵略》，简称《增韵》）中曾说明馆阁校书格式是："今秘省校书式：凡句读则点于字旁，读分则微点于字之中间。"宋版真德秀的《文章正宗》二十四卷旁有句读圈点就是用这种格式。后代也有沿用的，明人凌稚隆辑校的《史记评林》和清人吴见思评点的《史记论文》都有断句。高邮王氏自刻的《广雅疏证》、《经传释词》是自加句读的。段玉裁自刻《说文解字注》中，常在易使人误会的地方写一较小的"逗"字以代标点，这也应算自加句读。有些蒙学用书为便于初学入门则多加句读，如清中叶钱树棠、雷琳、钱树立合编的《经余必读》是一部包罗繁富的文史课外读物，有三集，编入了《夏小正》、《孔子家语》、《竹书纪年》、《韩诗外传》、《世说新语》、《山海经》、《穆天子传》等书，其凡例之一便是：

> 凡童子束发受书，读四书经传后，即可以是编循诵，故既加句读，其文义奥质者，略有笺释，使人一目了然。

古代碑刻也有用句读的，如明太祖为徐达所撰的《神道碑》。原来朱元璋原稿有句读，既出于"御撰"，只能照样上石，全文一圈到底，至今仍耸立在南京徐达墓前。

"句读"一词至今依然使用。所谓"句"是语意已完之意，而所谓"读"是口中诵之当停顿而意尚未完者。现代则于加句读的地方分别采用各种新式标点符号。

二

句读自古以来就被认为是读书的基本训练之一。《礼记·学记》中说："古之教者，家有塾、党有庠、术[1]有序、国有学。比年入学，中年考校。一年视离经辨志……"陈注说："离经，离约经书之句读也；辨志，辨别趋向之邪正也。"清人黄以周所作《离经辨志说》作了更具体的解释说："离经，专以析句言；辨志，乃指断章言。志与识通。辨志者辨其章旨而标识之也。"[2]

有些著名学者往往为了正确理解某一名著，不惜亲去从人受读。《后汉书·列女传·曹世叔妻（班昭）传》载称："时汉书始出，多未能通者，同郡马融伏于阁下，从昭受读。"

由此可见，句读之与读通一书的关系。

在唐代，"习句读"是蒙学教育的主要内容，韩愈《师说》篇中就说："彼童子师，授之书而习其句读者也。"

唐人也把不识句读视为不学。王定保《摭言·切磋》引皇甫湜与李生第二书说："书字未识偏旁，高谈稷契；读书未知句度，下视服郑。此时之大病所当嫉者。"

宋代以后，文人学者也多以句读作自己治学的初阶。如苏洵在《送石昌言使北行》中说："吾后稍长，亦稍知读书。学句读、属对、声律，未成而废。"[3] 欧阳修的《读书》诗中也说："篇章异句

---

① 术为"術"的简字，《学记》郑玄注说："术当为遂，声之误也。……周礼：五百家为党，万二千五百家为遂。党属于乡，遂在远郊之外。"

② 黄以周：《儆季杂著·群经说三》，清光绪二十年江苏南菁讲会刊本。

③ 苏洵：《苏老泉全集》卷十五，《四部丛刊》本。

读，解诂及笺传。”①

理学家何基是被赞为“淳固笃实，绝类汉儒”的学者。他极重标点，所以在《宋史》卷四三八本传中特著其事说：“凡所读无不加标点，义显意明，有不待论说而自见者。”

“有不待论说而自见者”正说明辨析句读至少已通晓文意大半了。

清代教育家崔学古更把句读作为初学者的奠基工作。他在《幼训》一书中说：“书有数字一句者，有一字一句者，又有文虽数句而语气作一句读者，须逐字逐句点读明白。”

句读还是读书研习中不可或缺的环节。据《史记·留侯世家》记张良得圯上老人所授太公兵法后，“常习、诵、读之”。习、诵、读是三件工作：“习”是温故的意思，“诵”是读熟背出来的意思，“读”是辨析句逗的意思。这正说明温习、背诵和句读是张良钻研太公兵法的经常工作。

近人刘文典在所著《三余札记》的《标点》条中评论反对标点者为“陋儒”，实为有得之见。

那么，句读为什么这样受人重视呢？这是因为句读的正确与否，常常关乎词义的能否正确理解。兹举数例以明：

例一：

> 与父老约法三章耳杀人者死伤人及盗抵罪余悉除去秦法。②

有的标点本和旧读是“约法三章”连成一气，以“耳”字为读。清人邵晋涵也根据《汉书·文帝纪》中“宋昌有约法令”之语

---

① 欧阳修：《欧阳修全集·居士集》，《四部丛刊》本。

② 《汉书·高祖本纪》，中华书局1962年版。

和《刑法志》中“言约法三章者非一”，主张“当从旧也”[1]。

中华书局《汉书》标点本则标为：“与父老约，法三章耳：杀人者死，伤人及盗抵罪；余悉除去秦法。”

此意是说高祖入关后，制法不及，遂取秦法中三条，与父老相约遵用，其余秦法全部取消。如依旧读，则是高祖新定三法，下文余字将不知所指。

例二：

> 儒家者流盖出于司徒之官。[2]

断于“流”下，解“流”作流派，作流品，则不如以“者”字为读较贴切。清初虞兆漋曾提出过以“者”字为断之说称：

> 《汉书·艺文志》：儒家者，流盖出于司徒之官，本因上文叙次诸儒家，故复推原其流之所自出，当在者字读断，流字属下，盖出云云为句。此流字乃源流之流，今人于流字为句，则误认流字为流品之流，恐于者字、出字皆欠体会。其余诸家皆仿此。[3]

据上述二例，句读诚非易事。误断误释，积学之士，也所难免。宋元间人胡三省曾尽毕生之力注《资治通鉴》，精审渊博，素为学林推重；但因在句读问题上偶一疏略，以致颇受指摘。

《通鉴》卷一七三记事称：

---

① 邵晋涵：《南江札记》卷四，清嘉庆癸亥冬刊本。

② 《汉书·艺文志序》，中华书局1962年版。

③ 虞兆漋：《天香楼偶得》，《说库》本。

> 太建十一年周主从容问郑译曰我脚杖痕谁所为也对曰事由乌丸轨宇文孝伯因言轨捋须事。

胡三省将此段话中“事由乌丸轨宇文孝伯”一语断成“‘事由乌丸轨’。宇文孝伯……”把“宇文孝伯”四字属下，因而作了如下注以致疑：“受杖事见上卷八年。王轨盖赐姓乌丸氏，故称之。宇文孝伯何为出此言也？欲自求免死邪？然终于不免也。捋须事见同上。”

周主受杖，王轨与宇文孝伯都有责任。胡三省因句读不确致无法解释史实而致疑，陈垣师在《通鉴胡注表微》中谅前人治学之难，言其事说：

> 周主之为太子也，多失德，王轨等尝言于武帝杖之，故即位后有此问。据《周书》四十《宇文孝伯传》：“郑译言曰：事由宇文孝伯及王轨。”译又因说王轨捋须事。《北史》五七同。胡注因读史管见，以宇文孝伯属下读，故曰：“宇文孝伯何为出此言？”正以见此言之非出孝伯也。然因此遂为《通鉴补》、《日知录》、《四库提要》、陈景云、赵绍祖等所纠。惟此误读实始于胡明仲，而不始于身之。纠正明仲之误者，有王志坚《读史商语》；纠正胡注之误者，有陈仁锡《评本通鉴》，亦不始于《通鉴补》、《日知录》。身之此条，可谓箭瘢若粟矣。

因此，这段话应依中华书局标点本《资治通鉴》作：“太建十一年，周主从容问郑译曰：‘我脚杖痕，谁所为也？’对曰：‘事由乌丸轨、宇文孝伯。’因言捋须事。”

由此可见，句读一事，固不得以小道视之。

三

句读之重要既如上述，所以必须以认真慎重态度对它。除了经常点读，积久熟练外，在点读古籍时还应注意一些基本知识，善于掌握运用，或能有裨于点读。

（1）句读要注意掌握历史基本知识：如忽略历史基本知识，往往易造成误读。《史记·楚世家》记称：

> 楚熊通怒曰："吾先鬻熊。文王之师也，蚤终。成王举我先公，乃以子男田令居楚，蛮夷皆率服，而王不加位，我自尊耳。"乃自立为武王。（中华书局标点本）

按武王为熊通谥号，"乃自立"者，意为"乃自立王"；"为武王"者乃史家之笔，意即"是为武王"。此即关涉历史基本知识中的谥法问题。因此，这段话应在"乃自立"下断句，则"为武王"为史家所述甚明。清初顾炎武曾辨其事。

（2）句读应注意古书体例：古书自有著述体例，明体例则句读易于确切，否则往往误读或难解。司马迁撰《史记》有自加夹注之例。他为说明上文的某人某事，即随手顺文写出夹注。如《史记·项羽本纪》称：

> 乃求楚怀王孙心民间，为人牧羊，立以为楚怀王，从民所望也。（中华书局标点本）

这在标点上无误，但语气不连贯。这是因为"为人牧羊"四字是司马迁说明楚怀王孙心在民间工作的夹注。因此应标下式：

乃求楚怀王孙心民间——为人牧羊——立以为楚怀王，从民所望也。

（3）句读当注意史实：有些句读单从文字上看，并无破句讹误之处，但细核史实，则出入颇多。如《史记·陈涉世家》记称：

（陈涉）攻大泽乡，收而攻蕲，蕲下。乃令符离人葛婴将兵徇蕲以东，攻铚、酂、苦、柘、谯，皆下之。（《史记选注》标点本）

这一标法，似葛婴所徇之地即蕲以东的铚、酂、苦、柘、谯诸地，但稽之地志，铚等五地均在蕲之西，与葛婴徇蕲以东无关。因此应在“徇蕲以东”下作句，意思是：陈涉下蕲后，分兵二路，命葛婴攻蕲以东为一路，而涉则攻蕲以西等五地为另一路。其恰当标法应是：

攻大泽乡，收而攻蕲，蕲下。乃令符离人葛婴将兵徇蕲以东。攻铚、酂、苦、柘、谯，皆下之。（中华书局标点本）

又如《史记·项羽本纪》中有语，一种标法是：

王召宋义与计事而大说之，因置以为上将军。（中华书局标点本）

另一种标法是：

王召宋义与计事，而大说之，因置以为上将军。（《史记选

注》)

这两种标法在字句上无讹误，但核之史实则不确切。因为楚怀王召宋义是由于听到高陵君的赞扬。见面后，在和宋义讨论问题过程中发现了宋义的才干而非常喜欢他，便任命他为上将军。所以这段话包含有三个步骤：一是王召宋义；二是与计事而大悦之，大悦是由计事而产生；三是任命为上将军。如按上二种标法，楚怀王不是因高陵君推荐而初次召见，乃是早已熟悉宋义，现召来计事，显然与史实不合，与上文高陵君的推荐语也不合语意。所以应作如下标法：

王召宋义，与计事而大悦之，因置以为上将军。

(4) 句读当注意文理：句读不但要使本文无误，还要照顾上下文的文意语气，使之文理通顺，方为正确。如《论语·里仁》中说：

富与贵，是人之所欲也；不以其道得之，不处也。贫与贱，是人之所恶也；不以其道得之，不去也。

这是一般的标法，但后半段的“得之”、“去也”的文理关系甚感窒碍。杨伯峻的《论语译注》为了译通，一面主张把后一“得之”改为“去也”(这种用法，恐不经见)，一面说这是古人不经意处，主张不必在这上面做文章。实际上，这是个句读问题，近人章秋农曾加标点说：

富与贵，是人之所欲也；不以其道，得之不处也。贫与贱，是人之所恶也；不以其道，得之不去也。[①]

这样一点，就怡然理顺而不费解了。

又如《史记·项羽本纪》称：

是时桓楚亡在泽中。梁曰："桓楚亡，人莫知其处，独籍知之耳！"（中华书局标点本）

这一标法使后一"独"字与前一"人"字在文理上略嫌窒碍，所以王伯祥《史记选》中则改标点如下式：

是时桓楚亡在泽中。梁曰："桓楚亡人，莫知其处，独籍知之耳！"

该书还特加注说明改标点的原因是：

亡人，亡命之人。诸本旧读，皆于亡字断，人属下读，未安。下云莫知其处，项梁自谓不知桓楚逃亡的地方，故紧接独籍知之耳，若云人莫知其处，则大家都不知道，何以项籍独能知之呢？

（5）句读当注意文法：如不注意文法，有时貌似正确，但不能传达作者的神态意旨。如《礼记·檀弓》记称：

子夏丧其子而丧其明。曾子吊之，曰："吾闻之也，朋友丧明，则哭之。"曾子哭，子夏亦哭，曰："天乎！予之无罪

① 《古书句读数例述辨》，见《中华文史论丛》第2辑。

也。”曾子怒曰：“商！女何无罪也？”

这一标法本没有错，但从文法上看则不甚确切。“予之无罪也”一语，是“予无罪也”加上“之”字而被破坏独立性的句子。在这种句子后面，要引起下文来说明，“予之无罪”，但是，由于曾子不同意子夏的辩解，便很急躁地打断了子夏的诉说，而反质问子夏。因此，这段话应标作下式：

子夏丧其子而丧其明。曾子吊之，曰：“吾闻之也，朋友丧明，则哭之。”曾子哭，子夏亦哭，曰：“天乎！予之无罪也——”曾子怒曰：“商！女何无罪也？”

如此，则当时交谈情景毕现，而曾子的愠怒也有所着落了。

又如《史记·项羽本纪》称：

（诸将）皆曰：“首立楚者，将军家也。今将军诛乱。”乃相与共立羽为假上将军。

这一标法，乍看也无问题，但仔细推敲，则“今将军诛乱”一语是不完整句，其下必定还有许多歌颂项羽功绩的话，但在项羽威势下，等不及把话说完，就匆促拥立项羽。这是司马迁用文字表达情景的妙笔，所以就标作：

皆曰：“首立楚者，将军家也。今将军诛乱——”乃相与共立羽为假上将军。

（6）句读应注意文字语气：史文中有以文字来刻画人物神态的，司马迁尤善此道，如《史记·张苍传》称：

（周）昌为人吃，又盛怒，曰："臣口不能言，然臣期期知其不可。陛下虽欲废太子，臣期期不奉诏。"（中华书局标点本）

两个"期期"都是形容周昌口吃的语气，如在期与期间标删节号，则不仅语意清楚，而口吃者的急迫情态也生动表现，所以应标作：

昌为人吃，又盛怒，曰："臣口不能言，然臣期……期知其不可。陛下虽欲废太子，臣期……期不奉诏。"

（7）句读应注意习惯读法：有些句读加与不加都无碍词义，而传统习惯上又自有读法，则从习惯。中华书局标点本《史记》，其点校后记中即以此作为凡例之一。如《周本纪》称：

尚桓桓如虎如熊如豺如离于商郊。

这段话的"虎"、"熊"、"豺"、"离"诸字下均可加逗，但一般习惯四字句式，而虎、豺下不逗也无害词义，所以便标作下式：

尚桓桓，如虎如熊，如豺如离，于商郊。

上面所举的几点，只是举例，并不能概括句读时应注意的所有问题，有许多问题还须在读书和从他人点校记中去练习和领会。但是，有一个必须严格注意的问题，那就是切勿随意改动原来的文字给原文加上衍脱的罪名，以符合自己的句读。如《史记·孟尝君传》记：

冯驩乃西说秦王曰："天下之游士冯轼结靷西入秦者，无不欲强秦而弱齐。此雌雄之国也，势不两立为雄，雄者得天下矣。"（中华书局标点本）

清人王念孙在《经义述闻》中引顾子明所说，认为应断于"两立"之下，而下"雄"字为衍；实际上，断在"雄"字下，使下"雄"字属下，则词义通顺，何能谓之衍一"雄"字呢？

四

论句读的著述，前人多有零篇，近人杨树达所著《古书句读释例》和吕思勉所著《章句论》二书是专论句读的专著，例证甚多，颇足参读。1963 年《中华文史论丛》第二辑载有章秋农所写《古书句读数例述辩》一文，系针对当时某些古籍选注本中有关句读的讹误而有所论辩的，对进行实际工作有参考借鉴作用。又中华书局标点本《二十四史》的某些前言后记中也有涉及句读问题者。国务院古籍整理出版规划小组所编《古籍点校疑误汇录》[1] 多册，对近年标点古籍有所纠误，可资参考。了解句读缘起及重要性固然必要，但更重要的在于实践，并从前人点校工作中吸取经验，多读多点，在阅读古籍时留意点读，积以时日，便能较通畅地点读，从而逐步掌握这一基本技能。

① 中华书局 1984～1988 年版。

第五章　论工具

一

工具书，顾名思义是指那些我们用作读书工具的一类图书。它在整理古籍工作中可以发挥一种辅助作用。

古代，图书数量不多，一般学者能够以皓首穷经的功力去博闻强记。因此工具书的作用尚未引起足够的重视。但是，随着时代的发展，学问领域的日益广阔，图书文献的日益增多，单凭背诵记忆已经势所难能。诗人墨客既不能将字的韵部都记住，同时也需要检索大量的优美辞藻来启发思路和雕饰文句；某些统治者由于难以博览群籍，而命人把相同内容的文献记载依类编次为类书供省览；而治学者尤其需要迅速准确地解决文献中的许多问题。于是，工具书的制作便随之而兴起和发展起来。

工具书的制作，究竟始于何时？

郭沫若在《古代文字之辩证的发展》[1] 一文中曾举出一个骨片上连刻了一月、二月各三十日的干支和少数其他文字，认为这“是当时的宪书之类”。有人就据此认为“这就是我国工具书的滥觞”。

① 《考古学报》，1972 年第 1 期。

这个说法在某种意义上讲是可以的；但是，我认为这个骨片纪日只是当时人计算日子的纪事，对后人查对是起了工具的作用，还不能算是有意识地制作工具书。工具书的正式编制如汉初经师所作的第一部词典《尔雅》，公元100年时由许慎所编的第一部字典《说文解字》和公元220年至226年由魏文帝曹丕命群臣纂集的第一部类书《皇览》等都是首创之作。当时，字书由于它为解经服务，是"经艺之本"，所以《汉书·艺文志》就著录称"小学十家"而列于《六艺略》之末，受到应有的重视；而《皇览》为便于帝王参阅所纂，也得到一定的地位，但都没有从检索参考角度给以重视，所以只在一种自发状态下发展。甚至有的学者以此为小道而不屑为，如像清代汪辉祖那样倾毕生精力于工具书制作的学者是屈指可数的。即使有些朝代曾组织过类书编纂工作，那也只是为显示"文治之盛"和另外一些动机和目的（如宋初为了安置降臣、旧臣等），并非真正了解工具书的意义和作用而组织制作的。这就不能不使近代学者陈垣先生发出了"兹事甚细，智者不为，然不为终不能得其用"[①] 的感慨。其能比较明确而恰当地论及工具书制作问题的，当推清代著名史学家章学诚，他在论校雠问题时曾说：

窃以典籍浩繁，闻见有限，在博雅者且不能悉究无遗，况其下乎？以谓校雠之先，宜尽取四库之藏，中外之籍，择其中之人名、地号、官阶、书目，凡一切有名可治，有数可稽者，略仿《佩文韵府》之例，悉编为韵。乃于本韵之下，注明原书出处及先后篇第，自一见再见以至数千百，皆详注之，藏之馆中，以为群书之总类，至校书之时，遇有疑似之处，即名而求其编韵，因韵而检其本书，参互错综，即可得其至是。此则渊博之儒究毕生年力而不可究殚者，今即中才校勘可坐收于几席

① 《中西回史日历》序，中华书局1962年版。

之间，非校雠之良法欤？①

这段话虽是对便于校雠而言，但它对工具书的制作、内容、地位、利用的效果等方面都作了比较全面的说明。自清以来，至于近世，工具书的制作日多，同时也逐渐引起重视，许多有成就的学者都亲自动手制作有裨实用的工具书，并取得了成就，如万斯同的《历代史表》、李兆洛的《纪元编》和汪辉祖的《史姓韵编》等给学者创造了极大的便利，近代学者陈垣先生用力尤大，所撰《中西回史日历》允为工具书中的空前巨构。

工具书既渐为学者所重视和利用，则其于读书、治学的效果自不待言，这里可以列举数端来略作说明。

（1）工具书可使人由不知而渐趋于知。学者博涉群籍，如遇到人不详其生平，地不明其方位，字不识其音义，典制不晓其沿革，名物不察其形态时，便自然成为一种障碍。设能检阅相关的工具书，按图索骥，豁然得解，那么不仅解决当时的疑难，而且也使原先所不知者一跃而为知者，其成效正如章学诚所说，“可坐收于几席之间”。

（2）工具书可以丰富和补充知识。学者知识，终难赅备，或此全而彼缺，或知一而略二。如魏人李悝，一般都知道悝音恢，是人名。但是在字书中，悝尚通恢，作嘲笑解，那么张衡《东京赋》中的“由余以西戎孤臣而悝奏穆公于宫室”之句可以得解；另外悝又可读里声，作忧愁解。这样便由知一字而得三义。又如仅知一人名字，而当借助于碑传文通检之类的工具书而索得传记后，便能较详细地了解此人生平。所以说，工具书能起拾遗补阙、丰富知识的作用。

（3）工具书能够避免或纠正不显著的错误。明显的错误易于避

① 《校雠通义》内篇一《校雠条理第七》，古籍出版社1956年版。

免或纠正，而隐晦的差错每每容易忽略，难于发现，如中西历换算问题，中历当年岁暮往往是西历次年岁首，若单从年来换算，有时会有一岁差异。宋代理学家陆九渊卒于宋光宗绍熙三年，按年对换是西历 1192 年。看来无甚差错，但事实上西历已差一年，因为陆卒的月日是 12 月 14 日，利用中西历对照换算的工具书仔细核换应是西历 1193 年 1 月 8 日，所以陆九渊的卒年严格地说应是公元 1193 年。这样就使一些不明显的差错得到避免或纠正，而达到精确无讹的程度。

（4）工具书还可以提高工作效率，启发治学门径。我国图书为数浩繁，前人成果也不在少数，若各种问题都从头做起，在烟海中漫加摸索，则旷日费时甚为不利；要从群籍中去搜检散处资料，也难有成效，如清代学者著作中散存各种有关问题的论述，若一一翻检爬梳，实力有所不及，如置而不论，又感到大有缺漏。王重民编《清人文集篇目分类索引》，曾集清人文集 440 种，分类排列篇目，这就使学者至少省去 400 百余种文集的翻检之劳。正所谓一编在握，事半功倍，工作效率，大为提高。而在使用工具书的过程中又可逐步领会某些问题应向哪些方面去探索的门径。

总之，工具书对于读书和治学确具十分重要的作用，但是由于人们学力不同，对它的感受也不一，要在使用中亲自体验与领会。

二

我国的工具书，肇端极早，历代多有制作，清代尤盛，大要类述如次：

【类书】 它是我国古代的工具书。有人称它为中国的百科全书，从内容和编纂体例看，此说不够准确。它是把各种图书中的有关资料，或按问题分类，或按字顺分韵，加以汇集而成的一种资料类编，是便于省览、记忆和检索的一种工具书。

关于纂辑类书的起源，有两种不同的说法：

其一，宋晁公武：《郡斋读书志》卷十四类书类，著录梁元帝（552～554 年）撰《同姓名录》三卷于首，认为“类书之起，当在是时”。《四库全书总目》类书类承此说。

其二，宋王应麟：《玉海》卷五四《艺文承诏撰述》篇，认为“类事之书，始于《皇览》”。其书久佚。清人有辑佚一卷。清张之洞《书目答问》承此说。

《皇览》的撰成早于《同姓名录》300 余年，自当以《皇览》为类书之始。

类书可以帮助学者找到同类相关的若干资料。有些资料来源本身已佚，赖类书以存，则更有参考价值。《四库提要》对此给予了肯定的评论说：“古籍散亡，十不存一，遗文旧事，往往托以得存。”当然，这些资料是否为原貌，则尚需经考订后方能确定，而且辗转沿袭，每每谬误传递，所以，近人刘文典在《三余札记》卷一中曾说：“类书引文，实不可尽持。”

类书也可以帮助检索典故或文辞的来源。如果所引原书尚传世，最好再核对原文，以求确切。

类书篇帙一般较大。宋代的《太平御览》是现有的有典型性的一部类书，它以问题类别编次，共达千卷。清代的《古今图书集成》1 万卷，卷帙巨大，内容丰富，颇资考订。另外如《佩文韵府》、《骈字类编》，虽然它是供作诗叶韵、搜求词藻之用的韵书，但因书中包括许多典故资料，并注有出处，因而也具有类书的性质和作用。《佩文韵府》是以尾字的四声分韵编列，收二、三、四字的词语。《骈字类编》是以首字与字头一致，专收二字合成的词。它们在内容和编制上虽存在一定的缺点，但可用来检索典故、词语的来源出处。至于韵编问题，如果不太熟悉，则可先查辞书，检得的韵部，再按韵求词。新印《佩文韵府》附有检字，则更为方便。

【字典】 旧称字书。识字是解决读书困难的先务。所谓“读书必先识字，字且不识，遑论其他”。字书可以解决字的读音、训义、形体结构和用法等问题。

我国古代字与辞的工具书不严加区别，统称字书。它的来源甚早，《汉书·艺文志》便有周宣王太史所作《史籀》15篇和其他著述共10家45篇的著录。现在完整存留而系统分明的字典是东汉和帝时许慎所编的《说文解字》。以后各代都有所作。目前常用的是《康熙字典》和《中华大字典》，还有正在陆续出版的《汉语大字典》，反映了字典编纂的新水平。

清人研读古书的风气甚盛，为了解决古书的疑难字，遂纂辑虚字字典。刘淇的《助字辩略》收字476个，创此类图书之始。王引之的《经传释词》虽仅收160个字，然能补前所未及，正前之谬误，并略去易晓者，所以颇为简要精审，历来极受推重。近人杨树达的《词诠》，内容较广，使用也便，对初学者极为有用。今人徐仁甫的《广释词》，亦可参考。

【词典】 一称辞书。大都兼收字和词，有些注明出处。可供因辞求解，按迹求书之用。我国最早的词书当推《尔雅》。目前通用的是《辞源》和《辞海》。它们都以部首编次，是综合古代字书、韵书、类书及近代词书于一编的工具书，翻检使用都较方便。近年对二书都重加修订，《辞海》分订全三册和分类分册两种，已出版问世；《辞源》四册也相继印行。近年编纂的《汉语大词典》正陆续出版中。

另有专门性质的辞书，备检索普通辞书范围所不及者，如专检人名的有《中国人名大辞典》，收人达4万之多，可以借知人物简历，但记录出处生卒不详不备，只能作普通参考，不能供较详了解之需。专检地名的有《中国地名大辞典》及《中国古今地名大辞典》。后者系在前者基础上编撰的，所以略有增益，但其大弊在于所谓今释早已过时，只能借以略知方位而已。其检专门地名的有《西域地名》是目前专检古代西域地名的一部工具书。它以罗马字按英文拼法排列，书后有汉名笔画索引。它虽仅收1400百余地名，然重要者已大体网罗。其专检诗词曲中特殊语词的词典为张相的《诗辞曲语词汇释》，集宋金元明人诗词曲中习用的特殊语词，详引例证，解释其意义与用法，于读书颇有裨益。清人翟灏编《通俗编》，采集方言俗语共5000余条，按内容性质分类，诸词都能找出出处，引书证释。钱大昕的《恒言录》，性质相同，而纂辑较翟编为精。

【索引】 旧称通检或备检。索引则据日文さくいん一词译音而来。另据英文index（指点）之音译成引得。这是专为检索来源的一种工具书，如检索书籍内容、辞语或引文来源均可利用这一工具。

我国制作索引，始于何时？说法不一。有人认为清代汪辉祖编著的《史姓韵编》一类的书已“具有索引性质”①。也有人认为在《史姓韵编》的前140多年的傅山所编《两汉书姓名韵》是创始之作，因而把我国索引出现的时间“定为十七世纪上半叶比较更为合适”②。我则认为，索引的创制，当推宋代的《群书备检》。据宋晁公武的《群斋读书志》卷九称：

> 《群书备检》十卷。右未详撰人。辑《易》、《书》、《诗》、《左氏》、《公羊》、《谷梁》、《三礼》、《论语》、《孟子》、《荀子》、《扬子》、《文中子》、《史记》、《三国志》、《晋》、《宋》、《齐》、《梁》、《陈》、《后周》、《北齐》、《隋》、《新旧唐》、《五代》史书，以备检阅。

① 涂宗涛：《常用文史工具书简目》，陕西人民出版社1975年版。
② 王世如：《报刊索引和报刊索引工作》，油印本。

陈振孙《直斋书录解题》卷八也说："《群书备检》三卷，不知姓氏，皆经史子集目录。"

《宋史·艺文志》著录此书说："其书已亡。"明《文渊阁书目》卷十一著录"《群书备检》一部，三册，残阙"。是明尚有残本。从这些记载看来，此书当系经史子集的篇目索引。

索引用途颇广，形式也多样，按其编制内容来看，大致有：

（1）书籍内容和文句的索引：这类索引常作为一书附录，供检索书籍内容之用，西书中使用比较普遍。我国过去往往别行。如清黎永椿的《说文通检》便是用来检索说文部首及各字的工具书。近人叶绍钧的《十三经索引》便是检索十三经经文来源出处的工具书。其他燕京大学引得编纂处制作的各种古籍内容引得也有同样作用。解放后重印的多种工具书，书后多增附索引，极便使用。

（2）书籍、论文的篇目索引。如王重民的《清人文集篇目分类索引》是清人440种文集篇目的指南。其散见报刊、杂志的篇目也多编有索引，如《中国史学论文索引》等就对史学研究提供了重要帮助。

（3）专题索引：这是就专门一类问题编制的索引。如《二十五史人名索引》系检索正史中人名的索引，如《室名别号索引》则可通过室名别号而引致本名；而陈乃乾的《清朝碑传文通检》不仅人物的姓字、籍贯、生卒可一索而得，尚能指引碑传文的出处，追求本源。前燕京大学引得编纂处所编宋、元、明、清各代传记引得分册也极有用。这四册索引合用则自宋至清（960～1911年）将近千年间的重要历史人物均可从中获致线索。

【表】　这是检索人物、大事、年代等简明情况的工具书。表有悠久的传统，最早称谱，所谓"古者纪年别系之书谓之谱"（《通志·总序》）。司马迁《史记》改而称表，有世表、年表和月表之分。班固的《汉书》有《古今人表》、《百官公卿表》之作。后世也继有所作。宋郑樵《通志》又改称为谱。清代制表风气甚盛，而补各史阙表之举更为突出，如钱大昭的《后汉书补表》、黄本骥的《历代职官表》、洪饴孙的《三国职官表》、汪曰桢的《十六国纪年表》、周嘉猷的《南北史表》……开明《二十五史补编》搜罗较多。这些表中以万斯同的《历代史表》最为学者所推重。朱彝尊在书序中说此表“揽万里于尺寸之内，置百世于方册之间”。黄宗羲更称此为“诚不朽之盛事，大有功于后学者也”。这些评论说明表在工具书中的地位。的确，一部制作精善的表就能起到条分类系，有条不紊，旁行斜上，一目了然的作用。如陈垣先生的《二十史朔闰表》就是检索中西回史日历和曜日的良器，为治学者所不可或缺的重要工具书之一。纪大椿在前人基础上，参考多籍，编制的《1821～1950年中西回俄历表》，不仅增入俄历对照，又标识曜日，对近代历史中各历的换算，极为有用。

【图谱】 这是具体地、形象地理解和认识地理方位与文物图像的一种工具书，我国历来都给予应有的重视。《汉书·艺文志》对于图谱都在附注中特加著录。宋代学者郑樵对于图谱特别强调，他说，“古之学者，左图右书，不可偏废”，“即图而求易，即书而求难”；并撰著了《图谱略》，成为《通志》二十略之一。

一般说来，我们常用的图谱有两类：

一类是指明地域方位的地图。根据当前情况，一般常用《中华人民共和国分省地图集》和《世界地图集》。但对治学研究来说，历史沿革的地图更为需要。近人杨守敬所制《历代舆地沿革图》，是当时颇负盛名的创制，可惜不够精确，加以篇幅过大，使用不便。解放后，由谭其骧主编，集中专才，搜集资料，参证研讨，罄多年功力，编绘了《中国历史地图集》八巨册，具有相当学术价值。它反映了1840年以前我国各历史时期的政区设置和部族分布的基本概貌。顾颉刚等编制的《中国历史地图集》（古代部分）共收图47幅，自原始文化遗址分布图起至鸦片战争前清帝国图止，凡政区划分、人民起义、交通路线、四邻形势均有涉及，并另有附注说明及地名索引，虽尚有需加修订处，但不失为一般参阅使用的工具书。

另一类是文物图谱，如郑振铎的《中国历史图谱》，内容比较丰富，是一部重要的参考工具书。郭若愚的《太平天国革命文物图录》正、续编，可以从中看到太平天国革命文物的形象。《帝国主义劫掠的我国殷周铜器集录》和《青铜器集释》、《全国基本建设工程中出土文物展览图录》和《陕西江苏热河安徽山西五省出土重要文物展览图录》等都是有关古器物的重要参考图录。

【目录】　这是寻求书籍和初步了解书的时代、著者、性质和内容等方面的工具书。它有国家目录、史志目录、私家目录、地方目录、专门目录等多种。从《汉书·艺文志》以来，历代都有不少目录著作。一般常用的是《四库全书总目》、《增订四库简明目录标注》、《贩书偶记》和《书目答问》等。

此外，正史的志书、历代会要、学者的读书记和十通等，虽然不是工具书的形式，但根据学者读书治学的需要，也往往起到工具书的作用。年鉴和百科全书也都是重要的工具书，但对中国史籍和一般学者来说，使用略少，所以就不再多加述及。

三

使用工具书，主要是解决这样一些问题：

【人物】　人物是文献中的重要成分之一。一切活动总要牵涉到人物。许多人物的情况，不易全面了解和记忆，有些不经常见的人物，甚至连简况都难知，这样，对于读懂和掌握文献，便有困难。加以古人行文往往有使用异名的，更会造成一定的窒碍。这些就需要借助于工具书来解决。

如果只需要知道人物的字号、生卒、籍贯等简况，那么使用《中国人名大辞典》、《历代名人生卒年表》和《历代人物年里碑传综表》之类的工具书即可。

如果需要有更多的了解，那么就可以使用碑传文通检和传记引得之类的工具书。

如果要检索人物是否见于正史，那么运用《二十五史人名索引》就可以知道是否有传，还是只在某一传中提到，进而检读传文可以对人物有更多的了解。

如果在文献中或书画题款及印章中遇到人物的别名，有些尽人皆知的如亭林、黎洲等尚无妨碍，若是一些生僻的别号如止止居士、西溪渔者等便无从了解，但利用《室名别号索引》即可检知前者为潘耒，后者是厉鹗。又如有的文章之末只署室名而略其本名者也可借助同书来解决。《室名别号索引》一书按笔画多寡排列，故检索甚便。

【地理】 地理区划、方位、沿革和今释也是研读和整理文献资料常遇到而需解决的问题。对于各朝的行政区划可利用正史的地理志和清代学者所撰的有关补志。对于地名今释，清人李兆洛的《历代地理志韵编今释》虽时代已不合，但尚可参用来辗转以求，《中国历史地图集》后所附的《地名索引》也注有今地名，不过有些地名由于行政区划变更频繁而不断变更归属，这就需要随时注意国家公布的变更消息。如果再比照最新地图的方位，那就更易于了解。对于方位沿革则可借助于地名辞典、有关地方志和地图。有些类书中也汇集了一些历史地理的资料，如《太平御览》卷六十的地部。近年来编制的关于专题资料的工具书是地理工具书的新发展，如广东中山图书馆所编《东西沙群岛资料目录》从中外文图书、报刊、地图、档案、抄件、影本等进行了广泛地搜集，对学术研究给予了很大的帮助。

在地名问题上，过去的文人学者，由于好炫奇夸胜，在著述中自署或称别人籍贯时，常好用异名雅称，如以茂苑称苏州、疁城称嘉定、余暨称萧山、云中称大同。这往往很费翻检之劳。清人管斯骏所撰《府州厅县异名录》是可利用的工具书，可惜这本小书未引起重视。

【年代】　　年代是文献资料中不可或缺的一种因素。中国历史上的年代更有自己的特色，即年号和干支纪日的问题，另外中西历换算问题也需要依靠精密对照的工具书不可。清人李兆洛、六承如所编《历代纪元编》，虽为清人所编，但尚有用。书分三卷：上卷列汉以下各朝年号，对农民起义、割据政权及外国年号均采入；中卷为纪元甲子表，自汉武建元元年起至清同治十年止，分年排列，凡并存政权，分格列入，建元以前另为补编；下卷为年号韵编。近人荣孟源所编《中国历史纪年》又有充实完善，更便利用，但却不能解决月日换算问题。最得实用的是陈垣先生《二十史朔闰表》。此书可解决年号、朔、闰、中西回史日历换算和日曜问题等。全书记自汉迄清的朔闰和西历月日，自汉元始元年起加入西历，唐武德五年以后加入回历。末附日曜表七个。方诗铭的《中国历史纪年表》可解决岁差问题。纪大椿的《中西回俄历表》又增入 1821～1950 年的俄历换算，表式也简化易检了。

【文字】　　文献中常会遇到有些字不晓音义，有些词不明含义和出处，有些俗语不知来源。这些对掌握内容会有影响。

关于一般字、词、语可以从《康熙字典》、《辞海》和《辞源》等工具书中解决。文言虚字可借助于《助字辩略》、《经传释词》和《词诠》。假借字可利用朱起凤的《辞通》，俗语则有《恒言录》和《通俗编》等可资参阅。

对于文献中引述经传文句而不晓其出处者可使用《十三经索引》来查清其确切出处。

对于典故来源，可以利用《佩文韵府》、《骈字类编》等，但因此类书引文较粗率，最好能依此线索查阅原书。

【书籍】 我国学术发达，领域广阔，载籍尤称浩繁，因此学者常面临两个问题。其一，准备钻研某一方面问题，不知道有哪些必读书和前人的成果；其二，知道需要哪些有关图书，但又不知从何下手。这就需要依靠目录书作为工具。除了前述的几种基本目录书外，丛书目录是很重要的一种工具书。

丛书是众书之府，汇集若干种书于一编。许多不易找到单本的书，往往可从丛书中求得；但丛书每没子目之名，故搜检极难，前人曾编有丛书目录索引一类的工具书，但均有欠缺。解放后上海图书馆所编《中国丛书综录》在诸家基础之上，检核全国 41 个图书馆入藏情况，收录 2 797 种书，编为 3 巨册。第一册为《总目分类目录》、《全国主要图书馆收藏情况表》，第二册为《子目分类目录》，第三册为《子目书名索引》、《子目著者索引》，另附《丛书书名索引》，均以四角号码编次，为全书线索。又附《索引字头笔画检字》，以供不熟悉四角号码者检索索引之用，此书本身既具备各套相互为用的工具，又著录详细版本、藏者，颇为使用者所称便。

《中国地方志联合目录》是使用地方志的好工具书。

图书有不少同书异名的情况，往往由于不明异名而难于求书。杜信孚所编《同名异名通检》、《同名异书通检》是解决这一难题的工具书。

成书比较固定，犹可设法记忆，即使翻查也较易索得。但零篇论文，散处报章杂志，搜求较难，特别需要工具书的帮助。如《中国史学论文索引》搜罗了近 50 年来 1 300 多种定期刊物上的 3 万多篇论文，分类编辑。书后并附辅助索引，将人名、地名、朝代名、标题、书名、物名、种族名、史实等混合编组，按笔画排列，颇便检索。又如《史记研究的资料和论文索引》，综合了古今人研究《史记》的专著、文章、笔记、论文，分类排比，可专供研究《史记》之用。

上述五点，只是指在读书治学过程中要先扫除的一般问题，并非工具书只能解决这些问题。在进一步研读时，仍然常需用工具书。

既然工具书如此必需，那么如何从数量较多的工具书中选用一些适用的呢？什么样的工具书才算好的呢？我认为它的标准有二：

其一，内容是否可靠、完整及合时。可靠是指所根据的资料来源是否可靠，解释说明是否可靠。完整是指它所要解决的问题是否基本解决，使人一编在握，基本上解决问题。合时是指是否合乎使用者的时代。一般地说，工具书随着时代发展而应有新的变动和增益，后出较前出应该正确而充实些，尤其在地名今释方面、文字词汇方面更要求合时。当然，一部工具书要与使用者时代完全相合，也不现实，但应力求接近为是。

其二，使用是否便利。工具书的任务是为减轻学者烦劳，提高工作效率。如果本身有错误或编排方法不便，那么，使用起来，既不易立时检得，而其结果又往往不能正确地解决问题，徒劳无功，反有贻害。同时也要考虑流通问题，有些书价值很高，但非一般图书馆和私人所能收藏，那在使用时往往不能顺手，也会造成某些不方便。

四

工具书的性质、类别和使用已如上述。那么，究竟应该如何对待它呢？如何掌握它呢？这里只提出几点个人的肤浅看法以供商榷。

第一，掌握工具书的基本书目。工具书的作用如事物的指南和向导。读书治学之先，必须知道遇到疑难问题时应如何解决的线索，即对于工具书的概况应有所了解；但是，工具书良窳不一，数量浩繁，如何能一一了然在心呢？因此，在日常读书过程中，必须随时注意积累，掌握一些基本工具书，大致了解哪些工具书可以辅助解决哪些问题，它们能起什么作用，它们的价值如何。这样，一旦需要使用，便能得心应手，不致无法措手。

第二，勤查勤用，以求熟练。工具书是辅助工具，使用时应以准确、迅速为尚，方能一索而得，提高效率。这种熟练程度必须在经常使用过程中锻炼。勤查勤用不仅能养成随时解决疑问的良好习惯，而且能迅速熟悉和掌握工具书的性能，巩固和丰富知识，扩大研究问题的线索。

第三，随手制作和补作工具书。目前工具书虽然方面日广、数量日增，但要解决所有遇到的疑难问题，尚有一定距离，仍然需要制作一些新的工具书来满足读书治学方面的要求，而且成书中难免有纰漏之处，又需要在使用时的随手拾补。同时在进行学术研究的时候，也可以亲自动手附带地制作一些工具书，这样不仅便于自己使用，同时在制作工具书的过程中最容易锻炼使用工具书的能力，而其效果将能推动和加速科学研究工作并将有利于后学。过去有些工具书并非作者专门单一的纂辑，而是研究工作的副产品。《二十史朔闰表》便是陈垣先生研究中西回史日历的副产品。陈乃乾先生为了便于检用清文集中的内容，制作了一些索引卡片，后来编成《清代碑传文通检》，便是其中的一种。邵懿辰等的《四库简明目录标注》便是在简明目录上标注异本，终于另成一有名的专著。这方面的园地很广阔。朱士嘉先生在编制地方志目录之余，把方志中人物传记作了索引，为研究人物历史提供了丰富的矿藏线索。我国大量宗谱中包括许多传记，但因苦无工具，迄今无法普遍运用。货藏于地，曷胜可惜。

第四，工具书终居辅助地位，读书仍为首要。工具书固然可以帮助我们祛除一些疑问，但却不能把它看作万能，以为遇到问题就求助于工具书，不知工具书既非应有尽有，而且包括方面也不尽赅备；同时无论疑问大小，动辄翻检，养成依赖习惯，削弱记忆能力，于读书治学，并无益处，因此，仍然应该从大量地系统读书治学过程中，积累丰富知识，扩大知识领域，切实掌握基础知识，以逐步减少疑难。这样，既不会使所得知识支离破碎，而且也容易发现问题，纠正讹谬。这是应当特别加以重视的，在使用工具书时也应注意鉴别，因某些工具书本身有错，尤其是名家署名而假手他人者更不能迷信。

第六章　论校勘

一

校勘是读书治学、考求善本的一门辅助学科。它的名称虽出现较晚，但校勘工作却渊源甚早。《国语·鲁语下》曾记鲁大夫闵马父对景伯说：

> 昔正考父校商之名颂十二篇于周太师。以《那》为首。

正考父是孔子的七世祖，周末时是宋国大夫。这件故事细节已不可知，但无疑是一种用异本来比勘的活动。孔子整理诗书，虽未明确记述校勘之事，但从史书所载“去其重”[①] 推想，如不将异本相校则无从去重，所以孔子删诗书必有校勘活动。孔子的学生子夏曾在卫国校正了“晋师三豕涉河”为“晋师已亥渡河”之误，提出了形近而讹的例子[②]。

西汉成哀时代刘向父子整理国家藏书时，把比勘异同列为重要

① 《史记》卷四七《孔子世家》，中华书局 1959 年印本。

② 《吕氏春秋·察传》，《诸子集成》本，中华书局 1954 年印本。

工序之一，名为“校雠”，并规定了如下的界说：“一人读书，校其上下，得其谬误为校；一人持本，一人读书，若怨家相对为雠。”①这一解释证明它就是我们现在整理古籍中的校勘工作。不过，刘向等并非专一从事。至于以校勘为专业当以东汉末年郑玄的整理诸经为正式开始。《后汉书·郑玄传论》中说：“郑玄囊括大典，网罗众家，删繁裁芜，刊改漏失。自是学者略知所归。”“刊改漏失”，当是一项校勘工作。

清人段玉裁概括了这一段发展过程说：

> 校书何放乎？放于孔子、子夏。自孔、卜而后，汉成帝时，刘向及任宏、尹咸、李柱国，各显所能奏上。向卒，歆终其业。于时有雠有校，有竹有素，盖綦详焉。而千古之大业，未有盛于郑康成者也。②

魏晋以来，由于政府有校书活动，势必会有些校勘工作，但校勘工作发展情况的具体记载却不多。

唐代，校勘工作又被重视。除了国家大规模的校书外，私人的校勘工作也颇有成绩，如：“（韦述）聚书二万卷，皆自校定铅椠，虽御府不逮也。”③

宋代随着目录、版本诸学的发展，校勘也大盛，并在前人基础上制定条例，提出方法，又有专门从事的人才。校勘至宋可以说已成一门独立学问——校勘学。

宋朝政府对校勘颇为重视。校书机构特别制定校勘条例作为校

① 《昭明文选·魏都赋》李善注引《风俗通》，唐释慧琳：《一切经音义》卷七七引《风俗通》作“二人对校为雠”。

② 段玉裁：《经史杂记》序，见《经韵楼集》，清嘉庆间刊本。

③ 《旧唐书》卷一〇二《韦述传》，中华书局1975年版。

勘工作的准绳。条例中说：

诸字有误者，以雌黄涂讫别书；或多字以雌黄圈之，少者于字侧添入；或字侧不容注者，即用朱圈，仍于本行上下空纸上标写；倒置，于两字间书乙字；诸点语断处，以侧为正；其有人名、地名、物名等合细分者，即于中间细点。①

这项条例详细规定了改正讹衍夺倒字和各种句读的格式。这是一项行之已久的规定，沈括在《梦溪笔谈》中就记及馆阁校书改误之事说：

馆阁新书净本有误书处，以雌黄涂之。尝校改正之法，刮洗则伤纸，纸贴又易脱，粉涂则字不没，涂数遍方能漫灭。唯雌黄一漫则灭，仍久而不脱，古人谓之铅黄，盖用之有素矣。②

可见，这种校勘方法的规定，从北宋以来就已实行。这些具体规定是从前人经验中总结而来，绝非向壁虚构。它反映了校勘之事到宋代已发展到一定的水平了。

宋代的私人校勘工作更是名家辈出。这些人对校勘已作为一门专学在研究。他们都具有丰富的经验和深切的体会，也总结出一套具体细致的校勘方法。沈括的《梦溪笔谈》中曾记载北宋初年校勘学家宋绶校勘藏书的故事说：

宋宣献（绶）博学，喜藏异书，皆手自校雠，常谓校书如

---

① 《南宋馆阁录》卷三，《武林掌故丛编》第十集本。

② 沈括：《梦溪笔谈》卷一，四川人民出版社 1957 年版。

扫尘，一面扫，一面生，故有一书每三四校，犹有脱谬。①

宋绶的切身体会说明校勘工作的不容易。

宋代关于校勘工作和校勘家的记载很多，如金石学家赵明诚和著名女词人李清照是有共同"书癖"的一对夫妇，他们"每获一书，即同共勘校，整集签题"②。目录学家晁公武自称"躬以朱黄，雠校舛误"③。张举"手校数万卷，无一舛误"④。其他例证尚多。所以清代有人总括说："校勘之学，宋儒所不废。"⑤

宋代的许多校勘名家中以岳珂为最著。他既是版本学家，又是校勘学家。他不仅做了广搜异本的工作，而且还总括了一整套的校勘方法。清代的校勘学家钱泰吉曾在著作中记述了岳珂校勘群书的情况说：

宋岳倦翁刊九经三传，以家塾所藏诸刻，并兴国于氏，建安余仁仲本，凡二十本。又以越中旧本注疏，建本有音释注疏，蜀注疏合二十三本，专属本经名士，反复参订，始命良工入梓。其所撰相台书塾刊正九经三传沿革例，于书本、字画、注文、音释、句读、脱简、考异皆罗列条目，可见其详审矣。⑥

这段记述指明岳珂对校勘学做出了两方面贡献。其一，岳珂的"专属本经名士，反复参订"，是提出了专才校勘的重要问题，用专

① 沈括：《梦溪笔谈》卷二五。
② 李清照：《金石录后序》，见《金石录》，中华书局 1982 年版。
③ 《郡斋读书志》序，江苏广陵古籍刻印社 1987 年影印本。
④ 《宋史》卷四五八《张举传》，中华书局 1977 年版。
⑤ 谢章铤：《课余偶录》卷三，见《赌棋山庄集》，光绪间刊本。
⑥ 钱泰吉：《曝书杂记》，见《甘泉乡人稿》卷七，咸丰间刊本。

业人员校勘专业图书是事半功倍的有效措施；其二，从书本到考异的七个方面正是一整套的校勘程序，就是：①广征异本，②精审字画，③订正注疏，④详明音释，⑤点定句读，⑥查明脱落，⑦考订同异。至此，校勘的工作程序已定，后世亦多沿用。经过这一套程序刊刻的书目是良本，而将校勘成果入于目录，则使目录增添了重要的学术性内容。

明代虽也有校勘之事，但明人乱改文字的恶习造成图书的一种灾难。这种歪风，至清方获一定的改正。

校勘学到清代得到极大发展，校勘学作为专门之学的地位也在这时得到确定，正如梁启超所说："古书传习愈希者，其传钞踵刻，讹谬愈甚，驯至不可读，而其书以废。清儒则博征善本以校雠之。校勘遂成一专门学。"①

校勘学在清代之所以兴盛正是由于图书传讹难懂，读书治学有困难，这是客观现实上的要求，于是从事此道的人逐渐增多，校勘的方法也日趋完备，从而在学术领域中自成独立门类。

开清代校勘学之端的是顾炎武。他所著的《九经误字》就是一部校勘学名著。他在此书的自序中说：

> 今天下九经之本，以国子监所刻者为据，而其中讹脱实多。又《周礼》、《仪礼》、《公羊》、《谷梁》二传，既不列于学官，其学殆废，而《仪礼》则更无他本可雠其讹脱，尤甚于诸经。若士子各专一经，而下邑穷儒，不能皆得监本，止习书肆流传之本，则又往往异于监本，无怪乎经术之不通，人材之日下也已。余至关中见唐石壁九经，复得旧时摹本读之，虽不无踳驳，而有足以正今监本之误者列之，以告后学，亦庶乎离经

① 梁启超：《清代学术概论》十六，见《梁启超论清学史二种》，复旦大学出版社 1985 年版。

之一助云。①

接着，戴震、段玉裁等著名学者继起，他们不仅在学术研究中进行校勘工作，而且还提出了如何进行校勘的方法和对校勘的要求。戴震提出校勘的两项基本方法：

（1）识字：他主张从识字开始来知道声音，从声音通晓训诂，由训诂来求得字的真义。

（2）博征：就是广泛搜求佐证，没有佐证就不肯定，证据不足（孤证）也不肯定，对于前人陈说也不附和。

他提出了对校勘学的要求是："搜考异文，以为订经之助；又广览汉儒笺注之存者以为综考故训之助。"②

这就把校勘学推进了一步。校勘不仅订文字的异同，还要考训诂之是非。这种要求，段玉裁提得更明确。段氏在和友人讨论校勘学问题时曾提出要解决两个是非问题，就是定底本之是非和立说之是非。他说：

> 校书定是非最难，是非有二：曰底本之是非，曰立说之是非。必先定底本之是非，而后可断其立说之是非。……何谓底本？著书者之稿本是也；何谓立说，著书者所言之义理是也。……不先正底本，则多诬古人；不断其说之是非，则多误今人。③

戴、段之说奠定了校勘学的基础，几为清代学者进行校勘的总

---

① 《顾亭林先生遗书》，清光绪三十二年汇印本。

② 戴震：《古经解钩沈序》，见《戴东原集》卷十，四川人民出版社1957年本。

③ 段玉裁：《与诸同志论校书之难》，见《经韵楼集》卷七，嘉庆间刊本。

方针，就是：多备异本以勘其异同，广搜佐证以声类义训定是非。

校勘学到了戴、段所处的清代乾隆朝可说是发展到了极盛时期。李兆洛曾概括其事说：

> 乾隆中极盛矣，上自巨卿名儒，下逮博士学究，无不通知此义，一时如抱经卢学士、怀祖王观察父子、竹汀钱詹事，无不兼擅其长，而元和顾君涧蘋尤魁杰者也。[①]

其中卢文弨、顾千里二人尤称专精。他们几乎把毕生精力都倾注于朱墨点勘之中，对古籍做了大量正误工作，为后学解决了许多疑难问题，提供了可靠资料。

卢文弨（1717～1795 年）字绍弓，号矶渔，因自题书室名“抱经”，所以学者称他为“抱经先生”。他学识渊博，喜欢藏书，尤好校书，用力甚勤，从天不亮直到深夜都在进行“翻阅点勘，朱墨并作”的工作。他博采异本，广听意见，精心校录，用一生大部分精力完成《群书拾补》39 卷。这部书是对《魏书》、《宋史》、《金史》、《新唐书》、《新书》、《新论》等书的脱漏部分，加以校正，补佚而成一部汇编。他参照唐人陆德明《经典释文》的体例，选择各书版本缺文断简、漏误较多者，摘字注释，加以校正或补佚，并附校语。为后人免读误书提供方便。他的成就在当时已博得了学者们的推重。钱大昕在为《群书拾补》所写的序文中说：

> 学士卢抱经先生，精研经训，博极群书。自通籍以至归田，铅椠未尝一日去手。奉廪修之余，悉以购书。遇有秘钞精校之本，辄宛传借录。家藏图籍数万卷，皆手自校勘，精审无

① 李兆洛：《涧蘋顾君墓志铭》，见《养一斋文集》卷十一，道光三十四年家刊本。

误。凡所校定，必参稽善本，证以它书，即友朋后进之片言，亦择善而从之，洵有合于颜黄门所称者，自宋次道、刘原父、贡父、楼大防诸公皆莫能及也。①

严元照在《书卢抱经先生札记后》一文中也论及他的校勘工作说：

（卢文弨）喜校书。自经传子史，下逮说部诗文集。凡经披览，无不丹黄，即无别本可勘同异，必为之厘定字画然后快。②

另一个校勘名家顾千里（1766～1835 年）名广圻，号涧薲，自号思适居士。他没有卢文弨那样的地位，工作条件较差。他所进行的校勘工作往往是受雇于人，如代阮元纂《十三经注疏校勘记》。后又相继代胡克家、孙星衍、方维甸、继昌等人校书。他在校勘学上有极高的造诣。余嘉锡先生曾经总结了他的校勘方法说：

每校一书，先衡之以本书之词例，次征之于他书所引用，复决之以考据之是非。一事也，数书同见，此书误，参之他书，而得其不误者焉。一语也，各家并用，此篇误，参之他篇，而得其不误者焉。文字、音韵、训诂则求之于经。典章、官制、地理则考之于史，于是近刻本之误，宋元刊本之误以及从来传写本之误，罔不轩豁呈露，了然于心目，跃然于纸上。

---

① 钱大昕：《卢氏群书拾补序》，见《潜研堂集》卷二五，上海古籍出版社 1989 年本。

② 严元照：《梅庵学文》，清光绪己卯重刊本。

然后胪举义证，杀青缮写，定则定矣。[1]

他生平校书甚多，晚清学者李详曾记其大略说：

宋于庭《铁琴铜剑楼书目》称顾涧蘋之书，举鄱阳胡氏《文选》、《资治通鉴》，阳城张氏《礼记郑注》，阳湖孙氏《说文解字》、《唐律疏义》，全椒吴氏《韩非子》，最后吴门汪氏《单疏仪礼》。据李申耆先生顾君墓志知于庭所举尚有遗，如张氏之《盐铁论》，孙氏之《古文苑》，吴氏之《晏子》，秦氏之《扬子法言》、《骆宾王集》、《吕衡州集》，宋俱失载。又据《思适斋集》如《列女传》、《焦氏易林》、《抱朴子内篇》、《华阳国志》、《李元宾集》、《黄帝本行经》、《轩辕黄帝传》、《宋名臣言行录》、吴元恭本《尔雅》，皆为涧蘋校刊。合之宋、李所言，涧蘋校行之书亦大略可睹矣。[2]

顾千里不具备卢文弨那样优越的物质条件，但他仍能艰苦卓绝地孜孜于校勘事业，取得了与卢文弨后先辉映的成就，确是来之不易，也就无怪引起后来国内外学者对他的钦敬。他的年谱即出于日本学者神田喜一郎之手，并在谱中赞誉他是“清代校勘学第一人”[3]。中国近代维新思想家冯桂芬在为《思适斋文集》写序时更盛加推崇说：

---

① 余嘉锡：《黄顾遗书序》，见《余嘉锡论学杂著》，中华书局1963年版。

② 李详：《媿生丛录》卷二，见《清人考订笔记》，中华书局1965年版；又（清）钱泰吉：《曝书杂记》，见《甘泉乡人稿》卷七，咸丰间刊本；（清）陈康祺：《郎潜纪闻》卷八，中华书局1984年本也记此事。

③ （日）神田喜一郎：《顾千里年谱》，民国十五年印本。

> 元和顾涧薲先生潜心经学，博览群书，自先秦以来，九流百家之书无所不读。时朝廷开四库馆，征海内遗书，以是古籍之出尤多。先生名既重海内，藏书家得异本必就先生相质。先生记识、精力绝人，所见益广，辄为之博综群本异同，折衷一是，尤不肯轻改，务存其真，遂以善校雠名。书经先生付刊者，艺林辄宝之，先后积三十余种，校成未及刊者尚半。其人多且勤如此，则又百余年间，未有之学而创之先生。又于惠先生诸人后别开户牖者也。①

像这样以校勘为专业的学者，清代为数不少，如撰著《简庄缀文》和《经籍跋文》等校勘学专著的陈鳣就是一生从事钩沉索引、勘定窜乱、系以跋文、疏其异同的校勘专家；撰著《曝书杂记》的钱泰吉也是一生以校勘为事的学者。

这种校勘风气直到晚清依然受到许多人的重视，如光绪时许增刻《唐文粹》时所定凡例中就以校勘作为刊书条例之一，提出了反对沿袭错误的求古风气，主张改正误失的求是精神。凡例中记称：

> 校雠之学二涂：一是求古，一是求是。求古者取宋元旧本，一一复写，期于毫发无遗，并旧本显然谬误及俗书国圣之类，亦必沿袭以存其真。求是者，寻求原本，搜采群籍，舍短从长，拾遗补阙，以正未刻之前写官之误，既刻之后，椠工之失，求心所安，以公同好。今刻此书，略依求是之例，知不免为求古者所讥。

从清初到清末校勘学的工作进展来看，确是在学术上做出了一定的贡献，所以清末经学家皮锡瑞在总结经学发展历史时曾提出清

---

① 冯桂芬：《思适斋文集序》，见《显志堂稿》卷二，同光间刊本。

代对经学发展有三项贡献——就是辑佚书、精校勘和通小学。同时又概括了清代的校勘学成就说：

> 校勘之学，始于《颜氏家训》、《匡谬正俗》等书，至宋有三刘、宋祁之校史。宋元说部，间存校订，然未极精审，说经亦非颛门。国朝多以此名家，戴震、卢文弨、丁杰、顾广圻尤精此学。阮元《十三经校勘记》为经学之渊海，余亦间见诸家丛书，刊误订讹，具析疑滞，有功后学者又其一。①

另一位经学家孙诒让也曾总括过清代校勘学的成就说：

> 综论厥善，大氐以旧刊精校为依据，而究其微指，通其大例，精思博考，不参成见。其正文字讹舛，或求之于书，或旁证之它籍及援引之类书，而以声类通转为之钤键，故能发疑正读，奄若合符。……②

如上所述，清代校勘学在改正前人谬误，订定佳本古籍，为读书治学提供便利等方面有值得肯定的一面；但是，也有一些穿凿附会，好新求异，凭主观臆断，滥改古书的弊病。正如孙诒让所说："及其蔽也，则或穿穴形声，捃摭新异，冯臆改易，以是为非。"③

除此以外，好引类书也是一弊。清季朱一新认为类书"初非为经训而作，事出众手，其来历已不可恃，而以改数千年诸儒考定之本，不亦慎乎?"④ 但清代许多有成就的学者如高邮王氏父子也未能解脱此蔽。

① 皮锡瑞：《经学历史·经学复盛时代》，中华书局1959年版。

②③ 孙诒让：《札迻序》，见《籀膏述林》卷五，民国丙辰刊本。

④ 朱一新：《无邪堂答问》卷二，光绪家刊本。

如果取其利防其弊，校勘方法还是有可采用之处，解放后的整理古籍工作，多能去粗取精，对新版古籍基本上进行了校勘，有的还附录校勘记，为读书与治学扫清了许多窒碍。中华书局的标点本《二十四史》便是一例。

二

校勘学素为历来学者所重视。

北齐的颜之推，是当时在音韵、训诂、校勘等方面都具有专长的著名学者。他从自己的实践中认识到校勘工作的不容易，所以，特在《家训》中谈到此事说：

> 校定书籍亦何容易，自扬雄、刘向方称此职尔。观天下书未遍，不得妄下雌黄。或彼以为非，此以为是；或本同末异；或两文皆见，不可偏信一隅也。①

朱彝尊是清初的著名学者，有很多著作。他对所刻各书都亲自反复校勘，叶德辉的《书林清话》曾记述朱彝尊的刻书遗闻说：

> 竹垞凡刻书，写本亲自校两遍。其《明诗综》刻于晚年，刻后自校两遍，精神不贯，乃分于各家书房中，或师或弟子，每校出一字者，送百钱，然终不免有讹字。②

---

① 颜之推：《颜氏家训》卷三《书证》，光绪七年汗青刊本。

② 叶德辉：《书林清话》卷十《朱竹垞刻书遗闻》条引《鸡窗丛话》，宣统庚申观古堂刊本。

朱彝尊的重视校勘可见，而校勘之难也可见。

乾嘉时期的钱大昕、王鸣盛等学者也都极重视校勘对读书与治学的重要意义。王鸣盛在《十七史商榷》的自序中说："尝谓好著书不如多读书，欲读书必先精校书，校之未精而遽读，恐读亦多误矣。"主张"既校始读，亦随读随校"。

著名的藏书家孙从添从藏书要求出发，把校勘问题作为藏书的重要环节，并提出比较完整的校勘方法。他说：

> 古人每校一书，先须细心紬绎。自始至终，改正字谬错误，校雠三四次，乃为尽善。至于宋刻本，校正字句虽少，而改字不可遽改书上，元版亦然，须将改正字句，写在白纸条上，薄浆浮签贴本行上，以其书之贵重也。……若明版坊本、新钞本，错误遗漏最多，须觅宋元旧钞本，校正过底本，或收藏家秘本，细细雠勘，反复校过，连行款俱要照式改正，方为善本。若古书有不可考校，无从改正者，亦当多方请求博学君子，善于讲求古帖之士，又须寻觅旧碑板文字，访求藏书家秘本，自能改正。然而校书非数名士相好，聚于名园读书处，讲究讨论，寻绎旧文，方可有成，否则终有不到之处。所以书籍不论钞刻好歹，凡有校过之书，皆为至宝。至于字画之误，必要请教明于文字音韵者，辨明字画音释，方能无误。①

近代学者对于校勘之学也给予一定的重视，如陈垣先生就说过："校勘为读史先务，日读误书而不知，未为善学也。"②

学者们既如此重视校勘学，那么，它究竟有些什么作用呢？具

① 孙从添：《藏书纪要》，见《士礼居黄氏丛书》本。

② 陈垣：《通鉴胡注表微·校勘篇》，中华书局 1962 年版。

体说来，大致有以下几点：

（1）校勘可以正事实：有些文献记载的事实或者谬误，或者不清，通过校勘就可以得到正确或接近正确的内容。如《后汉书·郑玄传》载玄的戒子书中有二句话：

吾家旧贫，不为父母昆弟所容。

这两句话从字面看不出有什么错谬，文义也能疏解；但是，郑玄是东汉末年有“敦品力学”之名的学者，连黄巾起义军也尊重他，何至于闹到“不为父母昆弟所容”的地步呢？更何况写入戒子书，载入史册，似乎也不甚恰当。历来对此多有怀疑，可是缺乏比勘材料。直到清乾隆六十年阮元任山东学政时，曾赴郑玄故乡高密，找到郑的祠墓，在积沙中发现了金代重刻的唐史承节所撰碑文，始从碑文所引的戒子书中知道原来没有这个“不”字，于是疑案大明，后来，陈鳣从黄丕烈处得到元刊本《后汉书》果然没有“不”字。如果早能得到好的刊本进行校勘，也就不致有这一事实的乖谬①。

又通过校勘还可取得史事的旁证，如清人吴光酉所编《陆稼书先生年谱定本》的雍正刊本阙文数处，以与他本相校，发现这些缺文均与吕留良之事有关，乃因文网周密惧祸而削去。阙文不补，正以见刊者的深意，而清代文字狱之酷也于此可得佐证。

（2）校勘可以通文字：古文献中往往由于辗转传抄假借互用，词义曲折而发生晦滞难通之处，如经比勘则谬误立显，词义立明而文义自然能豁然贯通。清季学者孙诒让曾自述他的切身体会说：

---

① 阮元：《小沧浪笔谈》卷四，《丛书集成》初编本；《经室二集》卷七，道光三年刊本；（清）陈鳣：《简庄缀文》，嘉庆刊本；（清）钱泰吉：《曝书杂记》卷上，见《甘泉乡人稿》，咸丰四年刊本。

> 每得一佳本，晨夕目诵，遇有钩棘难通者，疑忤参积，辄郁辖不怡，或穹思博讨，不见端倪，偶涉他编，乃获确证，旷然昭寤，宿疑冰释，则又欣然独笑，若陟穷山，榛莽霾塞，忽覯微径，遂达康庄。①

宋代学者洪迈曾举出过两个例子说明由于通过校勘而改正了错谬，疏通了文字，他说：

> 周益公以《苏魏公集》付太平州镂版，亦先为勘校。其所作《东山长老语录序》云："侧定政宗，无用所以为用；因蹄得兔，忘言而后可言。"以上一句不明白，又与下不对，折简来问。予忆《庄子》曰："地非不广且大也。人之所用容足尔，然而厕足而垫之致黄泉，知无用而后可以言用矣。"始验"侧定政宗"当是"厕足致泉"，正与下文相当，四字皆误也。因记曾所书陶渊明《读山海经诗》云："形夭無千歲，猛志固常在。"疑上下文义若不贯，遂取《山海经》参校，则云："刑天，兽名也，口中好衔干戚而舞。"乃知是"刑天舞干戚"，故与下句相应。五字皆讹。②

清代学者王念孙在所著《读书杂志》卷二中也提到由于校勘而改正《史记·项羽本纪》中的"毋俱死"为"毋徒俱死"。

其他利用校勘来解决词义的疑难，假借字义，文字词性以及省略成分的例子在古籍校读中随时都可遇到。

---

① 孙诒让：《札迻序》，《籀膏述林》卷五，民国丙辰刊本。

② 洪迈：《容斋四笔》卷二《抄传文书之误》，上海古籍出版社 1978 年版。

（3）校勘可以嘉惠后学：书有讹误，读时会感到窒碍，以致有“书不校勘，不如不读”的感叹。因此，有些从事校勘的学者也多以嘉惠后学为己任，如王鸣盛就曾说：

> 夫以予任其劳，而使后人受其逸；予居其难，而使后人乐其易。①

朱一新在答别人质疑时也谈及此事说：“大氐为此学者于己甚劳，而为人则甚忠：竭毕生之精力，皆以供后人之提携，为惠大矣。”②

而且，这也使书由误本而成善本，其功甚大，所以清代校勘学家卢文弨在这方面的工作就受到了人们的赞扬说：“他人读书受书之益，子读书则书受子之益。”③

书如果不加校勘，那就会得到相反的效果，所谓“如某书宜读而不得精校精注本，事倍功半”④。即以《资治通鉴》而论，是学习文史者所必读的典籍，但通行本中颇有衍脱，清人进行校勘者甚多，近人章钰对此书进行了一项总结性的校勘工作，他利用宋本九种、明本一种和其他一些校本，逐字比勘，细心雠校，结果校勘出脱落、讹误、多余、颠倒的文字在万字以上，其中仅脱文一项即达5200余字，又写出校记7000余条，著成《胡刻通鉴正文校宋记》三十卷和附录三卷，给后人读《通鉴》的正文以极大的便利。书前有一篇《述略》详述校勘经过及条例，可作校勘学的读物。

（4）校勘学丰富了目录学的内容：校勘工作和校勘的研究成果

① 王鸣盛：《十七史商榷》自序，商务印书馆1959年版。
② 朱一新：《无邪堂答问》卷二，光绪二十二年家刻本。
③ 俞樾：《札迻序》，见孙诒让：《札迻》，光绪二十年刊本。
④ 张之洞：《书目答问》略例，中华书局1963年版。

使目录书和目录学的研究扩大了领域，充实了内容。有的目录书在编制过程中可以根据校勘成果著录图书是否佳本精刻、有无缺漏讹误，给求书者提供了可靠的依据。有的目录学著作往往运用校勘方法发现和纠正前人著作的谬误，顾千里的《仪顾堂题跋》和余嘉锡先生的《四库提要辨证》等著作中都有这样的实例。如《东都事略》的作者，自《四库全书总目》误信明人刻本作王偁而以原来的王称为伪后，于是一切官私著述及刻书者，均沿其误，改“称”作“偁”，余嘉锡先生以自己丰富的目录学素养运用别人校勘成果而纠正了提要“以作称者为伪改”之误，使该书的作者项目在目录书上得到了准确的著录①。

三

校勘学的内容，概括地说，就是勘同异、定是非。梁启超曾对此作过解释，他说：

> 或是正其文字，或厘定其句读，或疏证其义例。②

这一解释似乎包括了勘同异与定是非，但必须明确：所谓定是非是定二种是非，也就是段玉裁所说的定底本之是非和定立说之是非。定立说之是非，必须先定底本之是非，而定底本之是非，必须

① 余嘉锡：《四库提要辨证》卷五《东都事略》条，中华书局 1980 年印本。

② 梁启超：《清代学术概论》十六，见《梁启超论清学史二种》，复旦大学出版社 1985 年版。

先勘众本之异同。所以，最初一步就是勘同异。

勘同异就是勘定底本的讹、夺、衍、阙、错简，即所谓“整齐脱误，是正文字”[①]。那么，根据什么来勘同异呢？钱大昕曾总结过卢文弨的根据材料说：

> 凡所校定，必参稽善本，证以他书，即友朋后进之片言亦择善而从之。[②]

这一段话说明卢文弨校书有三种根据：善本、他书与他人意见。所谓“善本”指祖本及佳本精刻，所谓“他书”指可资比勘的其他典籍。王鸣盛曾详尽地叙述他校勘时所据的他书材料说：

> 购借善本，再三雠勘。又搜罗偏霸杂史、稗官野乘、山经地志、谱牒簿录，以暨诸子百家、小说笔记、诗文别集、释老异教，旁及于钟鼎尊彝之款识，山林冢墓祠庙伽蓝碑碣断阙之文，尽取之以供佐证。[③]

王氏所说的这些“他书”涉及面颇广，从文献图书以至金石碑版，几乎无一不可借资，此点固未可厚非，因涉及面越广则误差越小。但有一点必须指出，即清人校勘好引类书，往往发生一些流弊。清季朱一新曾揭其事说：

> 王文肃，文简治经亦然，其精审无匹，视卢召弓辈亦远胜

---

① 《后汉书》卷五《安帝纪》，中华书局1965年版。

② 钱大昕：《卢氏群书拾补序》，见《潜研堂集》卷二五，上海古籍出版社1989年版。

③ 王鸣盛：《十七史商榷》自序，商务印书馆1950年版。

之。顾往往据类书以改本书，则通人之蔽，若《北堂书钞》、《太平御览》之类，世无善本。又其书初非为经训而作，事出众手，其来历已不可恃，而以改数千年诸儒考定之本，不亦慎乎?①

近人刘文典更详阐其说称：

清代诸师，校勘古籍，多好取证类书，高邮王氏尤甚，然类书引文，实不可尽恃。往往有数书所引文句相同，犹未可据以订正者。盖最初一书有误，后代诸书亦随之而误也。如宋之《太平御览》，实以前代《修文御览》、《艺文类聚》、《文思博要》诸书，参详条次，修纂而成。其引用书名，特因前代类书之旧，非宋初尚有其书，陈振孙言之详矣。若《四民月令》一书，唐人避太宗讳，改民为人，《御览》亦竟不改。书名如此，引文可知。故虽隋唐宋诸类书引文并用者亦未可尽恃，讲校勘者，不可不察也。②

另外，必须经常注意新的出土文献，扩大用作校勘的他书资料，如长沙马王堆汉墓出土的帛书《老子》甲乙本和其他一些图书文献，其篇次、文字与今本多有不同，大可供作校勘之资。

校勘的内容与所据材料大致如此，然则校勘方法究竟如何？前人由于学殖、经验有所不同而做法也有所不同。如清人吴承志曾提出校书五例，即：“有可据善本校改者，有可据古本校改者，有可据注文校改者，有可据本书校改者，有可据文义校改者。”③

① 朱一新：《无邪堂答问》卷二，清光绪二十二年家刻本。

② 刘文典：《三余札记》卷一，黄山书社1990年版。

③ 吴承志：《逊斋文集》卷六《校管子书后》，民国壬戌求恕斋刊本。

近人蒋元卿曾概括清代学者的校勘方法为四点：

(1) 用两本对照，或据前人征引，记其异同，择善而从。

(2) 根据本书或他书之旁证、反证，校正文句原始之讹误。

(3) 根据发现著书人之原体例刊正全部通有之讹误。

(4) 根据别的材料校正原著之错漏。①

陈垣先生在清代校勘学的基础上，以自己长期校勘实践的经验，对校勘方法又有所发展。所著《校勘学释例》中明确规定了校法四例。这四种校勘方法就是：

(1) 对校法：用同书的祖本或别本对读，遇有不同之处，就加注于其旁。刘向别录所谓“一人持本，一人读书，若怨家相对”，就是对校法。此法最简便、最稳当，纯属机械法。其主旨在校异同，不校是非，所以它的短处在不负责任，因为即使祖本或别本有讹，也照式录之；而它的长处则在不参己见。得此校本可知祖本或别本的本来面目。所以凡校一书，必须先用对校法，然后再用其他校法。

有的书非对校不知其误者，因从文义表面上看无误可疑。有的知道是一误处，但不用对校就无从知道是什么误处。

(2) 本校法：本校法是用本书前后互证而抉摘其异同，从而了解其中的谬误。吴缜之《新唐书纠谬》、汪辉祖之《元史本证》就用此法。此法于未得祖本或别本以前最宜用它。陈垣先生在校补《元典章》时就以纲目校目录，以目录校书，以书校表，以正集校新集，得其节目讹误者若干条。至于字句之间，就循览上下文义，近而数页，远而数卷，属词比事，抵牾自见，不必完全依据异本，

① 蒋元卿：《校雠学史》，黄山书社 1985 年版。

不过，这种校法往往只能提出问题而不能决定正误。

（3）他校法：他校法是用他书校本书。凡此书有采自前者，可以前人之书校之，有为后人所引用者，可以后人之书校之。此等校法，范围较广，用力较劳，而有时又非此不能证明它的讹误。丁国钧之《晋书校文》、岑刻之《旧唐书校刻记》（岑建功刻，陈立、刘文淇、刘毓崧、罗士林合校），都利用此法。近人赵万里氏曾提出运用此法以唐写本《说苑·反质篇》残卷与《晏子春秋·杂篇》、《汉书·杨王孙传》和《孔子家语·观周篇》等相校，“一定可以有不少收获”①。

也有在已获得善本后，再用他校法而取得成效的，如戴震从《永乐大典》中得到扬雄《方言》的善本后，又“广搜群籍之引用《方言》及注者，交互参订”，结果“改正讹字二百八十一，补脱字二十七，删衍字十七”②，完成了《方言疏证》的著作。

（4）理校法：段玉裁说：“校书之难，非照本改字不讹不漏之难，定其是非之难。”这就是所谓理校法。遇到无古本可据，或数本互异，而无所适从之时，就必须用此法。此法须通识为之，否则鲁莽灭裂，以不误为误，而纠纷愈甚。所以，最妙者此法，最危险者亦此法。清人钱大昕读《后汉书·郭太传》中，“太至南州过袁奉高”一段，怀疑词句不伦，举出四证，后得闽嘉靖本，果然这七十四字是章怀注引谢承书之文，诸本皆入正文，惟闽本独不失其旧。今《廿二史考异》中所谓当作某者，以后得古本印证，往往相合。

陈氏校法四例，可以说已包括校勘的基本方法，目前所能见到的一些经过校勘的各书也不外乎用此四法。

---

① 斐云：《唐写本说苑反质篇读后记》，见《文物》1961年第3期。

② 戴震：《方言疏讹序》，见《戴东原集》卷十，四川人民出版社1957年版。

四

校勘工作既如上述，但在进程中尚需注意一些问题。我认为至少有以下四点值得注意：

【校勘以专材为佳】　校勘绝不止是一种单纯的互相比勘的技术性工作，它与专业知识有着密切的关联。专才发现问题比较敏锐，校正讹误比较正确。专才校勘是我国校书工作中的优良传统，西汉末年刘向领导的我国第一次大规模的校书工作便创用此法。《汉书·艺文志》序明言其事说：

诏光禄大夫刘向校经传、诸子、诗赋；步兵校尉任宏校兵书；太史令尹咸校数术；侍医李柱国校方技。

正由于这种专才校书方法有效，所以第一次校书工作获得了成绩，为后世树立了典型。

宋代校书时，秘书监王钦若曾奏请用道士陈景元校黄本道书，遭到范祖禹的反对。范祖禹的理由是：

今馆阁之书，下至稗官小说，无所不有。既使景元校道书，则他日僧校释书、医官校医书、阴阳卜相之人校技术，其余各委本色，皆可用此例，岂祖宗设馆之意哉！遂罢景元。[1]

范祖禹的反对理由正是应该这样做的道理，也正是刘向已经实

① 韩淲：《涧泉日记》，《说库》本。

行过的办法，范祖禹可能意识到自己的这些理由不足以服人，所以只能拿出所谓祖宗成例来压人。事实上，王钦若的专才校书建议除了有失封建体统外，利多弊少。当然，说专才校书并不排斥非专才校书，而只在说明如非专才就应力求充实专业知识，方能有利于推进和顺利完成这一领域图籍的校勘工作。清人所谓的“随读随校”正是指在读专业书过程中，随着专业知识的增长，就易于发现问题，也就能有所校正。这正是益人益书两利之事。

【校勘切不可乱改】 这是校勘工作中最重要的一条戒律。凡遇有疑讹，最好存其同异，缺字也不可妄补，旁注更不要混入正文。如果轻易乱改，其结果必如清人李兆洛所说的那样：

> 有校者荒陋不知守阙如之戒，妄缘疑而致误，至剜肉而成疮，至有谬称皇考，妄易银根者。本初不误，校乃至误，此自书有刊本，轻有雌黄。倘经三刻，而古人之真书失矣。①

李兆洛所提“妄易银根者”之例，是指唐韩愈的儿子韩昶的故事，据宋人黄朝英《靖康缃素杂记》中记称：

> 昶尝为集贤校理，史传中有说金根处，皆臆断之。曰：岂其误欤？必金银车也，悉改根字为银字。②

这是荒陋妄改的典型例子，因为在《后汉书·舆服志》上明明写着“金根：车名。殷名乘根，秦改曰金根。”韩昶寡见陋识，而妄逞臆说，乱改古书，以致造成这种贻笑后世的谬误。

---

① 李兆洛：《涧蕡君墓志铭》，见《养一斋文集》卷十一，清光绪间刊本。

② 《丛书集成》初编本。

校勘不妄改是从正式开展这项工作时就建立起来的一个传统。东汉郑玄比勘文字异同时，遇到明显误字，只注明“某当为某”，不轻以己意妄改原文。宋朝《文苑英华辨证》的作者彭叔夏在自序中用切身的体验来说明以意妄改的危险说：

叔夏年十二、三时，手钞《太祖皇帝实录》。其间云：“兴衰治□之源”，阙一字。意谓必是“治乱”。后得善本，乃作“治忽”。三折肱为良医，信知书不可以轻改。①

清人刘文淇较《宋元镇江志》时，一依彭法的校书三条原则。他在《校勘记序》中说：

昔宋彭叔夏作《文苑英华辨证》，其体例大约有三：实属承讹，有所当改；别有依据，不可妄改；义可两存，不可遽改。兹编所校，略仿其例。②

这是一种非常审慎的态度。

好乱改书，莫过于明人，顾炎武极讥其弊，在他所著的《日知录》卷十八有《改书》一条说：

万历间，人多好改窜古书。人心之邪，风气之变，自此而始。且如骆宾王为徐敬业讨武后檄，本出《旧唐书》，其曰伪临朝武氏者，敬业起兵在光宅元年九月，武氏但临朝而未革命也，近刻古文改作伪周武氏。不察檄中所云包藏祸心，睥睨神器，乃是未篡之时，故有是言。越六年，天授元年九月始改国

① 知不足斋刊本。

② 刘文淇：《青溪旧屋文集》卷五，清光绪九年刊本。

号曰周。其时，废中宗为庐陵王而立相王为皇帝，故曰：君之爱子，幽之于别宫也。不知其人，不论其世，而辄改其文，谬种流传，至今未已。……①

用六年以后的国号加于六年以前所发的檄文，又与内容抵牾，实在可笑而且误人，清代学者对此类事颇加抨击。著名学者王念孙说："学者读古人书而不能正其传写之误；又取不误之文而妄改之，岂非古书之大不幸乎？"②

王鸣盛在《十七史商榷》中曾以《三国志·丁奉传》多被误改为例而感叹说："古书传钞镂刻，脱误既多，又每为无学识者改坏，一开卷辄叹千古少能读书人。"③

阮元在江西巡抚任所校刻《十三经注疏》时，曾严格规定："凡有明知宋版之误字而亦不使轻改，但加圈于误字之旁而别撰校勘记，择其说附载于每卷之末。"④

后世的校勘记，似即承用此法。

由于学者们力主不妄改，改书之风见煞，但并未能绝迹，校勘名家卢文弨素主不妄改，不妄增，而丹铅之际，却好援他书以改本书，所以严元照诋其《仪礼详校》，顾广圻讥其《释文考证》。顾千里生平颇以"不校校之"自勖，力攻"据其所知，改所不知"的弊病，而犹不免乱改致误，几乎打倒了一个历史人物，陈垣先生曾发其覆。

胡刻《通鉴》卷二六二唐昭宗天复元年，记韩偓曾建议昭宗要

① 见《日知录笺释》，上海古籍出版社1985年版。

② 王念孙：《读淮南子杂志序》，见《读书杂志》，清道光十二年家刊本。

③ 王鸣盛：《十七史商榷》卷四二《黎斐》，商务印书馆1959年版。

④ 阮元：《江西校刊宋本十三经注疏书后》，见《揅经室三集》卷二，道光三年文选楼刊本。

“重厚公正”，而勿“琐细机巧”，昭宗以为然，并说：“此事终以属卿。”

胡三省注称：“呜呼！世故有能知之言之，而不能究于行者，韩偓其人也。”

据此，则身之于韩，大有贬词，似偓之言行不符，殊不知此注乃经顾千里所妄改，此“而不能”乃误改元本“而不行”，其句读也误读，致使一字之易，韩几蒙沉冤。陈垣先生于《胡注通鉴表微》中彻底揭示顾氏乱改之误，为韩辨明，其事深足引以为戒，特录陈先生所言如次：

> 据此注是身之有憾于韩。此鄱阳胡氏复刻元本臆改注文之误也。王深宁晚岁自撰志铭曰：“其仕其止，如偓如图。”图则司空图，偓则韩偓。吾始疑深宁与身之同境遇，深宁以自况，而身之对偓独有微词，苦思不得其旨，固不疑注之被妄改也，偶阅丰城熊氏校记云：元本，“而不能”作“而不行”，行字句绝，校者误连下读，故臆改行字为能，而不知其义大反矣。胡注岂詈偓，岂有可詈哉！如此校书真是粗心浮气云云。乃恍然注之被改，而非身之果有憾于偓也。鄱阳胡氏复刻《通鉴》，主其事者为顾千里，著名之校勘学者也，而纰缪若此。夫无心之失，人所不免，惟此则有心校改，以不误为误，而与原旨大相背驰。熊氏诋之，不亦宜乎？且陈仁锡评本不误，而复刻元本乃误。不睹元本，岂不以陈本为误耶？顾氏讥身之望文生义，不知身之望文生义，只著其说于注中，未尝妄改原文也。顾君复刻古籍，乃任意将原文臆改，以误后学，何耶？事关尚论古人，不弟校勘而已，故不惜详为之辨。

由此可见，校勘妄改，贻误至深，不仅一字一句的出入，甚者累及尚论人物，所以校勘时，何得不慎重将事呢？

【校勘当具备整理文献的知识】 校勘工作涉及甚广，凡与整理文献有关知识均宜具备，方可求精求是。这里仅略举数端为例：

(1) 识文字：校勘必先解字义，戴震以识字为校勘首务，即缘此理，因为字义既有相假相通，字体也有本字衍派，苟解此意，就有助于校勘。如通行本《汉书·高祖纪》有句说："岁竟，此两家常折券弃责。"闽本、南监本、官本，"责"均作"负"，而知道古无"债"字，"责"即后来"债"的本字，那么此"责"字固不必依别本改作"负"，若再核之北宋景本则此字本作"责"，并非误字，别本不识字义，作"负"。

校勘还要考虑字的繁简关系。如《通鉴》卷一五七记称："梁武帝大同元年东魏太州刺史韩轨。"胡注据《梁书·韩轨传》作"秦州刺史"。又据《魏书·地理志》东魏有秦州，判定此"太州刺史"当作"秦州刺史"。其致误之由，皆因繁简变化，始由"秦"讹"泰"，而"泰"复简为"太"。

校勘尚需考虑上下文意，如《庄子·养生主》有"目无全牛"语。别本有作"目无生牛"者。刘文典的《庄子补证》就据此改"全"为"生"。若结合上下意，"全"比"生"更能达意，则不宜贸然据别本而改，因别本也可能有误。

(2) 明版本：校勘的最初步骤是广征异本，然后才能比勘异同，而在定是非时又必须求善本为依归。因此对于一书有若干本，何善何恶，何精何劣，都应该事先了然于心，方免徒劳。

(3) 通目录：校勘不仅同书异本比勘，还要用他书互证，因此必须知道在这书前有哪些书与这书有牵连；在这书之后又有哪些书可能征引到这书。因此必须求助目录书以博征群书，如此校勘，方能更臻细密谨严。

(4) 晓体例：古籍自有著述或刊刻体例，后人有归纳众体例而得其体例者，是固有是例，误也有误例，如能掌握这种体例，就可执简驭繁，以一察万。如沈刻《元典章》刊刻错简之例有三，即单错、互错、衍漏错。所谓“单错”指本处有阙文，错简在他处；所谓“互错”指本处有阙文，错简在他处，他处也有阙文，错简在本处，即彼此互错；所谓“衍漏错”指本处有阙文而重出他处之文于此，又衍又漏①。又如旁注衍入正文例，罗振玉在校古写本《史记》残卷时曾有一例说：

> （古写本）《郦生传》：王者以民为天，而民以食为天；今本民作民人，盖唐人避太宗讳，于民旁著人，后人遂将民人字两存之，致衍人字。②

又如正文讹为小注例，大抵因刻版已成，发现脱漏，不得不挖补正文改成双行，乃成小注。有的校勘家通过自己的实践总结出一些体例，如刘毓崧一生勤于校勘，所著《通义堂文集》中的校勘序跋都颇精到。他通过校勘《船山丛书》总结了四条误例，即旧刻本有臆改之误，新抄本有传写之误，原本有检阅之误，作者有记忆之误③，对他人校勘时就很有裨助。这些都是有关刊刻的体例。至于著述体例尤为繁复，俞樾的《古书疑义举例》及其他人的续补多种，言之甚备，可供参读。如能心知其例，博涉深思，则校勘时较易发现讹误，正其纰缪。

其他有关古籍的知识尚多，要在随时体验积累，不能逐一细举。

【校勘当耐劳苦】 校勘是非常烦杂枯燥的事。不同版本的

---

① 陈垣：《校勘学释例》卷一，中华书局 1959 年本。

② 罗振玉：《古写本史记残卷跋》，《雪堂校刊群书叙录》下册，民国排印本。

③ 刘毓崧：《王氏船山丛书校勘记自序》，《通义堂文集》卷八，民国戊午求恕斋刊本。

比勘，需要逐字逐句相雠，不能有所忽略；旁证他书，又有翻检之劳；有时一书非经三四校，不能几于尽善，如果不能忍劳耐苦，往往会中途辍业，清人王鸣盛自述校书之苦是“目轮火爆，肩山石压”，其语虽近夸大，但确说明校勘工作的艰苦。

总之，校勘虽对读书与治学有重要裨助，但它终究是一种正文字、定是非的手段，是为学术研究做准备，提供方便条件，而并非学问的极致。如果为定一字之是非，穷搜万卷，流连忘返而遗著述的大旨，则不足为法；如果以能正讹、脱、衍、倒一字而沾沾自喜，以为天下学问皆在此，则更等而下之。清季学者朱一新有见于此，曾答问说：

> 此（校勘）为读史之始事，史之大端不尽于此。
>
> 以此（校勘）为登峰造极之事，遽欲傲宋元明儒者，则所见甚陋。①

朱一新的所见值得重视和深思，也只有这样，才能在前人已有成就的基础上，使校勘工作有所发展而更为完善。

① 朱一新：《无邪堂答问》卷三，清道光二十二年家刊本。

第七章　论考据

一

考据一称考证，是历来学者所普遍使用的一种整理古籍的技能或方法。它可能起源于对文献的致疑。如儒家学派的子贡就怀疑过有关纣的罪恶记载说："纣之不善，不如是之甚也，是以君子恶居下流，天下之恶皆归焉。"① 子贡怀疑纣没有像文献记载上所说的那样坏，只是由于干了坏事，于是许多罪名就加到纣的身上。它启示了对文献记载进行考信的想法。

孟子对典籍中所记武王伐纣的战况也认为不完全可靠。他说："尽信书，则不如无书，吾于《武成》取二三策而已矣。仁人无敌于天下，以至仁伐至不仁，而何其血之流杵也。"② 孟子直接指出《尚书·武成》篇这一文献典籍中描写武王伐纣的战况的"血流漂杵"是夸大，不能完全相信。这就是考据方法中的理证法。

有所怀疑，就要思考探求，就要考据，所以考据工作便由此而兴始。

---

① 《论语·子张》，《十三经注疏》本，中华书局1980年版。

② 《孟子·尽心下》，《十三经注疏》本，中华书局1980年版。

考据方法正式用于整理图书文献当自汉始，自秦火以后，图书文献荡佚颇多。汉兴，若干重要典籍有所谓今古文之分。其中古文多为壁藏，后来各家解释，众说纷纭，为了各求其是，便需要进行考据。司马迁在撰写《史记》时就感到说法不一的难于处理，如说："百家言黄帝，其文不雅驯，荐绅先生难言之。"① 这是司马迁对有关黄帝的各种不同文献资料加以考据后所作的结论。司马迁为此首次提出了要以儒家经典作为考据文献的指导标准，那就是："夫学者载籍极博，犹考信于六艺。"②

东汉王充在所著《论衡》一书中，有《书虚》、《儒增》、《艺增》和《语增》等多篇，便证古书的不信实。这比司马迁所涉及范围广，考据工作更趋具体。郑玄是东汉末年以毕生精力用考据方法整理文献典籍的著名学者。郑玄一生的主要学术功绩就在这方面，所以《后汉书·郑玄传》论赞中就专门标举此事作为评论郑玄这一历史人物的主要内容。范晔在论赞中说："汉兴，诸儒颇修艺文。及东京学者，亦各名家，而守文之徒，滞固所禀，异端纷纭，互相诡激，遂令经有数家，家有数说。章句多者，或乃百余万言。学徒劳而无功，后生疑而莫正。郑玄括囊大典，网罗众家，删裁繁芜，刊改漏失，自是学者略知所归。"

郑玄的这种考信工作是对经学的一次较大规模的整理。它奠定了儒家经典的权威地位，同时也对后世产生了重要的学术影响。清代乾嘉学者所谓的考据学就是以"郑学"为旗帜；又由于郑玄是东汉人，便以"汉学"高自标榜。

晋朝由于古文《尚书》亡佚，出现了伪古文《尚书》，加以有了新地下发掘如汲冢竹书之类，更是各说纷杂，莫衷一是，为以后考据学的发展提供了课题。由于当时距离某些古籍时间日远，文辞

---

① 《史记·五帝本纪》，中华书局 1959 年版。

② 《史记·伯夷列传》，中华书局 1959 年版。

立意较难理解，于是逐渐兴起了古籍注释工作。

唐代学者把过去各家对儒家经典不同的文字和解释重加研究。有的自认为寻求到了一种正确解释，即既能发挥前人见解，又合于时代需要，这就是所谓“正义”，如孔颖达的《周易正义》；有的重新用文字解释旧注，设法疏通各说，以求所谓“是”，便称为“注疏”，如贾公彦的《仪礼注疏》，这就是所谓的“义疏之学”。另外如陆德明的《经典释文》，据其自序就是“古今并录，经注毕详，训义兼辩”之作，因而被《四库全书总目》推为“研经之士终以是为考证之根底焉”[①]；但当时盛行的还是“义疏之学”，因而“义疏之学”便被后世称为“唐学”。“唐学”在考据方法上比“汉学”有发展，那就是由以正文字是非为主到以正立说之是非为主。

宋代学者认为唐人采用众说解经是驳杂，所以力排义疏，主张不引经据典而简化诸说，要求“不役心于文字，直阐发乎精神”。朱、陆分别主张“格物致知”和“六经皆我注脚”，主张从众说中悟出一种自认为较好的说法，于是便成为与“义疏之学”不同的“义理之学”，进而大谈“性理”和“道”，所以又称为“理学”或“道学”。由于它昌盛于宋，后世又称它为“宋学”。但是，尽管如此，考据方法仍被一些学者所运用，如晁公武、陈振孙的考订图书，欧阳修、赵明诚夫妇的考录金石，郑樵、王应麟的征考文献，甚至朱熹也撰著考异之作[②]。考据方法依然不废。

明承“宋学”绪余，提倡理学，经宗朱学，朱注成为科举考试的敲门砖。王明阳等继承了宋学中的陆派，又参入禅学，崇尚空谈，学者可不必多读书，考据之学见衰。明学末流形成的这种不甚

① 《四库全书总目》卷三三《经部·五经总义类》，《经典释文》条，中华书局1965年版。

② 朱熹以《阴符经》虽为唐李荃所伪托，“然以其时有精语，非深于道者不能作，故为考定其文”，撰《阴符经考异》一卷；又对《周易参同契》，“凡诸同异，惠存之以备考证”，而撰《周易参同契考异》一卷。

读书袖手空谈的坏风气，不仅脱离学术实际，进而脱离社会实际而流于空疏。即使如此，在一部分学者中还在运用考据的方法，如胡应麟的《四部正讹》三卷，“皆考证古来伪书”①。

由汉至明，考据方法在学者手中不绝如缕地运用。它在曲折发展过程中有所丰富。明季虽流于空疏，但却为清代考据学的勃兴起了一种反向的激发作用。

清代考据学是在考据方法源远流长发展基础上，针对明季学风空疏的时弊而兴起。它有着不同特点的不同发展阶段，大致可分为清初、乾嘉时期、道咸时期和清季四个阶段。

清初是清代考据学的发轫期，其有开创之功的是顾炎武、黄宗羲。他们目睹明学空疏之弊，大声疾呼，提倡“经世致用”与“博学以文”，他们首先批判了宋明理学的无根柢。顾炎武主张经学即理学，认为没有什么独立的理学。他说：“古今安得别有所谓理学者。经学即理学也。自有舍经学以言理学者而邪说以起。不知舍经学则其所谓理学者，禅学也。”② 黄宗羲也“尝谓明人讲学，袭语录之糟粕，不以六经为根柢，束书而从事于游谈”③。在顾、黄诸人的大力倡导下，于是就经学本身追古求是之风日甚，竭力主张大读唐以前古书以穷经，带动了许多学者闻风而起。乾嘉学者汪中所说：“（清代）古学之兴，顾炎武开其端。”④ 这句话反映了历史真实情况。顾、黄之学之所以被称为“古学”，是对“宋学”的一种反击。古学家抨击用朱注猎取功名是世俗之学，所以标榜自己是“古学”而称对方为“俗学”。

---

① 《四库全书总目》卷一二三《子部·杂家类》七，《少室山房笔丛》条，中华书局1965年版。

② 全祖望：《顾亭林先生神道碑》，见《鲒琦亭集》卷一二，国学基本丛书，商务印书馆版。

③ 《清史稿》卷四八〇《儒林传》一，中华书局1977年版。

④ 《清史稿》卷四八一《儒林传》二，中华书局1977年版。

顾、黄考据涉及甚广。《清史稿》称顾炎武的博涉是："炎武之学，大抵主于敛华就实。凡国家典制，郡邑掌故，天文仪象，河漕兵农之属，莫不穷究原委，考正得失。"又称黄宗羲是："上下古今穿穴群言，自天官、地志、九流百家之教，无不精研。"顾炎武还自称以"旁搜博讨，夜以继日"的精神来"抉剔史传，发挥经典"①，并主张"采铜于山"②，涉猎于最原始的资料。

顾、黄不仅博涉，而且还提出了一套比较完整的考据方法。如顾炎武即曾自述其考据方法说："列本证、旁证二条。本证者，《诗》自相证也；旁证者，兼之他书也。二者俱无，则宛转以审其音，参伍以谱其韵。"③ 这段话具体提出了考据的三种基本方法，即除本证、旁证已明标其目外。最后所说的以"宛转"、"参伍"之法来审音谱韵，实际上就是一种理证法。本证、旁证与理证构成考据方法的基本内容。他还提出"读九经自考文始，考文自知音始"④ 的考据门径，成为后来考据学家所遵循的从声音、训诂以求经义的入门手段。不仅如此，顾炎武还把书证与物证，即文献与实物紧密结合起来考察。《清史稿》本传曾记其事说："所至之地以二骡二马载书，遇边塞亭障呼老兵卒询曲折，有与平日所闻不合，即发书对勘；或平原大野，则于鞍上默诵诸经注疏。"⑤ 这种方法更有异于前代学者键户读书，袖手论学的空疏之弊。

顾炎武还反对孤证，主张必须以足够的原始论据来求得确当的解释。他的学生潘耒就推重其事说："有一疑义，反复参考，必归

① 顾炎武：《金石文字集序》，见《亭林文集》卷二，光绪甲辰刊本。

② 顾炎武：《与人书》十，见《亭林文集》卷四，光绪甲辰刊本。

③ 顾炎武：《音论·古诗无叶音》，见《音学五书》，中华书局 1982 年影印本。

④ 顾炎武：《答李子德书》，见《亭林文集》卷九，光绪甲辰刊本。

⑤ 《清史稿》卷四八一《儒林传》二，中华书局 1977 年版。

于至当；有一独见，援古证今，必畅其说而后止。”[1]

近代学者梁启超也称道这一方法说：“论一事必举证，尤不以孤证自足，必取之甚博，证备然后自表其所信。”[2] 这种赞誉也说明了清代考据学的初期确是植根于博而考信证实的。

顾炎武的治学范围、治学精神和方法等方面都对清代考据学有着重要影响，特别是他所提出的一套考据方法，即使乾嘉时期以考据学自相标榜的“大师”也不如顾炎武概括得如此完整。更值得注意的是，顾炎武的考据不是为考据而考据，而是为了“经世致用”，所以他和黄宗羲等人就在讲考据的同时也讲义理，没有标榜汉宋门户，后人评论他们兼采汉宋是符合事实的。这一点正是清初考据学与乾嘉考据学不同的分水岭。那些自立“汉学”门户的乾嘉学者虽然承认“国朝诸儒究六经奥旨与两汉同风，二君实启之”的事实，而吸取顾、黄许多精华部分，但却没有把顾、黄推到清代考据学开山的地位而采取了排斥的态度。江藩的《汉学师承记》是树立汉学门户的公开宣言，全书八卷，赞誉了“汉学”家的学术成就，而对顾、黄始则置其传记于第八卷，抑于书尾以示非学统所在，继而公然抨击“两家之学，皆深入宋儒之室，但以汉学为不可废耳，多骑墙之见，依违之言，岂真知灼见者哉！”[3]

尽管如此，但在顾、黄影响下，学术界确是出现了一批从事文献典籍考据纂辑的学者，如马骕治古史、胡渭治地理、阎若璩治古文尚书、梅文鼎治算学……他们解决了学术上长期疑难的问题，做出了重要贡献，成为向乾嘉考据学过渡的桥梁。不过，他们也产生了某些消极影响。即以阎若璩而论，所著《古文尚书疏证》经过博

---

① 潘耒：《日知录序》，见《日知录笺释》，上海古籍出版社 1985 年版。

② 梁启超：《清代学术概论》四，见《梁启超论清学史二种》，复旦大学出版社 1985 年版。

③ 江藩：《汉学师承记》卷八，中华书局 1983 年版。

征详考，根据充足的证据，解决了长期未决的伪古文尚书问题，成为“古学”的代表作，为清代考据学奠定了基础。这是值得肯定的一面。但是，阎若璩提出的“一物不知，以为深耻，遭人而问，少有宁日”口号，固然有鼓励人博学和不耻下问的一面，同时也有引导后人走向烦琐细碎的一面，如他自称竭二十年之功始知“使功不如使过”一语出处，考明张良在鸿门宴上的座次和自署杂考之作为《碎金》等等，正足以说明他已经失去了顾炎武等“经世致用”的精神，趋向于烦琐，对乾嘉考据学起到了消极的引导作用。

乾嘉时期的考据学是清代考据学的第二个发展阶段，也是清代考据学成为“显学”的年代，它以惠栋、戴震为其代表，大张“汉学”旗帜，正如江藩所夸示那样：

> 经术一坏于东西晋之清谈，再坏于南北宋之道学。元明以来，此道益晦，至本朝三惠之学盛于吴中，江永、戴震诸君继起于歙。从此汉学昌明，千载沈霾，一朝复旦。①

这一阶段已经由清初考求经义的“经世致用”发展到“穷经证史”来抬高汉学的崇古求是。考据领域也从单纯字义训诂及辨伪的考订发展到对典章制度、天文历法、地理金石、氏族年齿、名物故实……几乎无所不考的地步。以惠栋为代表的一批乾嘉学者提出了以汉人许慎、郑玄为师，揭橥“墨守许郑”的口号，建立师承家法。由于他们主要崇拜郑玄，所以称为“郑学”。郑玄是东汉学者，所以又标榜称“汉学”。他们标举考据学作为本学派的特色，所以又被加上“考据学派”的称号；由于他们处在乾嘉时期，又称为“乾嘉学派”。正是在这一阶段才把汉学、考据学派和乾嘉学派赋予了同一内涵意义。至此，以考据为主要方法的“汉学”达到勃兴的

① 江藩：《汉学师承记》卷一序，中华书局1983年版。

鼎盛阶段，所谓“自乾隆中叶以后，海内士大夫兴汉学而大江南北尤盛”① 和“乾嘉以来，家家许郑，人人贾马，东汉学烂然如日中天矣”②，种种评论皆系指此。

乾嘉考据学之大盛而被目为一派的原因，一方面正如梁启超所分析那样：“因矫晚明不学之弊，乃读古书，愈读而愈觉求真解之不易，则先求诸训诂名物、典章制度等等，于是考证一派出。”③另一方面则是现实政治方面的原因。自康雍以来，许多学者怵于文网周密、大狱迭兴，便在文化专制主义的残酷压力下，以古音古训来追求古经籍的解释与说明，认为借此可与现实不甚关联而明哲保身。乾嘉时期统治者在意识形态统治方面既感到前此单纯高压并非是最好良策，而在较长一段时间内可能已发现考据一道可从阴柔方面达到统治的目的，因此有意识地推波助澜，提倡这种学术，遂使考据学盛极一时，成为学术领域中具有重要甚至优势的地位；而在社会生活方面的原因则是由于康、雍、乾以来较长期安定繁荣的温床，使这一批学者能够安然恬适地沉迷于故纸堆中，使之成为得以存身的政治避风港。

考据学派兴起，名家辈出。虽然他们都在“汉学”的旗帜下，但因各人学殖不同、致力不同而互有小异，称大宗者是吴派与皖派。其特点，即如近人章炳麟所说：“其成学著系统者，自乾隆朝始。一自吴，一自皖南。吴始惠栋，其学好博而尊闻；皖南始戴震，综形名，任裁断，此其所异也。”④

---

① 魏源：《武进李申耆先生传》，见《魏源集》上，中华书局 1976 年版，第 358 页。

② 梁启超：《清代学术概论》二十一，见《梁启超论清学史二种》，复旦大学出版社 1985 年版。

③ 梁启超：《清代学术概论》九，见《梁启超论清学史二种》。

④ 章太炎：《清儒》，见《章太炎全集》三《检论》卷四，上海人民出版社 1984 年版。

吴派是指以惠栋为首的一派学者。他们的治学态度是“谨守家法，笃信汉儒”。它的中心宗旨是求古，而汉学最近古，所以惟汉最好。这种风气的开创者惠栋曾明确地表示：“古字古言，非经师不能辨，……是以古训不可改也，经师不能废也。”他把汉儒的解经抬到与经平行的地位。他说：“汉儒通经有家法，故有五经师。训诂之学，皆师所口授，其后乃著竹帛。所以汉经师之说，立于学官，与经平行。”①

因此，吴派的特色就是“凡古必真，凡汉皆好”②，开启了一派学者求古而不问是非的风气。对于这种学风当时已有所评议。《四库全书总目》中曾指出说：“（惠栋）其长在博，其短亦在于嗜博；其长在古，其短亦在于泥古。”③ 皖派传人王引之更是直截了当地指出：“见异于今者则从之，大都不论是非。”④ 说明当时人也不能完全接受这种盲目崇尚汉儒的方法。

吴派的传人以王鸣盛为代表。王鸣盛在乾嘉学派中与钱大昕、赵翼并称，是清代著名史学家。王鸣盛曾“从惠栋问经义，遂通汉学”⑤；但一直自承与惠栋处于亦师亦友关系中。他是吴派中的死硬派，他一力主张尊郑，把郑玄推到宗师的地位。他说：“两汉经生蜩起，传注麻列，人专一经，经专一师。直至汉末有郑康成，方兼众经。自非康成，谁敢括囊大典，网罗众家，删裁繁诬，刊改漏失，使学者知所归乎？”⑥ 他为了阐扬郑学而撰《尚书后案》。他在

① 惠栋：《九经古义·述首》，《皇清经解》本。

② 梁启超：《清代学术概论》十，见《梁启超论清学史二种》，复旦大学出版社1985年版。

③ 《四库全书总目》，《经部·春秋类》，中华书局1965年版。按：经部主要由戴震裁定，这也代表戴的思想。

④ 王引之：《与焦理堂书》，见《王文简公集》卷四，咸丰丁巳刊本。

⑤ 《清史稿》卷四八一《儒林传》二，中华书局1977年版。

⑥ 王鸣盛：《刘焯刘炫会通南北汉学亡半其罪甚大》，见《蛾术编》卷二，商务印书馆1958年版。

序中自述其著述宗旨说："《尚书后案》何为作也？所以发挥郑康成一家之学也。"同时人杭世骏为此书撰序时也特为表述其扬郑之功是：

> 钻研群籍，爬罗剔抉，凡一言一字之出于郑者，悉甄而录之，勒成数万言，使世知有郑氏之注，并使世知有郑氏之学。①

王鸣盛迷信汉儒的程度可谓胜于惠栋，他在《十七史商榷》自序中特别表明说："治经断不敢驳经……经文艰奥难通……但当墨守汉人家法，定从一师，而不敢他徙。"王鸣盛的这一表述恰恰正是吴派汉学的特点和弱点所在。

皖派则有异于吴派，这批以戴震为首的学者不盲目迷信，有致疑精神，提倡"不以人蔽己，不以己自蔽"②。作为皖派开山者戴震在当时即被某些学者目为考据学派的"集大成者"③。戴震的皖派在治学方法上有与吴派相近之处，也是从文字、训诂入手。戴震自称其学是"仆之学不外以字考经，以经考字"④。主张"一字之义，当贯群经，本六书然后为定"⑤；但这只是戴震的起步点。他不像吴派那样墨守一家，而是"研精注疏，实事求是，不主一家"。他比惠栋的吴派要迈前一步，他的求古训是因为"古训明则古经

① 杭世骏：《尚书后案序》，见《道古堂文集》卷四，光绪十四年汪氏刻本。

② 戴震：《答郑丈用牧书》，见《戴震集》卷九，上海古籍出版社1980年版。

③ 江藩：《汉学师承记》卷七，道光丁亥刊本；《清史稿》卷四八一《儒林传》二《汪中传》，中华书局1977年版。

④ 陈焕：《说文解字注》跋，上海古籍出版社1981年版。

⑤ 戴震：《与是仲明论学书》，见《戴震集》卷九，上海古籍出版社1980年版。

明，古经明则贤人圣人之义理明，而我心之同然者，乃因之而明”[1]。戴震进一步提出了考据的目的是为了“闻道”，就是在弄清经义之后要进而探索经义的思想内容。他含蓄地批评了吴派的不“闻道”。他说：“君子务在闻道也。今之博雅能文章、善考核者，皆未志乎闻道，徒株守先儒而信之笃。”[2]

戴震所谓的“考核”即指考据，“道”即指义理，二者加上文章就与姚鼐所标举的词章、义理、考据三端并重之说相合。这也可见皖派的门户之见不深。不过戴震对这三者的关系不是等观，而是有手段与目的之分，他的学生段玉裁明确地提出了他这一点说：“义理者，文章、考核之源也。熟乎义理而后能考核、能文章。”[3]

皖派以义理为根本，为达到这一根本方求古经古训，然后以文章表达己见。这样，就不致流入“异学曲说”。这就是皖派的特点所在，也是遭到当时某些人非议之所在，如翁方纲一面肯定戴震考订的功力，一面又讥刺他兼顾义理这一点说：“近日休宁戴震，一生毕力于名物、象数之学，博且勤矣，实亦考订之一端耳。乃其人不甘以考订为事而欲谈性道以立异于程朱。”[4] 恰恰相反，戴震被非议之点正是他对清代考据学有贡献之处，也正是他对后世影响胜于惠栋之处。

戴震的学术为段玉裁和王念孙父子所继承。段玉裁撰《说文解字注》，是文字学上的不刊之作，不仅是许慎的功臣，也为考据学的发展树立了界碑。段玉裁虽在音训考据上有卓著的成就，但他并不满足于此。他曾检讨过自己的学术道路是：“喜言训故考核，寻

① 《清史稿》卷四八一《儒林传》二《戴震集》，中华书局1977年版。

② 戴震：《答郑丈用牧书》，见《戴震集》卷九，上海古籍出版社1980年版。

③ 段玉裁：《戴东原集序》，见《戴震集》，上海古籍出版社1980年版。

④ 翁方纲：《理说》，见《复初斋文集》卷七，道光十六年刊本。

其枝叶，略其本根，老大无成，退悔已晚。”[1] 段玉裁深悔自己忽略了追求义理这一根本。这种追悔说明了乾嘉后期的考据学家已在有意识地消除汉宋门户的痕迹，自以考订文字为枝叶，而以得其义理为本根。

王念孙父子是皖派汉学的另一支劲旅，近代学者章太炎曾高度评价其在清代考据学史上卓越的学术地位说：“高邮王氏以其绝学释姬（周）汉古书，冰解壤分，无所凝滞，伟哉千五百年未有其人。”[2] 章氏评论虽有过誉之嫌，但王氏父子在考据方法上比前人确有所丰富，梁启超曾为之归纳为六步，即注意、虚己、立说、搜证、断案、推论[3]。王念孙治学谨严细密，善于发现古代文献典籍的义例，如借郑玄“笺《诗》注《礼》，屡云某读为某”而揭明假借之体例，转而以此体例使疑难问题冰释。他所撰考据学名作《读书杂志》涉及古史诸子汉碑，考订了衍脱讹误者有千余条。其细密周详为当时学者“叹其精确”[4]，以此作“足以破注家望文生义之陋”[5]。其所以能有此成就者，主要在于不墨守一家，而能在广征博收的基础上以己意求得经义。但是，正由于他的博征达到了“一字之证，博及万卷”[6] 的绝对程度，遂使后人广搜至于烦细而流于琐碎，造成识小遗大的后果。其子王引之在家学的基础上更有所发

① 段玉裁：《朱子小学恭跋》，见《经韵楼集》卷八，嘉庆间刊本。

② 章太炎：《书·订文第二十五》附正名杂议，见《章太炎全集》（三），上海人民出版社1984年版。

③ 梁启超：《清代学术概论》十二，见《梁启超论清学史二种》，复旦大学出版社1985年版。

④ 王引之：《石府君行状》，见《高邮王氏遗书》，民国十四年上虞王罗氏刊本。

⑤ 卢文弨：《与王怀祖庶常论校正大戴礼记书》，见《抱经堂文集》卷二，乾隆乙卯刊本。

⑥ 阮元：《王石臞先生墓志铭》，见《揅经室续集》卷二之下，道光三年文选楼刊本。

明。王引之对吴派的墨守大肆抨击，他主张对经籍文献的解释要广搜博采、独立思考。他在其名著《经义述闻》序中就借父训自明宗旨说："说经者期于得经意而已。前人传注不皆合于经，详其合经者从之。其皆不合，则以己意逆经意，而参之他经，证以成训，虽别为之说，亦无不可。必欲专守一家，无少出入，则何邵公之墨守见伐于康成者矣。"[①]《经义述闻》虽自称是述庭训之作，但主要由王引之条理阐述，可称为高邮王氏的代表作，当时学者对此书评价颇高，如阮元说："凡古儒所误解者，无不旁证曲喻而得其本义之所在，使古圣贤见之，必解颐曰：吾言固如是，数千年误解之，今得明矣。"[②] 甚至作为汉学对立面的宋学健将方东树也首肯此书说："高邮王氏《经义述闻》实足令郑（康成）朱（熹）俯首。汉唐以来，未有其比。"[③] 王引之的另一名作《经传释词》对虚字训诂甚为精辟，至今犹为整理典籍的重要工具书。他如阮元的《经籍籑诂》和一些学者的笔记杂考都作出了考订文字、诠释名物以便利翻检的贡献，可为后世所批判继承。乾嘉考据学在这方面的成就是应予肯定的。

乾嘉考据学的后期日趋烦琐，往往为一事一字寻求繁复的证据，使研究课题离实际问题愈来愈远，甚至严立壁垒，走向绝对化。嘉庆末年刊行由江藩所撰的《汉学师承记》就公然自立门户，党同伐异，高自位置，以致引起宋学家的极大反感。姚鼐是较早发动攻势的宋学家，他直诋汉学为"穿凿琐屑，驳难猥杂"[④]，并标举学问三端来对抗考据学派的专重考据，他说："余尝论学问之事

① 王引之：《经义述闻序》，见《王文简公文集》卷三，咸丰丁巳刊本。

② 阮元：《王伯申经义述闻序》，见《揅经室一集》卷五，道光三年文选楼刊本。

③ 方东树：《汉学商兑》卷中之下，道光辛卯刊本。

④ 姚鼐：《安庆府重修儒学记（代）》，见《惜抱轩文后集》十，嘉庆间刊本。

有三端焉，曰义理也、考证也、文章也。是三者，苟善用之则皆足以相济；苟不善用之，则或至于相害。”①

比姚鼐更为尖锐而旗帜鲜明的则是姚的弟子方东树。他撰著《汉学商兑》一书以对抗乾嘉考据学派。他在《辩道论》一文中大声疾呼地攻击乾嘉考据学说：“以六经为宗，以章句为本，以训诂为主，以博辨为门，以同异为攻，不概于道，不协于理，不顾其所安，骛名干泽若飘风之还而不傥。亦辟乎佛，亦攻乎陆王，而尤异端寇仇乎程朱。今时之敝，盖有在于是者，名曰考证汉学，其为说以文害辞，以辞害意，弃心而任目，刓敝精神而无益于世，用其言盈天下，其离经畔道过于杨墨佛老。”②

方东树的攻击虽有门户之见，但基本上切中考据学派的弊病，所以产生了一定的社会影响，以致在汉学家内部也出现了异议，其中以焦循最为突出。焦循是戴震皖派的学者。他不仅熟于诸经文字训诂，而且还崇拜戴著《孟子字义疏证》而成为戴震义理部分的继承者，成为乾嘉后期学者中综核形名的通人。他公开攻击考据学派，反对各立门户。他抨击当时某些考据学者是奴仗主势“以欺愚贱”，慷慨地陈说：

> 循尝怪为学之士，自立一考据名目，以时代言，则唐必胜宋，汉必胜唐；以先儒言则贾孔必胜程朱，许郑必胜贾孔。凡郑许一言一字皆奉为圭璧，而不敢少加疑辞。窃谓此风日炽，非失之愚即失之伪，必使古人之语言皆佶屈聱牙而不可通，古人之制度皆委曲繁重而失其便，譬诸懦夫不能自立，奴于强有力之家，假其力以欺愚贱，究之其家堂室牖户未尝窥而识也。若以深造之力求通前儒之意，当其散也，人无以握之，及其既

① 姚鼐：《述庵文钞录》，见《惜抱轩全集》文集四，嘉庆间刊本。

② 方东树：《辩道论》，见《考槃集文录》卷一，光绪甲午刊本。

> 贯，遂有一定之准，其意甚虚，其用极实，各获所安，而无所勉强，此亦何据之有。古人称理据根据，不过言学之有本，非谓据一端以为出奴入主之资也。握一端以为出奴入主之资，此岂足以语圣人之经而通古人声音训故之旨乎？循每欲芟此考据之名目以绝门户声气之习。[1]

焦循甚至还在《家训》中对考据风气表示了深恶痛绝的态度以垂诫子孙说：

> 近之学者，无端而立一考据之名，群起而趋之。所据者汉儒，而汉儒中又惟郑许。执一害道，莫此为甚。专执两君之言以废众家，或比许郑而同之，且擅为考证之学，吾深恶之也。[2]

焦循当时号称“通儒”。他的这些激烈之词，固然有其偏激之处，但至少也反映乾嘉考据学已暴露出遭人抨击的弊病了。这些弊病也被其他学者所看到，即如章学诚也曾批评当时标榜考据的不正风尚说：

> 今之博雅君子，疲精劳神于经传子史，而终身无得于学者，正坐宗仰王氏（王应麟）而误执求知之功力以为即在是尔。
>
> 今之俗儒，且憾不见夫子未修之春秋，又憾戴公得商颂而不存七篇之阙目，以谓高情胜致，互相赞叹。充其僻见，且似

① 焦循：《与王引之书》，见王永祥：《焦里堂先生年谱》嘉庆三年，《焦学三种》附，民国二十二年印本。

② 《国粹学报》第5期。

> 夫子删修，不如王伯厚之善搜遗逸焉。盖逐于趋时，而误以劈積补苴谓足尽天下之能事也。幸而生居当世也；如生秦火未毁以前，典籍俱存，无所补辑，彼将无所用其学矣。①

所有这些指陈都在一定程度上反映了乾嘉考据学已在日益暴露其弱点并正由全盛走向衰落，清代考据学将有待注入新的养料而延续其生命。而历史正提出了新的课题，遂使考据学进入了道咸时期。

道咸考据学是在乾嘉考据学日见衰微的情况下代之以兴并自具特色的。它的特色的形成是由于当时的现实社会正在发生明显的变化。封建社会的各种险象已在日益暴露，内而政治腐败，阶级矛盾趋向尖锐；外而周边不靖，强敌觊觎，所以有些学者既不满汉学家的烦琐考订，也不赞成宋学家的高谈性理，而是要在古经传中“寻先圣微言大义于言表之外”，谋求对现实问题发表见解。河工、漕运、盐政的三大弊政，海防塞防的危机，对这些学者提出了新的课题。这些学者证古论今，反对猥杂烦琐，力求恢复清初“通经致用”的传统。他们利用今文经学公羊学说来论政，提出改革某些制度的设想，还有不少人研究地理，特别是对西北地理和边防建设的研究。这样，研究的对象超出了乾嘉考据学的范围。这种特色首先表现在以庄存与、刘逢禄为代表的常州今文学派身上。“其为学务通大义，不专章句”②。继之而起者是龚自珍。龚自珍是段玉裁的外孙，自幼亲炙汉学，有一定功力；后又承庄、刘今文经学公羊义的传统，公开对汉学的名称表示异议，对江藩的《汉学师承记》提出了“汉学”之名有十不安，其中如“若以汉与宋为对峙，尤非大

---

① 章学诚：《文史通义·博约中》，中华书局1961年版。

② 《清史稿》卷四八二《儒林传》三《刘逢禄传》，中华书局1977年版。

方之言，汉人何尝不谈性道”、“宋人何尝不谈名物训诂？不足概服宋儒心”，及“国初之学与乾隆初年以来之学不同”① 诸条尤具卓识，直破江藩汉学门户。至此，考据方法又复不为一派所专擅而为一般学者所普遍运用。因此，汉学的衰落不等于考据学衰落，直至清季，考据方法仍为学者所运用。

清季运用考据方法而取得成绩的学者以俞樾与孙诒让为最著，但他们比道咸时学者似乎又从“通经致用”退回到整理诠释文献典籍路上去了，如俞樾提出了“治经之道，大要在正句读、审字义、通古文假借，三者之中，通假借为尤要”②。他所撰的《群经平议》、《诸子评议》及《古书疑义举例》大都未出乾嘉学派规范，其中以《古书疑义举例》最有成就和影响。俞樾自称此书“使童蒙之子，习知其例，有所据依，或亦读书之一助乎？”③ 近人张舜徽也极称其书说：“至其融贯群籍，发蒙百代，足以梯梁来学，悬之日月而不刊者则为《古书疑义举例》一书，实千古之奇作，发凡起例，祛惑释疑，裨益士林为最大，自在群经、诸子平议之上也。”④ 继俞书后者，有刘师培、杨树达、马叙伦及姚维锐诸人仿其体例而作补续，益可见俞书之影响了。

孙诒让比俞樾前进一步，他不仅在诠释名物训诂上有成绩，而且以西方文明比附古代典制，虽有牵强，但它借古证今为改良运动提供托古改制的资料，尚不失具有“通经致用”的客观效果。至于对整理典籍，孙氏则颇为自负，其名著《墨子间诂》一书解决了二千多年难以通读的典籍，因而得到其前辈俞樾的称赞说：“整纷剔蠹，脉摘无遗，旁行之文，尽还旧观，讹夺之处，咸秩无紊，盖有

① 龚自珍：《与江子屏笺》，见《龚自珍全集》第五辑，中华书局上海编辑所1959年版。

② 《清史稿》四八二《俞樾传》，中华书局1977年版。

③ 俞樾：《古书疑义举例》序，中华书局1954年版。

④ 《清人文集别录》卷十九，中华书局1963年版。

《墨子》以来，未有此书也。”①

清代考据学至俞樾、孙诒让殿后而告一段落。

当代承乾嘉遗法而有成果者，当推陈垣老师。陈垣老师曾自谦其学问本原是“专重考证，服膺嘉定钱氏”。考证是清学的重要支柱，某些学者往往故作高深之论，使后学望而生畏，所以陈垣老师把考证的具体做法落实到建立史源学以教育学生，这也是陈垣老师“不吝金针度与人”的品格精神。史源是研究历史者必须随时注意发掘和开拓的重要方面。中国的史学传统是重视史源的。清代乾嘉史家在利用官书、正史之外，还用六经、诗文集、金石碑版和谱牒等著作作为新史源。近代的史学家梁启超也很注重史源的探求与开发，他在《中国历史研究法》正续编中专门论述了扩大史源的问题。但是，直到陈垣老师才明确标举出“史源学”这一学科专称。陈垣老师把史源学、目录学、年代学、校勘学和避讳学等五种专学构筑成“陈学”治史方法的基础，并以之教授学生，使学生掌握考证的途径，得到研究历史的“金针”。

陈垣老师曾说过为何以史源学来教育学生掌握考证方法。他在一篇课程导言中写道：

> 择近代史学名著一二种，一一追寻其史源，考证其讹误，以练习读史之能力，警惕著论之轻心。

陈垣老师为“史源学实习”课程选择了三种教材，即《日知录》、《鲒埼亭集》和《廿二史劄记》。他在《家书》中对三书做过比较性的评论说：

> 错误以《劄记》为最多，《鲒埼》次之。《日知》较少。学

① 俞樾：《墨子间诂》序，中华书局1951年版。

者以找到其错处为有意思，然于找错处之外能得到精神，则莫若《鲒埼》也。

《日知录》是明清之际的大学者顾炎武一生精力所萃，而为后学所交口称赞者，考求其史源缝隙较难；《鲒埼亭集》大多是清初学者全祖望对易代之际人物与世事的评论，与沦陷背景吻合，在考求史源之余，时可得弦外之音，即陈垣老师所谓的可以“正人心，端士习”。《廿二史劄记》是乾嘉时史学家赵翼所删定的一部名作，后来学者多加诵读，而可备考求的疏陋处也较多。

陈垣老师还经常为此课与学生同样写作业，然后把自己的和学生的作业并贴在课堂墙上做比较性示范，供学生揣摩，使学生不仅叹服陈垣老师功底的深厚，也从中学到如何写考据文章的法门。我大学毕业那年，陈垣老师应我之求，写赠一个扇面，写的是他的一段小考证，因《陈垣史源学杂文》未收此文，特录如次：

曾南丰：《徐孺子祠堂记》引《图记》言：“晋永安中，徐孺子墓碑旁立思贤亭，至拓拔魏时，谓之聘君亭。”孺子墓在江南，与拓拔氏何涉？南丰盖以此语出《水经注》，元文“至今”，故改为至拓拔魏时。然《水经注》文，本引自雷次宗《豫章记》。所谓“今”者，指宋元嘉间也。南丰文有语病，不能为之讳。

曾南丰即曾巩，为唐宋八大家之一。有深通目录学之称，无疑是个大名家，但名家也有错的时候。陈垣老师从拓拔魏的辖境与孺子墓在江西的矛盾中，始而疑曾文有误，进而思其致误之由，终而得其正确之理。这段小札正是陈垣老师史源学方法的运用，也是对我临别时所赠的一支“金针”。

《陈垣史源学杂文》所收《廿二史劄记》12 篇文中多对其书的

史法、史事之考证与正误，如《补表条所本》条不仅考出《劄记》卷一补表条之说所本，为朱彝尊撰万斯同《历代史表》序，还考出各表的出处，并进而订正所据《史通》所记的误处，又如《列传名目沿革条》根据“各史朝代之先后，与成书之先后不同”的一般常识，表列各史类传名目，以纠正《劄记》论列传名目沿革不按成书先后，而按朝代先后之误。这正是史源学追本溯源，正讹纠谬的基本方法。陈垣老师对文献记载，要求很严，但对前贤评说则居心宽厚，如《七国考》条既指出《劄记》所记七国之误，复赞誉《劄记》删定者说，“赵先生以《史》、《汉》、《吴王传》对读，发见《汉书》阙‘济北’二字，可谓得间”，并对《劄记》误留川为临留是“笔偶误耳”，直谅多闻，公是公非，这是非常值得学习的学术品德。陈垣老师对文献的梳理条正，功底确乎深不可及，如对《劄记》卷七，《晋书》条末引《新唐志》晋史凡十种，几无一种无问题，陈垣老师写订误一文，为之疏举条列，依次说明，然后又归纳其误为人名误者五、书名误者四、撰注误者二、次第误者二，更指明其致误之由，终而提出新旧唐志皆不如《隋志》之善的结论。此文示后学以运用演绎与归纳二法。又对《劄记》卷九《南北八史至宋始行》条，所举校刊人名皆误，进行了极为细致的条分类析，使校刊诸人皆得其位。

《陈垣史源学杂文》所收另一组为《鲒埼亭集》文 9 篇。其论治史之法固与攻《劄记》类同。而往往揭示谢山文字之思想寓意，如《书全谢山〈先侍郎府君生辰记〉后》一文中，记谢山论顺治庚寅置闰之误，兼论其深切著明之含义说：

> 谢山之文，撰于乾隆八年癸亥，去崇祯之亡国正百年，而未尝一闰十一月。谢山以此为置闰之失，历学之疏，安得精于甲子者考而正之云云。是岂独乾隆以前，终有清之世，亦未尝闰十一月，此时宪历之法也。然明清所用历法不同，谢山岂不

知？而复有云者，慨故国之久亡，特借闰以寄其意耳！

二

判断一门学科的社会价值重要的一点在于考察它的运用程度，而能否运用又取决于它是否有一套基本方法。不过，前人专谈考据基本方法的并不多，只能从零散资料中去爬梳归纳。

从考据学的发展历史看，考据是从治经开始，经穷而后入史，其后范围日益扩大。要了解考据的基本方法，首先应了解考据的对象和目的是什么？清代著名考据学家钱大昕曾明确论述史部考据的对象说：

> 予好读乙部书，涉猎四十年。窃谓史家所当讨论者有三端：曰舆地、曰官制、曰氏族。[①]

这段话说明钱氏认为史书的考据范围就在这三方面，即确定地理方位、官名职掌和氏族支脉而已。当然，我们运用考据方法去读史不应只停留在这三点上，而应从为研究历史做好准备上着眼，即对文献史料、文物史料及史事进行必要的考证。

第一、考证文献史料：文献史料的搜集整理是研究历史的第一步，而文献史料的考证辨伪则又是搜集整理的前奏。郭沫若在《十批判书》中曾说：

① 《二十四史同姓名录序》，《潜研堂论文集》卷二四，上海古籍出版社1989年版。

> 材料不足，固然成大问题，而材料的真伪或时代性，如未规定清楚，那比缺乏材料还更加危险。因为缺乏材料，顶多得不出结论而已，而材料不正确便会得出错误的结论，比没有更要有害。

这段话不仅指出史料考证的必要性，而且告诉我们对史料要考证的方面——即考证史料的真伪与时代。

史料的真伪对于结论具有极为重要的意义。所谓“真”就是经过检验确是某一时代、某一人记载某一事的真实情况，其中是否有所隐讳、错误或捏造等等。这种考证后的史料可以作为说明问题时具有说服力的证据。

史料的时代性也很重要，即使史料不伪，但不能用别时代的真史料来说明此一时代的问题；反之，有些史料虽是伪托而被认为本身是伪，但如能确切考明这是某一时代的作伪品，那也可用作反映作伪时代思想观点的材料。

第二，考证文物史料：文献记载以外的实物、遗迹（遗址、器物、碑版等）也都是考史的一种依据。但要用这些物证时，必须先确定这些物的可靠性，例如古器物有真赝的不同，遗迹有年代的问题，这都需要进行缜密的考证。这些文物史料考定后就能有力地论证问题，丰富历史的内容。有时，它比文献史料更具有重要意义。马克思曾这样强调过：

> 要认识已经灭亡的动物的身体组织，必须研究遗骨的构造；要判别已经死亡的社会经济形态，研究劳动手段的遗物，有相同的重要性。……劳动手段不仅是人类劳动力发展程度的

测量器，而且是劳动所在的社会关系的指示物。①

周口店北京猿人的发现和确定，使我国历史上推到四五十万年之前；郑州殷代遗址的发现和确定，证实了殷代社会早期的状况；西安秦兵马俑遗迹遗物的发现，加深了对秦朝军事制度及手工艺水平的认识；苏州一批碑刻的考定，有力地证实了明代手工业工人反抗斗争的规模……把遍及我国的大量文物史料考清，将大大有助于历史的研究与论述。

真伪和时代考清也要注意考其内容的真实与否。例如，古代金文甲骨文中所记战俘与奴隶的数字，便有多处炫功不实；名人墓表碑碣，对其生平则有阿谀称德的地方。这些都会有误于知人论世。这都是文物史料的考证范围。

第三，考证史事：过去的记载多出于统治阶级之手，所以史事有不全、不实、捏造、曲讳、异说种种不同情况。小之于个人的生卒经历，大之于典章制度、政治事件、战事规模，无不应力求其真。尤其是蒙以神秘迷信色彩的史事，更应破其迷雾，阐幽显微。如自然景色之释为灾异祥瑞，农民起义之利用宗教外衣，等等。

文献史料、文物史料及史事应是考证的主要对象。但是如何着手、如何发现问题与提出问题呢？其前提必须要有“致疑”的精神和态度。陈垣先生曾说过：“考证贵能疑，疑而后能致其思，思而后能得其理。”②

这里所说的“能疑”不是毫无根据地凭主观乱疑，而是在发现疑点，发现矛盾时不轻易放过，然后去思考，通过一些方法，寻求解决途径，终于“得其理”——达到合理的解决。

过去的考证学家究竟采取何种方法以解疑呢？在以长于考证的

① 马克思：《资本论》第一卷，人民出版社1953年版，第194～195页。

② 《通鉴胡注表微》考证篇第六，中华书局1962年版。

清代学者论述中除顾炎武尚有较完整的见解外，其他多属片言只语。大抵乾隆以前的总精神是“多闻阙疑”，如顾炎武提出“博学以文”的口号，主张以“旁搜博讨，夜以继日”的精神来“抉剔史传，发挥经典”①。他如阎若璩的“一物不知，以为深耻；遭人而问，少有暇日”和马骕的“博引典籍，疏通辨证”② 等等都不出“多闻阙疑”的范围。而乾隆以后则已从“多闻阙疑”发展到解疑和穷源竟委，如钱大昕对于解决的问题要求“剖析源流”，对典制考实要做到“了如指掌”，对于“是非疑似难明者”与典制“不能明断其当否者”皆“确有定见”③。王鸣盛的“求于虚不如求实”、“总期于能得其实焉而已矣”和“总归一务求切实”④ 等等主张也是要切实解决问题。

根据一些考证学著作以及前人的论述，考证的基本方法主要有三：

【本证】 一称内证，就是利用图书本身资料发现矛盾，寻求证据来考定问题。它主要从以下几方面着手：

（1）从图书中所载事实、典制来考定；

（2）从图书中所征引的资料来考定；

（3）从图书内容的文体和字句来考定；

（4）从图书内容的学术思想来考定。

这些考定对于不经见或作者缺名的书和稿本、抄本等具有重要意义。

在图书本身考定以后，也可用此法来考定图书内容。赵翼的《廿二史劄记》主要就用这种本证法。他在《小引》中说：

---

① 《金石文字集》序，见《亭林文集》卷二，清光绪甲辰刊本。

② 《清史稿》卷四八一，中华书局 1977 年版。

③ 段玉裁：《潜研堂文集序》，见《潜研堂集》，上海古籍出版社 1989 年版。

④ 《十七史商榷》自序，商务印书馆 1959 年版。

此编多就正史纪传表志中参互勘校，其有抵牾处自见，辄摘出以俟博雅君子订正焉。

【旁证】　亦称他证或外证，就是利用图书以外的有关资料来考定。前人曾经提出过核伪书八法说：

凡核伪书之道：核之七略以观其源；核之群志以观其绪；核之并世之言以观其称；核之异世之言以观其述；核之文以观其体；核之事以观其时；核之撰者以观其托；核之传者以观其人。核兹八者而古今赝籍无隐情矣。①

八法中的核各种目录，核当代异代著述等项就是旁证的方法。旁证所用的资料，一般有二种，即一书证，二物证。

（1）书证：这是常用的方法。就是利用本图书以外的其他图书资料来考证。它必须精细采择，做到多见多闻，所搜集的有关资料最好达到主要资料的“全”，而不单纯追求冷僻资料的“新”。书证可以采取两种方法：

其一：对勘互订。用有关联的图书资料互证，章钦在《白门日札》中曾举出史文对勘的具体做法说：

史文经对勘互订而益明。昔赵翼之成《廿二史札记》也，以《汉书》比勘《史记》之大部，以《三国志》比勘《后汉书》之一部，以《南史》比勘宋、齐、梁、陈各书，以《北史》比勘魏、齐、周各书，又以《北史》比勘《南史》，以

① 胡应麟：《四部正讹》下，载《少室山房笔丛》丁部，卷三二，中华书局上海编辑所1958年版。

> 《南史》比勘《北史》，以《新唐书》比勘《旧唐书》，以《新五代史》比勘《旧五代史》，以辽金史比勘《宋史》，又以《金史》比勘《旧五代史》，以辽金史比勘《宋史》，又以《金史》比勘《辽史》，又以《宋史》、《金史》比勘《元史》。①

此法最为普遍方便，可供参考。

其二：穷搜博采，考定一事必广泛举例证明，不满足于孤证，有充分证据才下结论。这就需用目录学知识广泛搜求有关人、事、时代的典籍，集中研究有关材料以求是。如此穷搜博采会不会陷丁烦琐呢？这就要看是否为考明问题，还是为逞奇炫博。顾颉刚有一段话讲得好，他说：

> 繁琐不繁琐，不在于考证问题时所引用的材料的多少，而在于所引的材料是不是为了解决考证的问题时所必需的，是不是都有内在联系的。如果是必需引用的，各项材料都是有联系的外证和内证，那么虽多到数十百条，也不该说是繁琐。②

（2）物证：所谓“物”是指文字文献以外的实物、遗迹，如古代遗址、金石器物、碑版志铭等等。宋清两代的学者很善于取金石文字来勘正文献，所以有“金石有助于史学”的说法。目录书也有金石的专类。但物证的条件是必须可靠，如古器物有真赝的不同，遗迹有年代的远近。不考清真伪和时代就会形成以误正误，甚至以误证是。不过也不要过分迷信实物本身，要注意考究内容。如青铜器铭文，虽然本身确已考定，但铭文是否即可深信无疑，还需进一步考察。

---

① 《天行草堂主人遗稿丛刊》，民国二十四年印本。

② 《中华文史论丛》1970年第1期。

【理证】 凡缺乏证据而根据个人学识以推理来判定是非者，就称为理证，这一方法水平高而危险大，稍有不慎，即落入鲁莽武断。胡三省注《通鉴》有用理证的地方，如卷五以理证断秦坑赵卒四十万为不可能①。陈垣先生所撰《通鉴胡注表微》的《考证篇》中有些例证，可从中理解理证法的运用。

本证、旁证、理证是考证学中的三种基本方法。而陈垣先生在《通鉴胡注表微》的《考证篇》和《辨误篇》中还提出二点值得初学注意之处，就是：

(1) 考证当注意地理。如《通鉴》载："唐高祖武德五年，唐使者王羲童下泉、睦、建三州。"胡注说："武德四年，以建安郡之建安县置建州。盖隋设泉州建安郡，治闽县；景云二年，改为闽州；开元十三年改为福州。圣历二年，分泉州之南安、龙溪、莆田三县置武荣州；景云二年，更武荣州为泉州。是今之福州，乃唐初之泉州，今之泉州乃景云二年之泉州也。"

陈垣先生按称："泉州、福州之名颇纠纷。《十驾斋养新录》十一曰：'景云二年以前，凡曰泉州者，指今福州也。景云二年之后，凡曰泉州者，指今泉州也。'语本《舆地纪胜》百三十，颇简括，足与此注相发明。"

又如胡三省在《通鉴释文辨疑》卷七七"魏高贵乡公甘露二年"条特别强调考证地理之事说："凡注地理，须精考史籍，仍参考其他之四旁地名以为证据，何可容易著笔乎？"

陈垣先生很推重此说称："古今地名同者多矣！此条所论，乃注地理者之通则也。"

清代考证家在这方面做了不少工作。他们整理和注释了古代地理书籍如《禹贡》、《山海经》和《水经注》等，校注和增补了史书中的地理志，都有便于后人的阅读和使用。

---

① 《朱子语类》卷一三四已发其说，清雍正三年刊本。

（2）考证当注意数字。如《通鉴》卷四五“汉明帝永平十六年”条：“诸国皆遣子入侍，西域与汉绝六十五载，至是乃通焉。”

胡注说：“王莽天凤三年，焉耆击杀王骏，西域遂绝，至此五十八载耳。此言与汉绝六十五载，盖自始建国元年数之，谓莽篡位而西域遂与汉绝也。”

陈垣先生以胡注甚精而指明说：“考史当注重数字，数字不实，则当稽其不实之由。王莽初年，西域虽与中国通，而对手者实为莽，故曰与汉绝，其义甚精，非好学深思不能得其解也。”

三

考据本是学术研究过程中的一道工序。它和学术研究有不可分割的关系，是为学术研究做整理、复原、鉴定资料工作的，所以在学术研究工作中应有一席之地。但重要的问题在如何看待它的地位和作用。陈垣先生曾对此作过评论说：

> 考证为史学方法之一。欲实事求是，非考证不可。彼毕生从事考证以为尽史学之能事固非，薄视考证以为不足道者，亦未必是也。……史学之一法，固知非大义微言所在也。①

以考据为一法而非大义之所在确是深刻之论。清代考据学者在考据工作方面是有一定成绩的，但使考据学在后世蒙恶名者，始由乾嘉汉学高自标榜而独是其是，致使考据学逐步脱离实际；继而梁启超又对之作偏高的评价，在《清代学术概论》中不仅总结了考据

① 《通鉴胡注表微》考证篇第六，中华书局1962年版。

学的直接效果三（①解决难读难解之古书，②别择伪书及书中窜乱芜秽者，③恢复久坠之绝学或前人向不注意之学），以及间接效果二（①学习治学精神，②学习治学方法），而且还盛夸考据学为“治全盛期史学者，考证学以外，殆不必置论”，“无考证学则是无清学也”①。这些评论，未免过当。

实际上，考据学在其发展演变过程中已日益显露其局限性。有人视考证为惟一学问，日趋支离烦琐，脱离实际，穷年累月，斤斤于细枝末节的考论，往往究一字一词而涉猎万卷，置大义于不顾，以为天下学问尽在于此，乾嘉以后，其风益敝。近人张舜徽氏曾斥其事说：

> 以为辩论不极乎幽隐，考核不穷乎邃密，不足以与于学术也。甚者举施教后生。说一经必援用数十百家之义，解一字而必衍成数万言之文。②

因此，有必要对考据学的所由兴、其贻害和前人对其争论等做些简括的论述。

首先，考据学在清代乾嘉时期之所以有显著发展，其中主要的一条，乃是清代统治者已发现考据一道可从阴柔方面达到巩固其统治目的，把一些学者从前期研究“经世致用”之学的道路上拉回来而有意识地推波助澜强调考据学的地位。《四库全书总目》明显地表露了这一意图。顾亭林是人所共知的提倡经世之学的学者，他的考据是为更准确地说明其政治观点、表达其政治思想和知人论世等等。他的弟子潘耒在为《日知录》撰序时着重提出这一点说：

① 梁启超：《清代学术概论》十三、十，见《梁启超论清学史二种》，复旦大学出版社 1985 年版。

② 《广校雠略》，中华书局 1963 年版。

> 先生非一世之人，此书非一时之书也。……立言不为一时，录中固已言之矣。异日有整顿民物之责者，读是书而憬然觉悟，采用其说，见诸施行，于世道人心，实非小补。如弟以考据之精详，文辞之精辨，叹服而称述焉，则非先生所以著此书之意也。

这是洞察顾氏思想实质的窍要之论，而《四库全书总目》却特意指斥潘序，认为："潘耒作是书序，乃盛称其经济，而以考据精详为末务，殆非笃论矣。"

在短短五百来字的《日知录》提要中，居然在最后直指这一"缺点"；反之，对沾沾于考据的阎若璩则誉为"博极群书，睥睨一代"，这完全反映了清朝统治者提倡考据学的用心所在。

第二，有些溺于考据的学者往往对一字一句、一书一事考得较清楚，而漠视了重大问题，以致在知人论世方面表现为目光短浅、思想糊涂、是非不分。如颇为人推重并自诩为考据精核的阎若璩，在考定伪古文《尚书》真伪问题上是有成就的，但遇到评论历史人物时则不仅毫无见解，而且违背事实。他曾把钱谦益伦比顾炎武和黄宗羲说：

> 当发未燥时，即爱从海内读书者游，博而能精，上下五百年，纵横一万里，仅仅得三人焉。曰牧斋钱宗伯、顾亭林处士及先生黎洲而三。①

这种知人论世的态度，凡稍具历史知识者，都会感到拟之不伦的可笑。他所标榜的"一物不知，深以为耻"恰恰正是对自己的嘲

① 《南雷黄氏哀辞》，见《潜邱札记》卷四，《粤雅堂丛书》本。

笑。

第三，考据学即使在其全盛时代已有些学者提出了不同的看法。如古文家李兆洛在《与方植之书》中即指出考据的烦琐之弊说："一二君子倡之于前，无识者借以取名，或甚以此希取富贵，波流至今而极，而掇拾愈细，其味愈薄，亦稍稍有厌之者矣。"①这类指摘在一定程度上反映了考据学的衰敝。

第四，考据家标榜求实，主张不谈大义，不发议论，妨害了学术研究的发展，也贻误了后学。王鸣盛比较系统地代表了这种主张，他在《十七史商榷》的自序中说：

> 大抵史家所记典制，有得有失，读史者不必横生意见，驰骋议论，以明法戒也。但当考其典制之实，俾数千百年建置沿革，了如指掌，而或宜法，或宜戒，待人之自择焉可矣。其事迹则有美有恶，读史者亦不必强立文法，擅加与夺以为褒贬也。但当考其事迹之实，俾年经事纬，部居州次，记载之异同，见闻之离合，一一条析无疑，而若者可褒，若者可贬，听之天下之公论焉可矣。书生胸臆，每患迂愚，即使考之已详而议论褒贬，犹恐未当，况其考之未确者哉！盖学问之道求于虚不如求于实，议论褒贬，皆虚文耳！作史者之所记录，读史者之所考核，总期于能得其实焉而已矣，此外又何多求焉。

这种主张实际上是为学术研究划定框框，只去追求细小具体问题的考定，而不要去触及褒贬是非，横生议论，引导后人走向烦琐，究其实也只是一种欺蒙后学的妄言。王鸣盛以不发议论而自相标榜，但就以《十七史商榷》而论又何处无议论。这又怎能说无"与夺褒贬"呢？而他自矜的考证学也并不是完全无误，《十七史商

① 《养一斋文集》卷十八，清道光二十四年家刊本。

榷》卷一第一条全文不过四百余字，而前人已提出其误有四[①]，其他盖可想见。

上述这些弊病主要是乾嘉汉学所造成，不能笼统归之于清代考据学，更不能进而以此全部否定考据的作用。即使乾嘉考据也有其一定贡献，不能完全指摘为烦琐罗列，而应有所分析。我们应该尊重前人经考据而得的成果，善加利用；但不能妄信妄从陷入识小遗大的烦琐泥沼之中。同时，也应当认识到考据本身不是目的，只是进行学术研究的一个环节、一种手段。它为学术研究准备好经过考订的资料，为研究工作的抽象概括和具体分析提供便利。对作为一项具体工作来说，也可以允许有些人专门从事考据。因为确切的材料对他人有节约劳动、提供方便的贡献。我们既反对排斥考订资料的真实性而空谈义理，也反对轻视义理的烦琐考证，而是要把考据与义理正确地结合起来。

① 陈垣：《书十七史商榷第一条后》，1946 年 10 月 16 日《大公报》文史周刊。

第八章　论传注

一

古籍中的文字音义、典制名物往往由于时代距离、社会变易而形成某些理解上的阻碍，以致有难以读通读懂的困难，因而影响到整理和研究工作。遇到这种困难除了求助于一些已汇集解书之义于一编的工具书如《尔雅》、《说文解字》和《经籍籑诂》等书外，利用那些随文释义的旧注新疏也是一条比较简捷的通途。这些旧注新疏习惯上统称为传注。

传注的出现可能早于专门编撰的工具书，因为工具书的内容有一些就采自传注。传注的出现是社会需求的自然产物。由于古代图籍随着时间的推移而疑难日增，急需给以解释，疏通文义以便流传。这种解释经义的活动大约始于春秋战国之际，当时为了阐述儒家经典的大义而有解经的“传”。所谓“传”是指通过这种阐述便可使儒家经典的意旨传之广远。“春秋三传”便是“传”体的代表作。三者虽名同而又各有侧重——左氏补事实，公羊、谷梁析义例，而其共同目的均在发挥经义奥秘。汉代以后，阅读古代经传，又有新的困难，于是又出现“注”体，对儒家经典著作进行较广泛的专门性解书工作，如西汉初毛亨的《毛诗故训传》便是由“传”

向“注”发展的过渡。东汉的马融、郑玄对《诗》、《书》、《易》、《礼》等儒家经典进行了普遍作注的工作，使儒家思想得以广泛流传，特别是郑玄更从专注经文向兼释注文方向发展，如为《毛诗故训传》作笺，这就大大地开拓了传注领域，出现了名色众多的体例，往往一经而有多注，或集诸家注于一书。这些对文词音义进行诠释的传注数量日益增多，遂造成众说纷纭，莫衷一是的局面，所以唐朝就有自众说中裁取一说以统一思想的“正义”体。它以孔颖达的《五经正义》为代表，另有些学者对旧注进行解释即称为“疏”，如贾公彦的《周礼疏》、《仪礼疏》等。这就是所谓的“义疏之学”。至宋由于理学影响，注疏又多偏重发挥义理，注意阐述思想内容，如朱熹的《四书章句集解》，但也未完全忽略训诂释义①。

传注自南北朝以后又不再局限于随文释义而另有以增补事实为主的形式，相继出现了为后世羡称的所谓“四大名注”，即宋裴松之的《三国志注》、北魏郦道元的《水经注》、梁刘孝标的《世说新语注》和唐李善的《文选注》。他们所注内容已超越本文而自成为重要的文献源。清道咸间学者许宗衡在《复王小秋书》中曾说：“裴松之注《三国志》，刘孝标注《世说新语》，皆补原书所不载，辞旨雅训，不失魏晋风规。”② 这种以增补事实为主的注体对后世影响很大，如清初学者刘继庄曾有意为《水经注》作注说：“古书有注复有疏，疏以补注之不逮而通其壅滞也。郦道元《水经注》，无有疏之者，盖亦难言之矣。予不自揣，蚊思负山，欲取郦注从而疏之，魏以后之沿革事迹，一一补之。有关于水利农田攻守者，必考订其所以而论之，以二十一史为主，而附以诸家之说，以至于今

① 朱熹在所著文中多次提及传注的重要性，如“本之注疏，以通其训诂”（《论语训蒙口义》序）；“其文义名物之详，当求之注疏，有不可略者”（《论语要义目录》序）；“余所编礼书内，有古经阙略处，须以注疏补之，不可专任古经而直废传注”（《答余正父书》）。

② 许宗衡：《玉井山馆文略》卷五，清同治间刊本。

日。后有人兴西北水利者，使有所考正焉。予既得景范、子鸿以为友，而天下之山经地志，又皆聚于东海，此书不成，是予之罪也。”①

刘继庄是清初有思想有功力的学者，他对于作疏的方法、目的以及疏的重要性等论述反映了清一代学者的一种看法。更有如阮元等人视注疏为治学根本，他说：“窃谓士人读书当从经学始，经学当从注疏始，空疏之士，高明之徒，读注疏不终卷而思卧者，是不能潜心覃索，终身不知有圣贤诸儒经传之学矣。”②

这些著名学者的倡导正是清代新疏丛出的原因之一。另一位学者钱大昭还提出过注经、注史的不同做法说：“尝谓注史与注经不同。注经以明理为宗，理寓于训诂；训诂明而理自见。注史以达事为主，事不明，训诂虽精无益。”③

钱大昭所谓注史、注经二体实际上就是随文释义和补充事实的不同。言二体各有侧重则可，若断然划一鸿沟则未免沾滞，因为注史“达事”固然重要，而何尝不需“明理”；注史应以补充史实为主，但也不得摒训诂而视为无益，更何况诸经又何一不是历史文献。即以胡三省注《资治通鉴》而言，虽对天象、地理、典制、史实考辨精详，但其音义也为后世所称，二者无所偏废，自成佳注。

正由于一些学者的重视，所以清代的注疏之学大盛，其涉及范围之广，搜检用力之勤，的确超越前代。学者或疏旧注，或撰新解，都能总括前人成果，做出重大贡献。其中如早期王念孙的《广雅疏证》和晚期孙诒让的《周礼正义》都堪称有所发明的力作。清代学者注史之作也不少，如惠栋的《后汉书补注》24卷，彭元瑞、刘凤诰合撰《新五代史》74卷。有一人而成多种者，如王先谦之

① 刘继庄：《广阳杂记》卷四，中华书局1957年版。

② 阮元：《十三经注疏》序，中华书局1965年版。

③ 《清史稿》卷四八一《钱大昭传》，中华书局1977年版。

撰《汉书补注》百卷、《后汉书集解》90卷；而周寿昌为史注作补充尤称突出，先后成《汉书注校补》56卷、《后汉书注补正》8卷、《三国志注证遗》4卷，均称精博。《汉书注校补》一书之作，不仅熟读《汉书》，丹黄遍纸，即书稿也经十有七易而告竣，功力之勤，概可想见。

不仅如此，清代的学者还进行了旧注的纂辑、研究工作，为后学提供了极大的方便。阮元主持纂集的《经籍籑诂》便是卓著声誉的代表作。《经籍籑诂》几乎将唐前旧注搜罗殆尽。它不仅将散见诸籍的汉唐旧注汇辑起来，取得了“展一韵而众字毕备，检一字而诸训皆存，寻一训而原书可识”的效果，而且使该书具有“经典之统宗，诂训之渊薮，取之不竭，用之无穷者矣”的价值。

注疏之事自秦汉传注，中经晋唐义疏，下迄清代新疏，数量至多，吴枫曾据《四库全书简明目录》统计，一部《易经》，汉魏注本凡3种、唐人注本凡4种、宋人注本凡56种、元人注本凡23种、明人注本凡24种、清人注本凡46种，共计150余种[①]。沈文倬据清人钱泰吉的统计，《十三经》正文，除去篇名，共有647500多字，而它的各式各样的解释书，已散佚的不计，现存的要有一万多种，论字数，估计有四五百倍[②]。大量的注疏对整理古籍无疑将是有力的借助。

古来传注多自写一书，经注分离，读者不便，东汉马融撰《周礼注》乃合经注为一，学者称便；但唐宋义疏仍不与经注相杂，而有单疏单注之刻行，直至宋绍熙后始合刻并附音义，如世传南宋九行本《十三经注疏》，于是诵习整理者可不别求翻检了。

---

① 吴枫：《中国古典文献》，齐鲁书社1982年版，第74页。

② 沈文倬：《传、记、注、音、疏》，见《光明日报》1963年1月17日。

二

历来传注名目各异，综括殆达10余种，择要说明如次：

【传】　传是传述。传述之意，即通过这一解释方式将使经义能传之久远。汉人称《易大传》为传体之始。有的虽同名为传，但解书主旨不一。如左氏、谷梁、公羊均为《春秋》作传，统名“春秋三传”，但左氏主以事实明经义，而公羊、谷梁则重在辨析义例。有的因解书方式不同而有其名，如毛亨解诗乃依文释其字句，遂名其所著为《毛氏故训传》。他如《尚书大传》乃离经文而别立新说；《韩诗外传》则因“杂引古书古语，证以诗词，与经义不相比附，故曰外传”①。

【注】　注义于经如同注水开通水道阻塞，以比喻其疏通文辞，所以称之为“注”。一说借此解释可著明经义也称为“著”，也有异写为“注”的。传注可以作为解经之体的浑称，但过去将它析言为二，如说“博释经义，传示后人”称传，“约文敷陈使经义著明”称注；一说汉以前释经称传，汉以下则称注；一说“必亲承圣旨，或师儒相传”称传，“直注己意”则称注。实际上，传、注二体没有太明显的区别，都是解释经义的体例，不过传之始起当早于注。从东汉至魏晋，注被广泛用作解经之体，如残存的马融《尚书注》，贾逵、服虔《左传注》和完整的郑玄的《三礼注》等皆是。

【记】　记与传同时并起，皮锡瑞在《经学历史》中曾说：“孔子所定谓之经，弟子所释谓之传，或谓之记。”它大抵是指后学者记经所不备，兼载经外远古之言来赞明经义，即所谓“共撰所

① 《四库全书总目》，中华书局1965年版。

闻，编而录之”，如《大戴礼记》、《小戴礼记》便是集七十子后学者解礼经之说，有的学者也有将自己所著题记的，如许慎于所著《说文解字》署称“汉太尉祭酒许慎记”，则系自谦之意。也有传、记连用的如刘向的《五行传记》。

【说】 说是解说之意，起源颇早，与传、记相辅而行，其主旨在称说经文大义而不详名物制度。它大多是七十子之徒所发挥的议论，所谓“弟子展转相授谓之说”①。西汉时学者多好以此体解经，如《诗》有《鲁说》二十八卷、《韩说》十一卷；《孝经》有《长孙氏说》二篇，《江氏说》、《翼氏说》、《后氏说》、《安昌侯说》各一篇并单名《说》者三篇。这些书后多亡佚不传，书名俱见《汉书·艺文志》。后世也有沿用此称的，如清惠栋撰《礼说》以说明古音义。

【微】 微指精微、隐微。所谓“释其微指”②，即发掘出经义中不被人注意处，因名此体曰“微”。《汉书·艺文志》有《左氏微》、《铎氏微》、《张氏微》和《虞氏微传》诸书的著录。后世有以“微”之名论微言大义之作的，如清人魏源有《诗古微》等作。“微”又有“隐”意，唐司马贞作《史记索隐》即袭“微”意而以“隐”为名。

【训】 训即“说释”，以通俗语言解释难懂文字的意思，它和诂连用为“训诂”或称“诂训”，又称“训解”或“训说”，其义皆同。东汉高诱注《淮南子》，除《要略篇》外，其余篇名下皆加一“训”字，即解释之意。

【诂】 诂一作“故”，乃以当时语言解释古代语言，《汉书·艺文志》著录有《鲁故》、《齐孙氏故》和《毛诗故训传》等，颜师古注称：“故者，通其指义也。”后世也有以“诂”名书者，如清

---

① 皮锡瑞：《经学历史·经学流传时代》，中华书局1959年版。

② 《汉书·艺文志》颜师古注，中华书局1962年版。

洪亮吉有《左传诂》，孙诒让有《墨子间诂》。故、训与传、说并存而有所不同。清人黄以周说："故、训者，疏通其文义也；传、说者，征引其事实也。故、训之体，取法《尔雅》；传、说之体，取法春秋传。"①

【解】　解是判析词义使经义更明的方式，其始见于韩非的《解老》和荀子的《解蔽》。汉人用此注体多称解谊或解诂，如服虔的《春秋左氏传解谊》、贾逵的《左氏传解诂》，至晋何休仍以此名其书称《春秋公羊传解诂》。后世汇总众说以释义的有称"集解"者，如魏何晏的《论语集解》即"集诸家之善，记其姓名，有不安者颇为改易"②，乃聚其诸家义理以解论语"③之作。史书中有宋裴骃的《史记集解》乃广收有关史记音义而成，为注史开一新例。

【笺】　笺原指标识简书内容小竹片，后衍变成对经义抉发隐略，表示己意的一种注法。郑玄开始有《毛诗传笺》。后世往往作为注家署书名的一种谦称，实已与注释无异，所以有"笺释"、"笺注"一类的书名。

【章句】　章句的原意是"离章辨句，委曲枝派"。汉代所谓"章句"是指括其大旨以附一章之末的解书体例，所以也称"章指"，类似后世的"讲章"前言或说明。其实这种既解释字词，又串讲大义的方法，一些传注也有采用的，不过，传注简明而章句烦杂。

除了上述10种名称外，还有诠、释、学、证、问、难、论和音义等等名称和体裁。所有这些都是从汉开始学者随文释义的各体。它们对整理历史文献都起到阶梯的作用。但由于古注比较简

① 黄以周：《儆季杂著·史说略》卷二，清刊本。

② 魏何晏：《论语注疏序》，见《十三经注疏》，中华书局1980年版。

③ 《春秋左传正义》孔颖达疏杜预序，见《十三经注疏》，中华书局1980年版。

略，又因时间的不断推移，以致后人阅读文献仍有困难和政治上的某种需要，于是六朝以后又兴起一种“义疏之学”。

【疏】 它是注的补充。犹治水灌注仍不能通，就要进而疏浚以求畅通，这就是疏的立意。它既解释经义，疏通经义，又解释前人所注内容。疏的基本体例是以一种注解为主再采录其他有关注释；但基本与注不相忤者。如皇侃的《论语义疏》即以何晏集解为主，而后对“于何集无妨者，亦引取为说，以示广闻”①。一般是疏和注要保持论点一致，即历来所谓的疏不破注，所以后世往往注、疏连称，如《尔雅注疏》即晋郭璞注、宋邢昺疏。

【正义】 唐初由于过去解经之作过于繁杂和政治上统一思想的需要，所以就要修所谓《五经正义》。正义之体，清学者黄承吉曾有所阐释说：“正义者，盖谓正前此之疏义，即前所云，诸书之名为义者，非空义也。其名奉诏更裁，意在不甘居赞，定名曰正，则必先有委弃前疏之心，故其例必守一家之注而不附，然后可以进退众义而不复更举其人。”②

其目的是制定一种官方学说，它以一种原注为据，如《诗》以郑玄《毛诗传笺》、《春秋·左传》以杜预集解为据而加以引申发明，但不能自立新说。正义，一称义赞，如孔颖达《五经正义》在唐书本传作《五经义赞》。

正义与注疏虽名称有所不同，但二者作用相类，都是为解释经义传注，所以后人把这种体例称为“义疏”，宋以后甚至即将“义疏”作为一种注体，如清代学者郝懿行即撰有《尔雅义疏》。

---

① 梁皇侃：《论语义疏自序》，见《十三经注疏》，中华书局1980年版。

② 黄承吉：《春秋左氏传旧疏考正序》，见《梦陔堂文集》卷五，道光癸卯刊本。

三

旧注新疏对于文献的整理究竟有什么作用呢？

首先，它可以疏通文字，以备查考。注疏文字内容主要在辨字、注音、释义、校勘方面，也即指一字的形、音、义。辨字是从字的形体去识字，如通假字、古今字、异体字、繁简字。注音是了解如何读和读音变化的问题。注疏中的读音方法主要在譬况（采用近似音字，附注发音方法）、读若（采用同音字或近音字）、直音（注同音字）、反切（用上字声母、下字韵母及声调拼音）、如字（按本音读）。读音变化因有时音随义转或特殊读法而不能不注意。如“说”还可读成悦、税、脱，古人要求比较严格，如“有朋自远方来，不亦说乎”，一定要读悦，表示喜欢。这种音随义转即所谓“破音异读”，它是注疏中的释音内容。另有些特殊读法也要通过注疏来读（如吐谷浑的谷读 yū，阿房宫的房古读 páng，郦食其读历异基）。释义主要是释词义和文义。词义即字义，包括本义、引申义、古义、方言义、复语义等等，往往需借助注疏；文义即串讲段意，分清句读，等等。至于校勘，则注明衍、脱、讹、倒、错简以及注入正文等以助理解文字。

其次，古代典籍中还有名物、典故的障碍和事实的不够充分需借助于注疏。《资治通鉴》是一部历史名作。但其中涉及的象纬推算、地形建置、制度沿革、名物典章都需靠胡三省注为阶梯。裴松之引书 134 种，对《三国志》中凡“寿所不载，事宜存录者，则罔不毕取以补其阙。或同说一事而词有乖杂，或出事本异，疑不能判，并皆抄内以备异闻。若乃纰缪显然，言不附理，则随违矫正，以惩其妄"[①]。这一注释体例表明裴松之是从补充史实，保存异说，订正错误几方面着手，与单纯疏通文字有别，成为注疏工作中另一重大流派。其后，刘孝标注《世说新语》随文施注，引经史杂著400余种，诗赋杂文70余种，成为考案史实的名作。这些注释内容不仅有便于了解和整理原作，更超出原范围给后人以更多知识。这些著作已不仅是注疏之作而是一种与原作相辅而成的新作了。

第三，注疏还是辑佚的资源。辑佚工作是整理古籍工作中力求恢复古代书籍的一项重要手段。古籍由于各种厄运，佚亡甚多，有的古籍只能依靠辑本。辑佚工作始于晋，宋、明继之而大盛于清。辑佚的资料来源有不少即采自注疏，如清人马国翰所辑《玉函山房辑佚书》共"辑佚书凡五百八十余种，为卷六百有奇"，成为清代辑佚大家。其书采择群书"广引博征，自群经注疏、音义，旁及史传类书，片辞只字罔弗搜辑"[②]，可见注疏、音义是辑佚的主要依据了。

第四，传注可作研究注者思想与学术的原始依据。这是先师陈垣先生沦陷时期杜门读《通鉴胡注》时对注中所蕴藏的思想内容加以研究后的发明。陈先生认为胡三省"其忠爱之忱见于《鉴注》者，不一而足"，于是辑其精语700余条20余万言，分20篇，"表而出之"。陈先生另辟蹊径，充分利用《鉴注》材料，写成《通鉴胡注表微》一书，不仅使"身之生平抱负及治学精神均可察见"，而且也抒发了陈先生自己的爱国思想。他把传注的运用提到一个更高的层次。

---

① 裴松之：《上三国志表》，见《三国志》，中华书局1959年版。

② 《玉函山房辑佚书》，清光绪刻本。

四

那么，我们究竟应该如何对待并运用这些大量注疏呢？

一是尊重注疏。注疏虽然是解释和补充原作的作品，但其所耗费的精力与劳动并不低于著作，甚至其难度有时或超过原作。清人杭世骏是深知注疏甘苦的一位学者。近代文献学者多好引杭说以证明其难度，杭世骏在《李太白集辑注》序中说：

> 作者不易，笺疏家尤难，何也？作者以才为主，而辅之以学，兴到笔随，第抽其平日之腹笥，而纵横曼衍以极其所至，不必沾沾獭祭也。为之笺与疏者，必语语核其指归，而意象乃明；必字字还其根据，而证佐乃确；才不必言，夫必有什倍于作者之卷轴，而后可以从事焉。

他在《李义山诗注》序中又说：

> 诠释之学较古著作者尤难。语必溯源，一也；事必数典，二也；学必贯三才而穷七略，三也。[1]

这可以看出注疏之难，正由于有这些难才使后人在整理和阅读古籍时得到有阶梯之易。当然，这些注释也可能有某些失误和疏漏之处，这正是后人可以加以完善的地方而不应过分苛求古人。惟有尊重注疏的辛劳才能很好去依靠它和利用它。

---

① 杭世骏：《道古堂文集》卷三，光绪十四年刊本。

二是对旧注和新疏应如何对待的问题。旧注一般指汉注，是距古代文献较近的一种解释，所以一般比较简要，宋朱熹曾指出过这一点说：

> 汉儒注书，只注难晓处，不全注尽本文，其辞甚简。①

其所以“其辞甚简”的原因主要是时距近，窒碍难通处少；可是因此使时距远的后世难以琢磨理解而需要有新解。于是有晋唐的义疏和清人的新疏。这就形成汉注、唐疏和清新疏三个不同层次。如何运用这三种不同层次，过去一些学者普遍认为汉注近真，如阮元即以时距远近加以解释说：“圣贤之道，存于经。经非诂不明。汉人之诂，去圣贤为尤近。譬之越人之语言，吴人能辨之，楚人则否；高曾之形体，祖父及见之，云仍则否。盖远者见闻，终不若近者之实也。”②

钱大昕更抨击晋宋之忽视传注而肯定汉注的近古价值说：“汉儒说经，遵守家法；诂训传笺，不失先民之旨。自晋代尚空虚，宋贤喜顿悟，笑问学为支离，弃注疏为糟粕。”③

近代学者张舜徽也认为应从汉注入手，而后唐疏、清新疏。他说：

> 参考旧的解释，首先必须钻研汉注。看注尚不能透彻时，再求之唐人的疏，注疏都不能弄清楚时，再寻究清人新疏。④

---

① 朱熹：《朱子语类》卷一三五，雍正三年刊本。

② 阮元：《经室三集》卷七，道光三年文选楼刊本。

③ 《经籍籑诂》钱大昕序，中华书局1982年影印本。

④ 张舜徽：《中国古代史籍校读法》，中华书局本1962年，第54页。

张氏之说从愈接近古代的解释愈能得其真意来说不无道理，但既然求之汉注、唐疏不得解而终将寻究清人新疏，似未免曲折迂回。若为初学入门仍以从近及远，由浅入深为宜。那么，何不即从新疏入手，因为一则清代学者善于总括前人成果，注释也较谨严；再则清代与今人相距近则阶梯易于攀登；三则清代学者的注释方面广和类型多，尤便于寻究。有此数善，从清人新疏入手又有何不可？

当然，我们对近现代的传注也应给以应有的重视，尤其是一些汇注更为整理古籍提供了有利条件。如《三国志》虽已有著名的裴注，但近人卢弼却遍搜前此诸家注释，考证抉择，撰作《三国志集解》一书，成为至今最详尽的汇注本。

三是无论旧注新疏由于整理者水平之不同，不可能全部符合需要从而解决问题，而间有难通的地方，这就需要自己动手运用辞书和其他参考书，把难懂的地方注明，把不足的地方补充。前人有许多注疏往往都是在自己动手作注的情况下完成的。由于参考书多，也就使干枯内容通过注而生动起来，如《水经》原来是记全国大小水道 137 条，比较死板枯燥，但经郦道元参考多籍，将各水道的变迁、流经地区的城邑建筑、山川名胜和沿革等一一注明，某些地方甚至加以形象描绘，使注大大超过原作价值，甚至把注视作另一种新的著作。有些人读了多种不同的注疏，便费力把它们搜集起来汇编在一起成为补注或汇注，颇便于翻查。当然，我们利用原有注疏在尊重、使用和增补的同时，还要具备抉择、纠谬的能力。有些旧注可能失误那就要纠正，有些由于刊刻而使正文降为小注或小注溷入正文，也应辨识。俞樾的《古书疑义举例》中有多则论及注与正文关系，可参读。有些史书中有作者自注即入正文的，如司马迁行文多有此例，《史记·李将军列传》有句说，“士卒亦多乐从李广而苦程不识。程不识，孝景时以数直谏为太中大夫。为人廉，谨于文法”，后“程不识”下面的一段文字应是自注缀连本文。

五

为便于了解传注，介绍数种如次：

（1）《春秋左氏传旧注疏证》，清人刘文淇与子毓崧、孙寿曾相继纂辑的未完稿，止于鲁襄公五年。刘氏世代攻研《左传》，颇有造诣，因感汉注亡佚，于是以数世之功搜求汉儒贾逵、服虔、郑玄等人旧注为据，又博采先秦至唐典籍及清人研究成果撰写疏证，凡《左传》中典制、名物、天文、地理、鸟兽、虫鱼均加注释。稿虽不全，但它不仅是研究《左传》的重要参考书，也可见旧注新疏的面貌。

（2）《三国志注》，刘宋裴松之撰。本书与《史记》、《汉书》注不同，重点在补充史料。据《廿二史考异》载其引书 140 余种，而《廿二史劄记》则作 150 余种，实际已在 200 种以上。裴注主要是对原书进行了补其缺漏、条其异同、正其谬误与论其得失。注文远超过本书，所引诸书今多不存，对保存史料，颇有价值。

清代学者又有大量的补注工作，分量最大者为赵一清《三国志注补》65 卷，他如梁章钜《三国志旁证》、潘眉《三国志考证》和杭世骏《三国志补注》等，而近人卢弼的《三国志集解》搜集考证材料甚丰，是现有最详尽的注本。

（3）胡注《资治通鉴》，宋元间人胡三省尽卅年之力，为我国编年史《资治通鉴》作注。胡氏凡遇原书一难字即注音义，取宏用精，对《通鉴》进行补充、纠正和考证，并指明本书互见处，所引资料皆注出处。胡注在前四史旧注不尽可采而晋后诸史又均无注的情况下，隐居著述，成此巨著，实为难得。它不仅对《通鉴》本书有助，而且对研究晋宋以来诸史也有很多启发。尤可贵者，胡三省不仅注事，并借此发挥思想、抉摘隐微，陈垣先生特撰《通鉴胡注表微》以彰其事。

各种注释性著作为数尚多，此仅举以上二三例以作说明，并供希望了解和利用传注者参读和翻检。

第九章　论“十三经”

“十三经”是我国儒家奉为经典的十二部古书的总称。这些古书是：《周易》、《尚书》、《诗经》、《周礼》、《仪礼》、《礼记》、《春秋左传》、《春秋公羊传》、《春秋谷梁传》、《论语》、《孝经》、《尔雅》、《孟子》。其中《周礼》、《仪礼》、《礼记》又合称“三礼”，《左传》、《公羊传》、《谷梁传》、又合称“三传”。

从西汉武帝“废黜百家，独尊儒术”开始，崇奉孔子学说的儒家逐渐成为我国封建社会占统治地位的学派，它所推崇的古籍成为神圣的经典，以孔子为代表的儒家思想成为封建社会的正统思想。这样，“十三经”对中国的政治、文化学术、道德思想很自然地便产生了极为深远的影响。旧时代的文人学士，不论是为了仕途发展，还是致力于学术研究，都付出了大量的精力，去攻读儒家的经籍。周予同曾在皮锡瑞《经学历史》的序中说：“因经今文学的产生而后中国的社会哲学、政治哲学以明；因经古文学的产生而后中国的文字学、考古学以立；因宋学的产生而后中国的形而上学、伦理学以成。”那就是说，倘若对儒家的经籍没有一定的了解，对中国两千多年的经常兴衰演变茫然不知，更难以对中国的古典文学、古代史、哲学史、政治思想史、语言文字学、文献学、民俗学、伦理学等开展研究，也就难以对各学术领域的历史人物做出符合历史发展实际的评价。

皮锡瑞提及的“经今文学”，是指对今文经的研究宣扬。汉代人称当时使用的隶书为“今文”，称战国时六国通行的文字为“古文”。秦始皇焚书坑儒之后，汉人凭记忆口耳相传经书内容，并以隶书记录作为传本，称为“今文经”；后又在孔子住宅墙壁中发现《礼记》、《尚书》、《春秋》等用篆文书写的，称为“古文经”。于是形成今古文学派。“今文经”和“古文经”不但书写的字体不同，对当时传授的“六经”的解释上以及字句、篇章方面都有出入。现存的《十三经注疏》，多采用古文学派的说法。

“十三经”实际上是一个丛书名目，它所包含的十三部书早在先秦时期就有了，直到南宋时期才把它们组织在一起并冠以“十三经”的名称。“十三经”的十三部古书的顺序大体上是按时间先后排列的，最后一本是《孟子》。宋朝理学家朱熹说：“《论语》多门弟子所集，故言语时有长长短短不类处。《孟子》疑自著之书，故首尾文字一体，无些子瑕疵。不是自下手，安得如此好?”所以，《孟子》当是殿后之作。从《孟子》成书到《孟子》被列入经书行列，再到有“十三经”名称，大约经历了一千五六百年的时间。

儒家经书，最初只有“六经”之说。最早提及“六经”这一名称的是战国时期的《庄子》。不过，那时说的“经”不是指经典，《庄子·天道篇》记述孔子请老聃帮忙将经书藏于周室，而老聃不许，于是孔子对“六经”作了一番解释。《庄子·天运篇》中即引述了孔子给老聃所讲的具体内容说，“丘（孔子自称）治《诗》、《书》、《礼》、《乐》、《易》、《春秋》六经，自以为久矣，熟知其故矣”，明确地提及“六经”。“六经”在汉以后也称“六艺”。早在贾谊的《新书·六术篇》中就有“《诗》、《书》、《易》、《春秋》、《礼》、《乐》六者之术，谓之六艺”。西汉末，刘歆撰写《七略》，其中“六艺略”即指“六经”。所谓“六经”，西汉实际上只有五经，缺《乐经》。当时今文家认为《乐》本无经；古文家说有《乐经》，秦焚书后亡。汉时不存《乐经》，所以汉武帝时设有《易》、《书》、《诗》、《礼》、《春秋》五经博士（传授经书的教授官），而无

《乐经》博士。

“五经”之外，还有“三经”之说，但提出“三经”是西汉以后的事，更不是《庄子》提及“六经”之前的说法；且各家所指的“三经”也多不同，如颜师古为《汉书·五行志》作注，认为“三经”指《易》、《诗》、《春秋》，王安石的《三经新义》是指《书》、《诗》、《周礼》，而《宋史·艺文志》著录的刘元刚《三经演义》则指《孝经》、《论语》、《孟子》：所以不能将“三经”视为“十三经”发展的基点。

由于汉王朝“独尊儒术”和提倡“以孝治天下”，所以将《孝经》、《论语》列入经书，在“五经”的基础上发展为“七经”。但“七经”所指的书目，也有不同。如东汉的“一字石经”是以《易》、《诗》、《书》、《仪礼》、《春秋》、《公羊传》、《论语》为“七经”而没有《孝经》。

唐代初年，“三礼”之学受到重视，不仅太宗时魏征撰《类礼》，高宗时贾公彦撰《周礼》、《礼记》二经注疏，而且将《周礼》、《仪礼》、《礼记》全列入经书，形成“九经”，并以“九经”取士。唐代科举取士，明经科三场考试，先试“贴经”，再“口试”大义，再次才是“答策”，这样就引起学子们对经书的重视。“九经”经文于唐文宗开成二年刻成，并立石经于都城长安国子监，称为“开成石经”。唐代的“九经”包括《易》、《书》、《诗》、“三礼”、“三传”。这里还应注意两个问题：一是“开成石经”于“九经”之外，还刻有《孝经》、《论语》、《尔雅》，所以后代也有称之为“十二经”的。二是后世提及的“九经”，在书目上多有变动，如宋刻“九经”白文是《易》、《书》、《诗》、《左传》、“三礼”及《论语》、《孟子》；而清刻《篆字九经》则包含《大学》、《中庸》、《论语》、《孟子》而没有《礼记》，没有“三传”而有《春秋》。

五代时，蜀主孟昶时刻有“蜀石经”，共十一经。这“十一经”是，《易》、《书》、《诗》、“三礼”、“三传”和《论语》、《孟子》。

“十一经”是由“九经”发展到“十三经”的一个重要环节，值得注意的是，此时正式将《孟子》列入经书行列。在“十一经”之外再加上《孝经》和《尔雅》，便合成为“十三经”。

现在“十三经”通行的版本是中华书局影印并附有校勘记的《十三经注疏》，分上、下两册。南宋以前，经文与注疏是分别单行的，到南宋光宗绍熙年间才有合刊本。明嘉靖、万历间都曾刊行。清乾隆初有武英殿本，简称“殿本”（因刻印书籍的机构设在武英殿而得名），是官刻本；后在阮元主持下，根据宋本校勘后重刻。中华书局影印本就是据原世界书局阮刻缩印本影印的，影印前，“改正文字讹脱及剪贴错误三百余处”。现将“十三经”各部经书的注疏者分列于后：

《周易》魏王弼、晋韩康伯注　唐孔颖达等正义

《尚书》汉孔安国传（伪）　唐孔颖达等正义

《诗经》汉毛亨传　汉郑玄笺　唐贾公彦疏

《周礼》汉郑玄注　唐贾公彦疏

《仪礼》汉郑玄注　唐贾公彦疏

《礼记》汉郑玄注　唐孔颖达等正义

《春秋左传》晋杜预注　唐孔颖达等正义

《春秋公羊传》汉何休注　唐徐彦疏

《春秋谷梁传》晋范宁注　唐杨士勋疏

《论语》魏何晏等注　宋邢昺疏

《孝经》唐玄宗注　宋邢昺疏

《尔雅》晋郭璞注　宋邢昺疏

《孟子》汉赵岐注　宋孙奭疏

上述注疏，涉及注、正义、疏、传、笺等名称，笼统地看，这些不同名称反映的意义是一样的，都是注释的意思；但古代所以采用不同的名称，是因各名称还有其特定的含义。如：

注，就是注释、注解，用文字对古书中难解的字句加以解释。

正义，这是注释经史的另一种方式，唐代开始用正义作书名，表明是对原文作了正确的阐明。

疏，是比注更详细的注解，包括对原文的注释和对前人注的注解。疏，单独作为注释名称最初出现于唐代，魏晋时有义疏。

传，含有传述意，是阐明经义的传释方式。

笺，这种注释方式含有对前人注解订正、发挥、补充的意义。

“十三经”是部大丛书，有147560字，内容涉及哲学、政治学、史学、文学、文字学、伦理学等学术领域，再加上浩如烟海的注疏文字，绝不是短期能读完的，而且每个人的情况不同，对“十三经”未必需要全读，读时应有选择。这就有必要对“十三经”的每部书的概况有所了解。

《周易》：“十三经”首列《周易》，这是承续了汉代“六经”以《易》为首的传统。《周易》又称《易经》，简称《易》。郑玄讲“《易》一名而含三义”：“易简”（执简驭繁）、“变易”（穷究事物变化）、“不易”（永恒不变）。一说周代人所作，故名《周易》。原本是部占筮书，用以卜测社会和自然的吉凶变化；从其内容的哲理性以及所记载史料的重要性看，实际上是部很重要的哲学、历史著作。

《周易》由“经”、“传”两部分组成。“经”最早可能萌芽于殷周之际，经长期积累而成，其作者认为阴阳相互作用是产生万物和事物变化的根源，所以最基本的符号是“--”（阴）“—”（阳）。由阴阳符号三画重叠，组成八卦（☰乾、☷坤、☳震、☴巽、☵坎、☲离、☶艮、☱兑）。八卦相叠构成六十四卦。每卦有卦辞；每卦又有六爻（yáo），每爻有爻辞。卦辞与爻辞合为经文。“传”，也称“易传”，是战国时期至秦汉之际儒家对《周易》经文的解释，有十篇，又称“十翼”。这十篇传是：彖（tuàn）上下、象上下、文言、系辞上下、说卦、序卦、杂卦。其中，“文言”是对乾坤两卦的解释，不是指与白话相对的文言。

《尚书》：单称《书》，又称《书经》；西汉时才称为《尚书》。“尚”即上，《尚书》即古之书。这是我国现存最早的一部史书，是起于上古唐尧、终于春秋初世的上古历史文件的汇编。由于儒家尊崇唐尧、虞舜、夏禹、商汤、周文王“二帝三王”之道，且相传为孔子所编选，遂被作为儒家经典。《尚书》有“今文尚书”与“古文尚书”之分。西汉时，用当时通行文字隶书书写的28篇称“今文尚书”，另外相传汉武帝时在孔家旧宅壁中发现了用六国文字书写的《尚书》，称为“古文尚书”（已佚）。

《尚书》是部最早的史书，其中有些誓词、文告、记述性文字很有文学性，所以也被视作我国古代“散文的开端”。

《诗经》：先秦时单称《诗》，是我国最早的诗歌总集；后来成为儒家的经典。《诗经》于春秋时编成，有诗305篇，另有6篇有目无诗，是西周初至春秋中叶的作品。诗分风、小雅、大雅、颂四部分。风有十五国风，大部分是各国的民间诗歌，有160篇；小雅、大雅合称“二雅”，是西周京城附近一带的乐歌，有105篇；颂有周颂、鲁颂、商颂，合称“三颂”，有40篇，多是祭祀时的乐歌，也有部分舞蹈歌曲。讲到《诗经》，常提到“六义”这一词语。“六义”也称“六诗”，指的是风雅颂、赋比兴。风雅颂，是从音乐角度区分诗歌的类别的；赋比兴，是指诗作的写作手法。赋是直接陈述，比是譬喻，兴是寄托。但不能看死，并不是一首诗就是一种写作手法，有的诗是兼采几种方法的。

西汉初，传授《诗经》的有鲁（鲁人申培公）、齐（齐人辕固生）、韩（燕人韩婴）三家，他们所传的诗称为《鲁诗》、《齐诗》、《韩诗》，合称“三家诗”。三家诗是今文诗学，魏晋以后逐渐亡佚，直到清代，佚文才大致搜集起来。“十三经”中所收的《毛诗》，是稍后于三家的鲁人毛亨所传。我们现在所说的《诗经》就是毛氏所传的，所以《十三经注疏》的标目就是《毛诗正义》。《毛诗》是古文诗学。

《周礼》：原名《周官》，王莽时因刘歆奏请将“周礼”列于经，始有《周礼》之名，又称《周官经》。《周礼》按天地、春夏秋冬四时设《天官冢宰》、《地官司徒》、《春官宗伯》、《夏官司马》、《秋官司寇》、《冬官司空》六篇，内容是周王室的官制以及战国时各国的制度，也掺入了作者的政治理想。据说，王莽改制、王安石变法、宇文泰改官制等都受到了《周礼》的影响。经近人考证，认为《周礼》是战国时代的作品。其中《冬官司空》早已亡佚；汉时补入《考工记》，这是春秋末齐国人记录的手工业技术著作。《周礼》成书晚于《仪礼》，因汉代经学集大成者郑玄尊崇《周礼》，而后世经学家又特尊崇郑玄，所以“十三经”仍将《周礼》置为“三礼”之首。

《仪礼》：原名《礼》，亦称《礼经》，因首篇为《士冠礼》，汉时也称《士礼》，到晋代才称《仪礼》。是古代有关冠礼（祝贺成年的礼节）、婚礼、丧礼、祭礼、饮酒礼、乡射礼（射箭比赛礼仪）、宴礼、朝聘礼（诸侯朝见天子，国君派使臣到别国聘问的礼节）等礼仪要求、程序的汇编，共 17 篇。经近人考证，认为《仪礼》成书当在战国初至中叶间。

《礼记》：是一部对秦汉以前各种礼仪解释、补充的论述选集，本为西汉礼学家传授《仪礼》时选辑的辅助材料，所以原本是“记”，不是经书。这是一部研究我国古代社会、了解儒家思想以及古代文物制度的重要参考书，共有 49 篇。从汉末开始，《礼记》就受到历代封建王朝的重视，其影响后来反在《仪礼》之上。其中像《礼运》、《大学》、《中庸》诸篇是很重要的哲学论著；《学记》是研究古代教育不能不读的著作；《乐记》是我国较早的音乐论著，论及音乐的本源、美感、社会作用以及音乐与礼的关系等。

《礼记》相传为汉时戴圣所辑编。东汉时，还同时流传着一部由戴德辑的 85 篇《礼记》本（今只存 39 篇），因戴德是戴圣的叔父，从辈分上相区别，戴圣本便称为《小戴礼记》或《小戴记》，戴德本称为《大戴礼记》或《大戴记》。二本又合称《戴记》。

《春秋左传》、《春秋公羊传》、《春秋谷梁传》：古代学者认为这“三传”都是解《春秋》经的“传”。近人研究认为《春秋左传》是部独立的著作，并不是传《春秋》的。《春秋》是“六经”之一，但自从“三传”列入经书之后，“九经”、十一经”、“十三经”就不再单列《春秋》了，因“三传”都是与《春秋》合刊的。《春秋》是部编年体史书，一说是孔子根据鲁国史书修订而成，所记史实，始于鲁隐公元年，止于鲁哀公十四年，不仅记有鲁国这期间的政治活动、婚丧祭祀以及日蚀、水旱等自然现象，还记有其他各国的大势演变情况。这部记载 242 年涉及春秋各国的史书，只有 1.7 万字。由于文字过于简洁，加之认为孔子修《春秋》字字寓褒贬，于是后世学者便对《春秋》作解释、补充史实、阐发其“微言大义”。这样给《春秋》作传的便有不少，《汉书·艺文志》著录 5 种，但存书传于世并列入经书的只有这“三传”。

《春秋左传》，亦称《左传春秋》，简称《左传》。旧说作者是左丘明，现代学者认为是战国初年编成的。《左传》叙事从鲁隐公元年至鲁悼公，比《春秋》所记的下限要长，长出的这部分称之为“无经之传”。《左传》与其他二传相比较，其主要特点是：着重于叙史事，而不是发明经义的“微言大义”。所以，既有“无经之传”，也有与《春秋》经文相矛盾的传文。另外，《左传》的文字简练而富于文彩，记事委曲详明，从动作和内心活动把人物刻画得栩栩如生，不少传文是很有魅力的历史散文。就史学和文学价值而言，《左传》不是《公羊传》、《谷梁传》二传可比的。

《春秋公羊传》，简称《公羊传》，相传战国齐人公羊高传，原为口耳相传，到汉景帝时才成书。与《左传》相较，其特点在于逐字逐句解释《春秋》，着眼于阐述“微言大义”。它的史料价值不高，其作用在于帮助读者了解《春秋》字义、了解先秦时期的礼仪制度等。

《春秋谷梁传》，简称《谷梁传》，相传战国时谷梁赤所传，原也是口耳相传，到西汉时期著成书。与《公羊传》相似，不注重从史实方面解说，补充《春秋》，而在于阐发其“微言大义”。其价值主要在帮助读者了解《春秋》经文字义和儒家思想。

《论语》，东汉时列入“七经”，唐时刻入“开成石经”，是儒家重要的经典，也是我们研究经学、哲学、教育学、伦理学、文学必读的古籍。《论语》产生于春秋末战国初，是孔子的弟子和再传弟子编著的，主要是孔子言行的记录。书名是一开始就有的。

在汉代，《论语》亦有古、今文之分。今文本有《鲁论》（相传鲁人所传）和《齐论》（相传齐人所传）。前者 20 篇，篇次与现在通行本相同；后者 22 篇，较《鲁论》多《问王》、《知道》两篇。西汉末，安昌侯张禹把鲁、齐二本融合为一而编定，称为《张侯论》。古文本的称《古论》，相传是汉景帝时于孔子旧宅墙壁发现，有 20 篇。现在通行的本子，基本上是《张侯论》。全书 20 篇，每篇都是从篇头一两句中摘取两三字命名，如第一篇是《学而》，就是从本篇第一句“子曰：学而时习之，不亦说乎”中摘取的。《论语》的内容丰富，思想深刻，而言词简略，有的词又较含混，加之不同历史时期不同人物根据他们不同需要或不同理解，对《论语》的解析、评价，颇不一致，甚至南辕北辙，各执一端，所以在读《论语》参阅各家之说时，应注意那些断章取义、曲解、随意引申的毛病。

《孝经》，作者不详。旧说孔子所作，或说曾子所作，均不足信。近人研究，成书当在公元前三世纪或公元前二百三十年左右，为孔子后学所作。古文本相传为西汉经学家孔安国所注，分 18 章。唐开元年间，玄宗命诸儒汇集六家说为注，于天宝二年注成并刻石立于太学，《十三经注疏》采用的就是这一注本。

《孝经》宣扬封建孝道，论述以孝治天下，认为孝是“德之本”，孝是天经地义的事，《孝经》分置 18 章，但在“十三经”中是文字最少的一部，仅1799字。东汉时列为“七经”之一，虽然后来的“九经”、“十一部”未列《孝经》，但一直受到儒家和历代封建统治者的重视，最后终于归入“十三经”，从此确定了它的经书地位。

《尔雅》：在“十三经”中，这是一部特殊的著作。作为一本专门解释词义的工具书性质的著作，竟被儒家视作经典，这是很有意思的。《尔雅》是我国最早的一部大致按词义系统和事物分类编纂的词典。所以命名“尔雅”，是表明这部书是以雅正之解，释古语词、方言词，使之近于规范。现在通行的本子有19篇，其中《释诂》、《释言》、《释训》三篇是解释一般词语的，属普通词典性质；其余《释亲》、《释宫》、《释器》、《释鸟》、《释兽》等16篇是解各类名物的，具有小百科词典性质。它大体成书于战国末年，是当时一些儒生汇集各种古籍词语训释资料编辑而成，后又经汉代人的陆续增补，才成为现在所见到的《尔雅》，共13113字。

编纂《尔雅》，目的是为了帮助人们阅读包括儒家经书在内的古书、辨识名物。汉武帝“独尊儒术”并立“五经”博士后，从中央到郡县甚至乡聚，广设学校，读经成了当时读书人实现理想、追求利禄的重要途径，《尔雅》便成了儒生们重要的工具书。后来，儒家索性把这部帮助阅读经书的工具书也列为经书了。

《孟子》在西汉时就受到了重视，文帝时置博士，作为经书的辅翼传授，但却是列入“十三经”的最后一部。《孟子》现存7篇，每篇又分上下两篇。篇名是从篇开头的文句中选择几字命名的，如第一篇是《梁惠王章句》，其中“梁惠王”三字就是从本篇第一句“孟子见梁惠王”中摘取的（至于“章句”二字，则是汉代经学家、训诂家用以表示分析古书的章节句读之意的）。《孟子》是孟轲因主张不见用，退而与万章等弟子所撰。内容涉及对人性、政治、教育、修养、处世等方面的论述，主张法先王、行仁政，认为只有仁政才能使“天下之人皆归之”，并提出“民贵君轻”说。《孟子》的思想以及其气势磅礴、感情充沛、善于比喻、长于辩论的文风，对后世的散文家诸如韩愈、苏轼等影响都很大。

这十三部书，在长期封建社会中成为知识分子主要攻读的儒家经典著作，而“十三经”也被作为儒家十三部代表性著作的统称了。

第十章　论“二十四史”

一

“一部十七史，从何说起?”这是宋朝名臣文天祥被俘后答复元朝孛罗丞相劝降时的反问。“十七史”是指从古至宋以前相连接的十七部史书。文天祥认为，十七史中所记载千百年兴亡浮沉的是是非非不是三言两语说得清的。他这句话不但巧妙地回避了正面回答，而且嘲讽了元朝的胜利也只不过是一种改朝换代，没有什么值得论说的，表示他轻蔑对方的态度。文天祥所说的十七史是宋朝人对以往十七部连贯性史书的统称。宋朝以后，元明清三朝又按照新朝修旧朝史的惯例，编修了自宋至明的史书，清朝又辑录了《旧五代史》和增收了《旧唐书》而合为二十四部，被人统称为二十四史，一称正史。

“二十四史”包含着从《史记》到《明史》的二十四部史书。二十四史在清乾隆四十年以后被正式定名为“正史”。从此，“二十四史”与“正史”成为同义语词了。但“正史”一词却在此以前就已使用。

最早使用“正史”一词的是梁阮孝绪的《正史削繁》94卷，此书虽佚，但见于《隋书·经籍志》著录。唐朝初年编修《隋书·

经籍志》，开始在史部设正史类，把《史记》、《汉书》这类体例写成的纪传体史书列入这一类。但还没有确定一代仅一史的限制。基本上依体裁划分，只是一种图书分类，而不包含固定某史为正史之意；不过，从《隋志》著录情况看，已略含正统意味，如田融所撰《赵书》十卷是纪传体，但因赵非正统，遂不入正史而屏归霸史类。

唐初修《晋书》，由于唐太宗参加过《宣帝纪论》、《武帝纪论》、《陆机传论》和《王羲之传论》的历史人物评论工作，于是《晋书》便居18家晋书之首，地位显然高于他籍，开后世于多本中选取一种作一朝史书代表的风气，使正史代表正统的含义进一步发展。但是，刘知几的《史通》中仍以正史与杂述并举。他所谓的"正史"是指能记录一朝大典的史籍，而以正杂对称，足见正史地位还不是非常尊崇的。

《宋志》沿《隋志》旧例，列正史类于史部之首，并由政府陆续雕版，刊印了正史十七种。

清初修订明《艺文志》的正史类包括纪传和编年二体，打破了历来以纪传体为正史的惯例，同时也证明清初修明史时，正史类尚能随意变更所包含的内容。

清修《四库全书总目》不仅定二十四部纪传体史书为正史，而且还明确规定了正史的神圣地位。它在正史类的小序中说：

> 正史之名，见于《隋志》。至宋而定著十有七。明刊监版，合宋辽金元四史为二十有一。皇上钦定《明史》，又诏增《旧唐书》为二十有三。近蒐罗四库，薛居正《旧五代史》得裒集成编，钦禀睿裁，与欧阳修书并列，共为二十有四。今并从官本校录，凡未经宸断者，则悉不滥登。盖正史体尊，义与经配，非悬诸令典，莫敢私增，所由与稗官野记异也。

从此，正史之名始具特定含义，它既有代表正统政权的意味，又有国定一史的含义。那么，正史究竟为什么如此受到重视？因为它确有超越其他史书的优点，也可以说，正史具有自己的特点。

其一，正史记载的对象是历史上的主要朝代。这些朝代大多是被认为正统的政权，相沿具有高于其他史书的地位。

其二，正史主要采用纪传体的编撰方式。纪传体有纪、传、志、表各种形式，便于表达内容。它记载范围较广，涉及到政治、经济、社会、文化各个方面，搜集资料也比较丰富，是极便于参考的资料宝库之一。

其三，正史包括从黄帝起到明末止的漫长历程，彼此只有重叠而无间断，上下年代相接，贯通一气，使人从这套书中可以看出古今贯通的中国历史概貌。

有了这三个特点，自然超越其他同时代的同类著述而居于首位了。

正史的编纂者大致可分官修与私纂两种不同情况。司马迁撰《史记》是私撰的一家之言。两《汉书》和《三国志》是经过官方同意由私人撰写的。从隋朝文帝开皇十三年（593 年）正式明令禁止私撰国史和不准民间评论人物，又加以唐太宗李世民插手《晋书》而题署御撰以后，一代之史的编修工作便成为“人君观史，宰相监修”的官修制度。这种官修史书一般都是后朝为前朝修史。

正史的体制比较完备，以《史记》为例，有十二本纪，写帝王事迹，起大事记的作用；十表，排列错综复杂的史事；八书，记典章制度；三十世家，讲诸侯封国；七十列传，即人物传记。全书 130 篇，用 5 种不同体裁，纵横交错地反映了历史，为后世纪传体史书创立了典型。后来各朝史书也有某些变更。如书改称志，表不仅用于记事。也有些体裁不全备的，如《三国志》、《梁书》、《陈书》、《后周书》、《北齐书》、《南史》和《北史》等 7 部史书都没有志书；《后汉书》本无表，南宋初熊方曾编过《补后汉书年表》10 卷，有一种计算，把熊表计入二十四史的总卷数中。从《三国志》

起到《旧唐书》、《旧五代史》各史都没有表。梁、陈、齐、周各史虽无志，但四朝典制内容都写入《隋书》志中，而有五代史志之称①。

二

定二十四史为“正史”是清乾隆四十年（1775年）以后的事。这二十四部史籍并不是一次汇集，而是随着历史的发展，逐渐增益形成的。

正史最早的合称是“三史”，始见于《三国志·吴书》卷九《吕蒙传》裴注引《江表传》中记孙权劝蒋钦、吕蒙二人读书时所说：

> （孤）至统事以来，省三史、诸家兵书，自以为大有所益。如卿二人，意性朗悟，学必得之。……宜急读《孙子》、《六韬》、《左传》、《国语》及三史。

又《蜀书》卷十二《孟光传》中也说：

> （光）博物识古，无书不览，尤锐意三史。

《隋志》也著录有吴张温所撰《三史略》二十九卷。

此“三史”究指哪三种史籍？

① 此五代指梁、陈、齐、周、隋，惯称前五代，以别于梁、唐、晋、汉、周的后五代。

清人王应奎在《柳南续笔》卷四“三史”条中对《史记》、《汉书》以外的一史未加肯定而作疑似之词说：“马、班而外，其为东观纪欤？抑为袁宏纪欤？谢承书欤？不得而知也。”而王鸣盛的《十七史商榷》卷四二“三史”条则明确指出说：

三史似指战国策、史记、汉书。

这从孙权所说“《左传》、《国语》及三史”一语看，《战国策》似乎会单独标出，而不会包括在“三史”之内。如按时代顺序看，孙权所说的“三史”当指《史记》、《汉书》与《东观汉纪》而言。

《晋书》卷六一《刘耽传》所说：“博学、明习诗礼三史”，《北史》卷三四《刘延明传》所说：“延明以三史文繁，著《略记》百三十篇八十四卷”，应皆指《史记》、《汉书》及《东观汉纪》。这是魏晋南北朝以前所谓的“三史”。

唐宋以后所谓的“五经三史”中的“三史”，据王鸣盛《十七史商榷》卷四二“三史”条说，“专指马、班、范矣”，乃以范晔《后汉书》易《东观汉纪》，因唐以后《东观汉纪》已失传。

“三史”之后有“四史”之说起于唐，但说法有二：

其一，《隋志》正史类小序特标举《史记》、《汉书》、《东观汉纪》及《三国志》为“四史”。

其二，《新唐书·选举志》记唐朝考史科目有《史记》、前后《汉书》、《三国志》，与现称的“四史”正相合。

继之而有“八史”之名，曾用于道光初日人所编的《八史经籍志》。所谓“八史”指所收录的是汉、隋、唐、宋、辽、金、元、明等八个朝代的经籍志或艺文志等。

“九史”见用于清人汪辉祖所撰的《九史同姓名略》。它指新旧唐书、新旧五代史及宋、辽、金、元、明史。

“十史”之名始见于《宋史·艺文志》子类类事类著录的《十

史事语》十卷、《十史事类》十二卷及李安上撰《十史类要》十卷等，各书均佚。此“十史”当指三国、晋、宋、齐、梁、陈、北齐、北周、北魏和隋等10部史书。

“十三史”之名始用于唐，《宋史·艺文志》的集类文史类中著录有吴武陵撰《十三代史驳议》十二卷；史类目录类著录有宗谏注《十三代史目》十卷及商（殷）仲茂的《十三代史目》一卷，史钞类著录有《十三代史选》五十卷。诸书均佚，唐所谓“十三史”似即指《旧唐志》正史类按语中所述《史记》、《汉书》、《后汉书》、《三国志》（《旧唐志》著录《魏国志》等三家）、《晋书》、《宋书》、《齐书》、《梁书》、《陈书》、《北魏书》、《北齐书》、《北周书》及《隋书》等13部。

“十七史”之名定于北宋，宋以前正史无刻本，仁宗天圣二年（1024年）出禁中所藏《隋书》付崇文院刊行。嘉祐六年（1061年）并梁、陈等史也次第校刻，前后垂四十年①。它所谓“十七史”指《史记》、《汉书》、《后汉书》、《三国志》、《晋书》、《宋书》、《南齐书》、《梁书》、《陈书》、《魏书》、《北齐书》、《后周书》、《隋书》、《南史》、《北史》、《新唐书》和《新五代史记》等17种史籍。《宋志》史类史钞类即著录南宋人所撰《名贤十七史确论》一〇四卷。子类类事类即著录《王先生十七史蒙求》十六卷。“十七史”之名，南宋时已颇流行，后世多沿用“十七史”之名，如元胡一桂撰《十七史纂古今通要》十七卷。清人王鸣盛《十七史商榷》一书为清代史学名著。清初汲古阁曾合刻“十七史”，成为当时通行的正史合刻本。

元人在十七史外加上《宋史》称“十八史”，元人曾选之有《十八史略》之作，明人梁孟寅在明撰《元史》完成后，即因《十八史略》而成《十九史略》。《明史·艺文志》还著录有安都所撰的

① 王鸣盛：《十七史商榷》卷九九。

《十九史节定》一七〇卷。

“二十一史”始于明。嘉靖初，南京国子监祭酒张邦奇等请校刻史书，世宗命将监中十七史旧版考对修补，取广东宋史版付监，辽、金二史原无版者，购求善本刻行以成全史。嘉靖十一年（1532年）七月成二十一史南监合刻本。万历二十四年（1596年）北监又刻二十一史，三十四年（1606年）竣工。“其版视南稍工……然校勘不精，讹舛弥甚，且有不知而妄改者”①。所谓“二十一史”就是十七史加宋、辽、金、元四史。“二十一史”之名，清代乾嘉时尚沿用。王昶在《示长沙弟子唐业敬》中说：

> 史学当取二十一史及明史、刘昫《旧唐书》、薛居正《五代史》，以次浏览。②

王昶所言，实已指“二十四史”，但仍用“二十一史”之名，可见其已为固定名词，另一位学者沈炳震就以此为名撰著了《二十一史四谱》。乾隆十一年（1746年）还刻行了《二十一史》合刻正史共2781卷，分装65函。

乾隆四年（1780年）明史修成后，合前原有的“二十一史”而有“二十二史”的合称，乾隆十二年（1747年）诏书中正式用“二十二史”名称，清代虽有两部史学名著用“二十二史”之名，但与清官方所指不尽相同：钱大昕的《廿二史考异》系二十一史加《旧唐书》；赵翼的《廿二史劄记》则于清代官称的二十二史之外又包括《旧唐书》和《旧五代史》（各与新书合为一史，仍是二十二史之数），实际上已是二十四史了。

清乾隆十二年至四十年（1775年）间曾有“二十三史”之名，

---

① 顾炎武：《日知录》卷十八《监本二十一史》，同治八年述古堂刻本。

② 王昶：《春融堂集》篇六八，嘉庆十二年塾南书舍刊本。

即于二十二史之外复加《旧唐书》，但“二十三史”之称并未流行。

“二十四史”几乎已成为正史的同书异名。它是乾隆四十年从《永乐大典》中辑出《旧五代史》，并由武英殿合二十三史刻行后的定称。不久，《四库提要》又明确规定此二十四部史籍为正史。从此以后，不经统治者批准，不得增列正史。正史——“二十四史”的尊崇地位至此底定。

民国初年，柯绍忞撰成《新元史》，北洋政府大总统徐世昌明令列入正史，遂有“二十五史”之称，后来《清史稿》撰成，也有并称为“二十六史”的。

三

《二十四史》共有 3259 卷（包含子卷和《后汉书》年表卷数），如再计入《旧五代史》、《新五代史》和《明史》的目录卷数，则总卷数当为 3266 卷，总字数达 2700 余万字。卷数最多的是《宋史》，有 496 卷；其次是《明史》，有 336 卷（含目录 4 卷）；最少的是《陈书》，只有 36 卷。

《二十四史》中各史包含时间最长的是《史记》，上起黄帝，下止汉武，大约有 3000 多年。《二十四史》中除《史记》和《南史》、《北史》是通史外，其他都是断代史。

《二十四史》中各史间只有重复，没有脱节。它有两种重复，一是人物的重复，如曹操在《后汉书》、《三国志》和《晋书》中都有记及，至于宋、齐、梁、陈各书与《南史》间，北魏、北齐、北周各书与《北史》间，所记人物的重复更多。二是时代的交叉重复，如《史记》与《汉书》间，《后汉书》与《三国志》间多有交叉。

《二十四史》的排列次序，历来曾有不同，如《隋志》按朝代兴亡先后为序，自晋以后，排南朝至梁，然后排北朝的魏，又排南朝的陈，再排北朝的周，但《北齐书》未被排入。这是由于唐得政权于隋，隋得政权于北周，而北齐与唐无关联，所以不排入正史。

《旧唐书》采取先北后南，即晋、宋、北魏、北周、隋、南齐、梁、陈、北齐。这是由于唐是由北朝系统而来，所以尊北。至于最后到北齐则是由于唐未列《北齐书》于正史而系后补入的。宋以后的排列是先南后北，这是司马光在《通鉴》中的意见（《通鉴》卷六九）。因为宋是从南方政权接统而来的。这一顺序从此成为定局，再也没有更易。

《二十四史》各史并非都是原来的完本，如《汉志》即著录《史记》一书“十篇有录无书”。宋刻《十七史》时，《魏书》已与《北史》相乱，卷第殊舛，嘉祐五年刘邠等校订《魏书》时，亡佚不完者已无虑80卷，《北齐书》仅存17卷而以《北史》相补。清刻《二十四史》，《旧五代史》即系辑自《永乐大典》而非原本。

《二十四史》的版本，过去比较通行的基本上有两大系统。

其一是乾隆时官刻的武英殿本，简称殿本。它基本上采用明监本为底本，但质量不甚高，讹文误字、脱页错简、注文误入正文者颇多。如《史记》的《集解》与《正义》、《汉书》的颜注就有大量删节，少者几十字，多者近千字。清代还有某些窜改，如刻《旧五代史》便改动了指斥契丹部分的原文。乾隆四十六年（1781年）校正《元史》译名时，即在原版剜改，字数不合时，即草率剜去上下文，译名也不统一。不过，后出的如同文书局本、涵芬楼本、竹简斋本、开明本《二十五史》多据殿本。

其二是百衲本。它是在张元济主持下，由商务印书馆汇辑较早较好刊本，于1930年至1937年间陆续印行的合刊本。其中有《史记》等宋刻15种；《隋书》等元刻6种；明刻除《元史》外，《旧五代史》的大典辑本也应是明本；《明史》则用清武英殿原刊本附入王颂蔚的《捃逸考证》。百衲本因底本刻行较早，错误较少，又未经窜改，所以被认为是佳刻善本，如它的《史记》注文就比殿本多百余条，增补了殿本《齐书》、《魏书》、《宋史》的缺页。殿本《元史》中的错简、缺文和窜改处也用洪武原刻来恢复原貌。但它影印时因底本模糊而间有描润致误处；又有首尾是原本，而中有自写和凑集的。不过，它仍然胜于殿本。

解放后，中华书局的标点本《二十四史》则是在前人成果基础上进行整理的佳本。其优点是：

其一，选好底本。如《史记》用金陵局张文虎校三家注本刊印。张校考核精审，标点本又校正张本的不妥处。《汉书》用王先谦的《补注》，汇集了唐以后有关著作补颜注，并论各本的得失。《三国志》是用百衲本、殿本、江南局本和活字印本四种互校，择善而从，并吸收清代各家校订。这种不拘一版，不迷信宋本，而从内容正确与否考虑是值得重视的一大优点。

其二，各史都加了标点分段，颇便阅读。对原本有错或应删字，不妄改而用圆括号小字标出，凡增添或改正的字则用方括号标明。这样既保留了原文，又指明了正字，符合校勘原则。对于人、地、书名都有标号。凡长篇文字，低格别起以醒眉目。注文用小字，易于观览。其体制可称完备。

其三，各史均有前言及校勘记，为学习和研究提供了方便。

因此，标点本《二十四史》及《清史稿》是目前最适用的一种较好印本。

四

《二十四史》数量如此多，内容如此广，跨度又如此长，研读它是有一定困难的。历来学者为此写过不同体裁的书来帮助人们阅读和学习。这种不同体裁的著述主要有注、补、表、谱和考证等五种。它们始于南北朝，兴于唐宋而大盛于清。

《隋志》小序中说：

> 《史记》、《汉书》，师法相传，并有解释。《三国志》及范晔《后汉》，虽有音注，既近世之作，并读之可知。梁时，明《汉书》有刘显、韦稜，陈时有姚察，隋代有包恺、萧该，并为名家。《史记》传者甚微。今依其世代，聚而编之，以备正史。

《四库提要》正史类小序也说：

> 其他训释音义者，如《史记索隐》之类；掇拾遗缺者，如《补后汉书年表》之类；辩证异同者，如《新唐书纠缪》之类；校正字句者，如《两汉刊误补遗》之类。若别为编次，寻检为繁，即各附本书，用资参证。

据此，则注、补、表、谱、考证之体起源甚早，而“以备正史”、“用资考证”正说明这类史籍对正史的辅助作用，所以清末张之洞撰《书目答问》特为之立一小类，附于正史类后，并注称：“此类各书为读正史之资粮。”现分述诸体如次：

【注】 即传注。传就是通过对原作《经》的解释以求传示后世，所以有经传之说。《左传》、《诗毛氏传》都有此意。注为注入己意，或称著，即说明之意。传、注本无区别，大抵汉以前多称传，汉以后多称注。《史记》的《索隐》、《正义》和《集解》被后世统称为“三家注”。《汉书》从东汉应劭、服虔的《音义》后，陆续有注家，唐颜师古总集南北朝时期二十余家注成《汉书注》，有

功于《汉书》，而清末王先谦的《汉书补注》则又为集唐以来六十余家注而成。《后汉书》始有梁刘昭注及唐李贤传注，清末王先谦复有《后汉书集解》之作，甚便读者。至于裴松之的《三国志注》尤著盛名，与《水经注》、《世说新语注》并称“名注”。裴注在陈志后180余年，史料比较集中，又经一定刷汰，条件较优。它的注法是条其异同，正其谬误，疏其详略，补其缺漏，引魏晋人著作达150余种，今多佚，故裴注颇为后世所重。近人吴士鉴作《晋书注》是《晋书》的注本。

注本还有音义（如萧该的《汉书音义》，有辑本）、汇注（如《史记汇注考证》）、笺释（如李笠的《汉书艺文志汇注笺释》）、校注（如王绍兰的《汉书地理志校注》）、合注（如王先谦的《新旧唐书合注》）、笺注（《如王忠的《唐书南诏传笺注》）、补注（如王先谦的《汉书补注》）、集解（如王先谦的《后汉书集解》）等不同的名称和体裁。

【补】 就是《四库提要》所说的掇拾遗阙。宋有钱文子的《补汉兵志》五卷。清代补缺之学甚盛，如侯康的《补三国艺文志》、钱大昕的《补元史艺文志》、郝懿行的《补宋书刑法志》等皆是。这种补体史稿大多自正史记传中及当时著述中辑出有关资料来补足正史所缺。它对了解某一历史时期的典制、艺文等都有裨益。

补体还有校补（如周寿昌的《汉书注校补》）、拾补（如姚振宗的《汉书艺文志拾补》）、拾遗（如钱大昕的《诸史拾遗》）、补脱（如卢文弨的《金史补脱》）、补正（如马君实的《晋书孙恩卢循传补正》）等名称。

【表】 表在《史记》、《汉书》中已有，但后起各史未能充分发挥其作用。后世学者多以此体整理正史史料以便省览，表渐成一独立体。如周嘉猷的《南北史表》中包括年表、帝王世系表、世系表等，洪饴孙的《史目表》合编了正史目录。他如齐召南的《历代帝王年表》也颇便翻查，而其中最负盛名的当推万斯同的《历代史表》五十九卷。这是一部很有用的读史工具书。《四库提要》称它是：

> 其书自正史本纪、志、传以外，参考《唐六典》、《通典》、《通志》、《通鉴》、《册府元龟》诸书以及各家杂史，次第汇载，使列朝掌故，端绪厘然，于史学殊为有助。

清初学者朱彝尊为此书所写序中说："揽万里于尺寸之内，罗百世于方册之间。"这一评论可称言简意赅。

【谱】　谱的作用与表相似，但又各得其用，表以系年月为多，谱以类事为主。清人周春的《代北姓谱》、《辽金元姓谱》是记北方少数民族姓氏的谱；沈炳震的《二十一史四谱》类编了纪元、封爵、宰执、谥法等四项典制内容；张穆的《顾亭林年谱》虽也以年月为序，而其宗旨却在布列谱主生平行事；《竹谱》、《兰谱》是名物谱；《锡山秦氏宗谱》则记家族宗脉支派。因此，谱之为体，在使同类事物，聚而布列，俾便检阅。

【考证】　史籍的考证包括对史籍本身和史籍内容。它既有独成专书的著作，也有散见笔记的杂考。其体宋代甚见发达，如洪迈的《容斋随笔》、王应麟的《汉书艺文志考证》等。清代尤盛，顾炎武的《日知录》开其端，钱大昕、赵翼、王鸣盛等继起，而钱大昕的《廿二史考异》更是考史名作。它对正史中的政治、经济、军事、历史、经学、法律、民族、音训、典制各方面的读书心得加以考证。钱大昕从中年开始著《考异》，70岁方完成，可称一生精力所注之作，他不仅利用正史本身，又参考了许多史籍，仅订正宋史时即引书达60余种。他后来写《诸史拾遗》时又增用了20余种。这是考证群史的。还有单考一史的，如梁玉绳的《史记志疑》、施国祁的《金源劄记》。也有考一事的，如杭世骏的《汉爵考》。这类著作是前人花费一定精力的成果，对读正史提供了便利，但大都只就个别文字、事实、名物、地理、典制进行整理、解释和订补。它可以起辅助读史的作用，将研究、著述工作置于坚实可靠的材料基础上，而不能以此代替史学，作为学术的极致。

开明书店《二十五史补编》收印这类著作264种。近人东君撰《二十四史注补表谱考证简目》（《古籍整理出版情况简报》）均便于查询。

五

《二十四史》是我国通贯古今的一套史书，也是传递我国传统文化的主要渠道之一，在世界史学史以至文化史上都居于当之无愧的领先地位。千百年来，我们的先人从中接受知识和吸取精神力量，我们的民族和国家以有这样大量丰功伟绩的明确记载而感到自豪，所以很有一加翻读的必要，但是，这样一部3000余卷、2700余万字的大书又从何读起呢？如果按日读一卷书计算，大约需要九年之功，这确是一个沉重的负担。其实，在读这样一部大书的时候也还有许多可以省力的地方。在《二十四史》中重点是前四史，这是应该比较详细地阅读的。前四史共445卷，如果每天读一卷，则一年半也可全毕。再者，《二十四史》中有些部分可以略读和缓读，如天文、五行等志比较偏于专史性质，需要具备一定专业知识，可置于缓读地位；年表、月表和地理、职官等志是备检索查考之用的，可作为略读以掌握其查阅方法。《二十四史》还有一些人物和时代相重复的部分，如《史记》和《汉书》间，两《汉书》间，《汉书》和《三国志》间，《南史》和宋、齐、梁、陈诸书间，《北史》和北齐、北魏、北周诸书间，既可以比读两部史书，又因为所记事迹重出，易于熟悉，加速了阅读进度。这一大套史书经过这样的用功步骤，不仅能在读书实践过程中提高阅读能力，培养钻研学术的兴趣，而且还对中国数千年历史的主要史迹也能有一个大致的了解，加强对传统文化的选择能力。

附　　　　二十六史书名、作者、卷数表

书名	作者	内容	总卷数	备注
史记	（汉）司马迁	本纪 12、表 10、书 8、世家 30、列传 70	130	
汉书	（后汉）班固	本纪 12、表 8、志 10、列传 70	100 篇，分为 120 卷	卷多于篇，唐颜师古作注时以篇长而分上下或上中下卷
后汉书	（宋）范晔	本纪 10、列传 80（梁代加入晋司马彪续志 30）	120	
三国志	（晋）陈寿	魏志 30、蜀志 15、吴志 20	65	前四书合称前四史
晋书	（唐）房玄龄等	本纪 10、志 20、列传 70、载记 30	130	官修正史之始
宋书	（梁）沈约	本纪 10、志 30、列传 60	100	
南齐书	（梁）萧子显	本纪 8、志 11、列传 40	59	
梁书	（唐）姚思廉	本纪 6、列传 50	56	
陈书	（唐）姚思廉	本纪 6、列传 50	36	
魏书	（北齐）魏收	本纪 12、志 10、列传 92	本为 114 卷，合子卷为 130 卷	纪分 14、志分 20、列传分 96
北齐书	（唐）李百药	本纪 8、列传 42	50	
周书	（唐）令狐德	本纪 8、列传 42	50	
隋书	（唐）魏征等	本纪 5、志 30、列传 50	85	
南史	（唐）李延寿	本纪 10、列传 70	80	
北史	（唐）李延寿	本纪 12、列传 88	100	

续表

书名	作者	内容	总卷数	备注
旧唐书	（后晋）刘昫	本纪 20、志 30、列传 150	200	
新唐书	（宋）欧阳修	本纪 10、志 50、表 15、列传 150	225	
旧五代史	（宋）薛居正	本纪 61、志 12、传 77	150	
新五代史	（宋）欧阳修	本纪 12、列传 45、考 3、世家 10、十国世家谱 1、四夷附录 3	74	
宋史	（元）脱脱等	本纪 47、志 162、表 32、列传 255	496	
辽史	（元）脱脱等	本纪 30、志 32、表 8、列传 45 国语解	116	
金史	（元）脱脱等	本纪 11、志 39、表 4、列传 73	135	
元史	（明）宋濂等	本纪 47、志 58、表 8、列传 97	210	
新元史	（近）柯绍忞	本纪 20、志 70、表 7、列传 154	257	
明史	（清）张廷玉等	本纪 24、志 75、表 13、列传 220	336	336 卷，含目录 4 卷
清史稿	（近）赵尔巽等	本纪 25、志 135、表 53、列传 316	529	

第十一章 论诸子百家

“诸子百家”之说，早在两千多年前的春秋战国时代就已出现。从先秦到汉初，我国在政治、学术上出现了不少学派，如儒家、道家、阴阳家、法家、名家、墨家、纵横家、杂家、农家等等。各家的代表人物都被尊称为“子”，如孔子、老子、墨子、荀子、韩非子等。据《汉书·艺文志》载“凡诸子百八十九家”。所以浑称“诸子百家”，是举成数而言。“诸子百家”既专指先秦诸子，也包括他们的学说。

诸子百家产生于春秋战国时代。那时，各国都想立国称霸，而要立国、称霸，必须得民。要得民，必须讲求治国之道。于是形形色色的政治家、思想家和科学家都纷纷提出见解，宣传游说，各家之说“蜂出并作”，各引一端，舌笔相攻，形成了诸子百家争鸣不已的局面。

当时的主要学派大致分为九家：

（一）道家

道家的创始人是老子。老子是个半神话或智慧人物，据说生活在公元前六至五世纪。姓李名耳，字伯阳，谥曰聃，楚国苦县（今河南鹿邑县）人，曾做周藏室之史。著有《老子》，又名《道德经》。

老子是有极大智慧的古代哲学家。他观察了天地万物的变化和社会人事的成败祸福，在《道德经》中以“道”来说明宇宙万物的演变，提出“道生一，一生二，二生三，三生万物”，又说“人法地，地法天，天法道，道法自然”。否定上帝和鬼神的存在。“道”可以解释为客观的自然规律，同时又有着永恒绝对的本体意义。老子认为，一切事物都有正反两面的对立，有对立，才有变动。同时要意识到对立面在一定条件下互相转化，故有“祸兮福之所倚，福兮祸之所伏”及“柔弱胜刚强”之说。认为一切事物的生成变化都是“有”和“无”的统一，“有无相生”，“有生于无”。这是老子学说的独到见解。还指出“民不畏死，奈何以死惧之”的论题，以表示对统治阶级的不满与抨击。

老子认识到了事物的对立转化，却以为是简单地循环往复，看不到每一循环的过程是上升的发展，看到了深刻的社会矛盾，却又错误地认为是智者出现和技术发展的结果。所以他深恶“淫巧”，主张“绝圣弃智”，倒退到“邻国相望，鸡犬之声相闻，民至老死不相往来”的小国寡民的状态。

稍后的著名道家人物是庄子（约前369—前286），名周，宋国蒙（今河南商丘东北）人。著有《庄子》。文章汪洋恣肆，极富想像力，常以寓言故事的形式阐明哲学道理。

（二）儒家

儒家的创始人孔子（前552—前479），是春秋末期伟大的思想家、政治家和教育家。名丘，字仲尼，鲁国陬邑（今山东曲阜）人。为人勤学好问，而学无常师。相传曾问礼于老聃，学乐于苌弘，学琴于师襄。年长，聚徒讲学，从事政治活动。年五十，曾任司寇。后周游列国，推行其政治主张，而终不见用。晚年致力教育，相传他删《诗》、《书》，定《礼》、《乐》，删修《春秋》。有生徒3000人，著名的70余人。孔子的言论由他的弟子及再传弟子辑录为《论语》一书。

孔子的社会地位不高，生活接近于庶民，所以能看到民间的疾苦，主张“节用而爱人”，他反对横征暴敛，认为“苛政猛于虎”（《礼记·檀弓》）。在哲学思想上，孔子极力推崇“中立而不倚”的中庸思想。在政治、教育、行为、人伦等各方面都贯穿着这种思想。就是在神鬼的有无问题上，孔子也持中庸的态度，既不肯定，也不否认，而是闪烁其词地说，“未能事人，焉能事鬼”，“未知生，焉知死”（《论语·先进》）。这种观点在中国2000年的封建社会里起了一定的积极作用。

孔子在教育上是有贡献的。他首创私学，收授门徒，并主张有教无类、因材施教、教学相长。他自己虚心好学，说“三人行，必有我师焉。择其善者而从之，其不善者而改之”（《论语·述而》）。有“学而不厌，诲人不倦”的精神。治学态度是“毋固（不固执）、毋我（不自以为是）”（《论语·子罕》），在学和思的关系上也有精当的见解。对待错误，主张“过则勿惮改”（《论语·子罕》），在学术上他虽主张“述而不作”，但在制定六经时去芜存精，也还是有取舍的，对保存古代珍贵典籍做出了积极的贡献。

孔子的学说中还包含着不少消极保守思想，如为维护贵族等级秩序而主张“君君、臣臣、父父、子子”，反对“犯上作乱”，要实行“民可使由之，不可使知之”的愚民政策，等等。

孔子之学，三传而至孟轲。孟轲（约前372—前289），字子舆，邹（今山东邹县东南）人。是孔子之后最著名的儒学大师，战国时的思想家、政治家、教育家。他自任为孔学继承人。著有《孟子》七篇，充分发挥了孔子学说的仁义部分。孟子主张“行仁政”，认为只有“不嗜杀人者”才能统一天下。提出“民贵君轻”，认定残暴的君王是独夫，诛独夫不是弑君。在君臣关系上，说“君之视臣如手足，则臣视君如腹心；……君之视臣如土芥，则臣视君如寇仇”（《孟子·离娄下》）。他承认有先天的“良知”、“良能”，但也重视后天的教育和自身的修养，要求达到“富贵不能淫，贫贱不能移，威武不能屈”。孟子大胆发挥孔子及西周时“敬天保民”的思想，成为封建时代最可宝贵的一种政治理论。但他关于“劳心者治人，劳力者治于人”的观点则完全是为统治者服务的。

荀子（名况）虽承儒学，而其思想却有别于孔孟。他批判和总结了先秦诸子的学术思想，对古代唯物主义有所发展。他反对天命和鬼神之说，认为“天行有常，不为尧存，不为桀亡”（《天论》），并大胆地提出人可以“制天命而用之”的人定胜天的思想。在政治上，他主张礼治与法治结合，特别是他“法后王”的思想是对儒学的批判。

（三）墨家

墨家的创始人墨翟（约前468—前376），春秋战国之际的思想家、政治家。相传为宋国人，后长期居于鲁国。他出身于下层，自称“贱人”。曾“学儒者之业，受孔子之术”，后不满于儒学，便另立新说，聚徒讲学，成为儒家的对立学派。墨家以“非命”和“兼爱”的观点反对儒家的“天命”和“爱有差等”说，主张不分贵贱亲疏，“兼相爱，交相利”，“赏贤罚暴”。他“非攻”的思想，反映了广大下层民众反对掠夺性战争的愿望；他“非乐”、“节用”、“节葬”等主张是对当权贵族奢侈享乐生活的抗议。他具有“摩顶放踵，利天下为之”的牺牲精神。墨子认为要天下大治“必使饥者得食，寒者得衣，劳者得息”，希望统治者改善劳动者的生活条件和经济地位。在认识论上，墨子提出“三表法”，即以前人经验、实验感知和符合国家人民利益为判断真假是非的标准，比之儒家强调“内省”更为深刻。

墨家的主要著作《墨子》是研究墨学的基本资料。

（四）法家

法家是先秦时期主张法治的重要学派。早期法家的先驱者有春秋时期的齐管仲（？—前645，名夷吾）和郑子产（？—前522，名公孙侨）等人。管仲提出的“仓廪实则知礼节，衣食足则知荣辱”，“四维（礼、义、廉、耻）不张，国乃灭亡”（《管子·牧民》）等思想对后世都有深刻影响。子产为郑“铸刑鼎”，公布刑法，整顿田亩，反对迷信，使郑国在“诸侯力政”的春秋能立身于晋、楚两大霸国之间，实赖于子产治国有方。

秦国在东周时还比较落后，前361年孝公立，下令求贤。卫国人法家公孙鞅（后因仕秦有功，封于商，号商鞅）应募入秦，实行变法，得到孝公的支持。他重编户籍、奖励耕织、废除贵族世袭特权、奖励军功、推行法治，使秦国迅速强盛起来，终于吞灭六国，建立了中国第一个大一统的帝国。

法家的主要代表人物韩非，吸收了道、儒、墨各家的理论，使法家思想臻于成熟与完善。他是法家思想的集大成者，著有《韩非子》一书。他将商鞅的“法”，申不害的“术”和慎到的“势”三者合一，建立了以“法治”为中心的专制主义的政治理论。这对中国出现中央集权的统一国家是有积极意义的。

（五）阴阳家

阴阳家的学说产生于人们改造自然的活动，由于对天象四时逐渐有所了解而形成了“五行”观念。即以金、木、水、火、土名五星，并用它比附地上万物，即所谓“五材”（金、木、水、火、土五种物质），又以五材相生、相克的关系说明事物的变化。至周，人们开始用阴阳观念来解释四时的更替，后又将自然界和人类社会的复杂现象高度概括为阴（--）、阳（—）两个基本范畴，并以阴、阳的交错配合来说明万事万物的不断发展变化。

到战国时期，随着这方面知识和经验的不断积累，就产生了以邹衍为代表的阴阳家。

邹衍，亦作驺衍，博学多才，尤长于天文、地理和历法。他把早期阴阳和五行的学说结合在一起，并加以附会扩充，成为阴阳五行理论。著《邹子》49 篇，已佚。邹衍依据当时的自然知识和社会经验，对天地起源和政权衍变进行臆测，扩大了人们关于时间和空间的观念，活跃了人们的思维。但他据五行生克所造出来的"五德终始"（如水德克火德、火德克金德等）循环论却使人们对人类社会的变化及各王朝的盛衰更替形成了一种神秘主义的观念而影响于后世。

（六）纵横家

纵横家，指战国时从事政治、外交活动的一些谋士。虽被《汉书·艺文志》列为"九流"之一，实则不同于其他各家。他们是在春秋战国时期，各国纷争夺取霸权的活动中应运而生的一批人物。他们的言论不乏真知灼见，也很讲究表达技巧，因而颇具说服力。但同时却往往出于个人目的，极尽纵横捭阖之能事，取媚人君，以求显达。其中最有代表性的人物便是苏秦和张仪。

苏秦，战国时洛阳（今河南洛阳东）人，字季子。先后游说于周、秦、赵，都不受欢迎。当时秦势日强，使关东诸国大恐而谋求抗秦之计。苏秦有针对性地创合纵之说，先后说服燕、赵、韩、魏、齐、楚各国。佩六国相印，为约纵长，约定共同御秦之策。因此，"秦兵不敢窥函谷关十五年"。

张仪，魏人。曾受辱于楚，后入秦为相。推行有利于秦的连横策略，即说服六国分别与秦结好，使合纵终告解体。

苏秦有《苏子》31篇，张仪有《张子》10篇，均佚。他们的思想缺乏中心主旨，只为谋求个人功名利禄而投时君所好，在各家思想中最为低下。

（七）名家

名家亦称“刑（形）名家”或“辩者”，是战国时以辩论名实为主要内容的学派。主要代表人物有惠施、公孙龙以及邓析、尹文等。其著作有《邓析子》、《尹文子》、《惠子》、《公孙龙子》等，除《公孙龙子》外，余皆早佚。名家诸子的观点，彼此不尽相同。如惠施代表性的观点是“合同异”。认为从宇宙万物总体来看，万物莫不“毕同”而又“毕异”，任何事物性质上的同异都可以在宇宙这个“大一”的范围内统一起来。这便是“合同异”的理论。它夸大了事物的统一性，但也看到了事物之间差异的相对性，含有辩证的因素，对古代逻辑思想的发展有一定的贡献。公孙龙具有代表性的命题是“离坚白”。认为白而坚的石头，其“坚”与“白”不能同时存在。用眼看，看不到它的“坚”，而只能看到它的“白”，这时“坚”不存在；用手触摸，摸不到石头的“白”，而只能摸到它的“坚”，这时“白”不存在。所以说“坚”、“白”是分离的。“离坚白”的说法，只强调了两个概念的差异，而看不到二者之间的联系，从而陷入了形而上学。

名家的理论包含着某些辩证的因素，因而有其可取之处。但有些观点则难脱诡辩之嫌，如“鸡三足”、“白马非马”等。

（八）杂家

杂家是战国末期至汉代初期折衷和糅合各学派思想的一部分学者，具有“兼儒墨、合名法”的特点。代表作是吕不韦主持编纂的

《吕氏春秋》。吕不韦（？—前235）原为阳翟（今河南禹县）巨商，因与秦庄襄王交结而任秦相。他组织3000门客汇合先秦各派学说，编著《吕氏春秋》，又名《吕览》。内容以儒、道思想为主，兼及名、法、墨、农及阴阳诸家，故称杂家。西汉时以淮南王刘安为首编纂的《淮南鸿烈》（唐以后始称《淮南子》），虽以道家思想为主，也杂糅了儒、法、阴阳诸家的学说，故列入杂家。《吕氏春秋》和《淮南子》都保存了先秦学术思想中不少有价值的资料。

除上述八家外，还有农家、小说家，合成“诸子十家”。十家之外，还有兵家、医家以及非墨的杨朱学派等。

各家代表人物影响较大的有近百家之数。他们各有一套自以为可以安邦济世的理论，或聚徒讲学，或著书立说，或周游列国、驰说诸侯。一方面大力宣扬和推行本学派的主张，一方面驳斥其他学派的“谬说”，形成了争鸣的局面。加上齐宣王喜文学游说之士，封官赐爵者70余人，并在齐的稷下设“稷下学宫”，招揽各学派学者数千人，当时驰名的即有淳于髡、邹衍、田骈、接予、慎到、宋钘、尹文、环渊、田巴、鲁仲连、荀况等。他们各抒己见，自由争辩，使当时争鸣的形势呈现出一派繁花似锦、目不暇接的空前繁荣局面。

当时儒家声势甚大，墨子首先起而反儒。他以“兼爱”反对儒家“亲亲有术”的等级制度，以“非乐”、“节葬”反对儒家的繁缛礼乐和“贪于饮食，惰于作务”的不劳而食的思想。说孔子“盛容修饰以蛊世”，“其道不可期世”，“其学不可以导众”，对儒学的理论力予批驳。对孔子本人也大加指斥，说孔某剥下人的衣服换酒喝等等。对孔丘弟子也大张挞伐，说“其徒属弟子皆效孔某：子贡、季路辅孔悝乱乎卫，阳货乱乎齐，佛肸以中牟叛，漆雕刑残”等等。

庄子对墨派的学说也不以为然。认为墨子的主张“其行难为”，“不可以为圣人之道”，而墨子的理想必将“求之不得（不能实现)”。

杨朱反对墨子“摩顶放踵，利天下为之”，而主张“存我为贵”，“拔一毛而利天下，不为也”，说“人人不损一毫，人人不利天下，天下治矣”。

孟子则极力维护儒学，认为杨、墨之学是对儒学的一大威胁，因而大事攻击。说“杨氏为我，是无君也；墨子兼爱，是无父也。无君无父，是禽兽也”。

农家许行主张“贤者与民并耕而食”，抹煞了必要的社会分工。孟子对此痛加驳斥，强调一人不可能兼百工之事，因此也不可能从事农业生产的同时兼治理天下之事。

荀子曾对12位有影响的人物逐一批驳。认为子思、孟子歪曲了孔子的本意来骗取群众；墨子强调实用、节俭而轻视等级；法家的慎到能制定法规而不能落实，无力治国；批评名家的惠施、邓析提出一些奇怪论点进行诡辩，也不能用它维护社会伦常秩序。

庄子除推崇老子和关尹外，对名、法各家都有所批评。韩非认为当时众说纷纭只能蛊惑人心，从根本上否定了诸子的争鸣，以求法家的独存。

其实，诸子百家各有所长，也各有所短。后世学者做出了比较公允的评价。如《吕氏春秋·不二》和《史记·太史公自序》中都有较详尽的分析和评论。

秦始皇统一中国以后，独取法家思想治国，实行严刑峻法。由于正统儒派的抗争，而造成“焚书坑儒”的惨剧。

儒学经过一番厄运之后，随着秦王朝的覆灭而重新活跃起来。由于它在本质上维护封建统治阶级的利益，加上汉代儒学大师董仲舒的改造，吸收道家哲学及阴阳五行思想，突出宣扬“三纲五常”和“君权神授”，更适合统治阶级的需要，所以武帝断然罢黜百家，儒术被捧上了独尊的地位。在以后漫长的封建社会里，统治阶级不断按自己的需要对儒学加以改造，也始终以儒学作为维护统治地位的理论武器。

道家的影响也延续久远。汉初“黄老之治”，魏晋的玄学，都是道学的显赫时期。特别是到唐初，老子被冠以“太上玄元皇帝”的尊号，在政治上有着相当的影响力。但是，后来标榜的道家，多侧重于“清静无为”的消极方面。道家真正有价值的东西，一方面变成了完善儒学统治术的重要因素，另一方面，如它的哲学思想和美学思想，是作为中华文化的精华得到世代继承的。

法家的思想在秦得到了完善和实现，其中不乏有效的治国之术，所以以后历朝历代都不可能弃而不用。汉代“独尊儒术”，实际却以儒法相表里便是明证。

阴阳五行说，起初有其科学价值，自演变出“五德终始”说之后，再经后世文人不断加工，则变成一种近乎宗教神学的唯心主义理论，统治阶级更利用其“天人感应”的思想作为他们进行合法统治的理论依据。

诸子百家之说，在以后的历史长河中各有其变化和兴衰的命运。但各家之说的关系正如班固所言是“相灭相生，相反相成”。历代统治阶级正是不断吸收各家之长，以完善自己的统治思想，这种思想也便深深影响于人民大众的意识，成为中华文化的重要组成部分。

随着时代的演进，诸子百家的界限益趋模糊。然而对各家思想的研究代不乏人，因而各学派思想的流风遗绪不绝如缕。

儒家既得独尊之位，其著作之流传自是名正言顺。不仅孔子删定的五经，连记录孔子及其学派诸子言行的“四书”也都被官方指定为必读经典。自汉至民国有关阐释《论语》的书约有300种之多。其中有名的注疏本有三国魏何晏的《论语集解》、南北朝梁皇侃的《论语义疏》、宋邢昺的《论语正义》、朱熹的《论语集注》、清刘宝楠的《论语正义》和今人杨伯峻的《论语译注》等。《孟子》有名的注释本有东汉赵岐《孟子章句》、南宋朱熹《孟子集注》、清焦循《孟子正义》等。其他如《荀子》、《墨子》、《庄子》、《韩非子》等各家著作，后世也多有注本和研究成果，丰富了中国传统文化的宝库。

对先秦诸子的著作，人们很早就注意收集并开始著录。子书的范围是“自六经以外立说者皆子书也”。也就是说，把儒家以外的诸子学说都列入子部。西汉刘歆《七略》始立“诸子略”一类。《汉书·艺文志》依《七略》之旧将诸书分为十家。晋荀勖编《中经新簿》分甲、乙、丙、丁四部，乙部即收录子书；东晋李充更定甲、乙、丙、丁排次，子书归为丙部。《隋书·经籍志》则正式以经、史、子、集命名四部，千年以来相沿不改，子书成为中国文献一大类别。但后世子部界限日趋庞杂，如《四库全书》将难纳入经、史、集部的书统统归入子部，使子部成了几乎无所不包的大杂烩。除诸子百家之外，天文、算法、术数、艺术、谱录、类书、释家均归子部，共 14 类 25 属，甚至命书、相书、器物、食谱、鸟兽虫鱼、杂事、杂品、异闻、琐语等亦被塞入其中，形成了凌乱不堪的子部。与最初的子书概念已相去甚远了。

秦汉以后，由于诸子各家思想的延续、发展，产生了像汉王充《论衡》、晋葛洪《抱朴子》等一批新的子书，也出现了像今本《列子》、《晏子春秋》等一批自称“古本”的伪托之作。这些时人均列入子书。

为便于保存和查阅，明人将子书辑为多种丛书。仅嘉靖年间的诸子丛书就有《十二子》、《六子全书》、《六子书》等。其后则有明归有光辑《诸子汇函》（收 93 子）、清崇文书局辑《子书百家》（一名《百子全书》）、浙江书局辑《二十二子》、《子书二十二种》、民国时五凤楼主人辑《子书四十八种》等。而影响较大的是民国国学整理社辑的《诸子集成》（1935 年世界书局排印本），1958 年中华书局重印，近年数家出版社均有影印出版。

第十二章　论总集与别集

“集”是中国古籍分类四分法中的一大部类。它的类名虽始定于《隋书·经籍志》，但它所著录的文献内容却早已包含在中国第一部分类目录——《七略》之中。《七略》的“诗赋略”中包括诗歌、屈原等赋、陆贾等赋、孙（荀）卿等赋、杂赋五个部分。第一部史志目录班固的《汉书·艺文志》根据《七略》，仍保留“诗赋略”这一类，后来晋《中经新簿》的丁部、梁《七录》的“文集录”、《隋书·经籍志》的“集部”，直到《四库全书》的“集部”，都是从“诗赋略”一脉相承而来的。

为什么集部最早以“诗赋略”为类名呢？因为它以收集诗赋为主。诗歌是各种文学样式中最早诞生的一种。古人对诗与歌是有区别的，认为“诵其言谓以诗，咏其声谓之歌”。原始人类的诗歌是口耳相传。商周时代始有文字记载的诗歌。当时的不少诗歌反映了下层民众的喜怒哀乐，一些采诗官便到民间采集供王者“观风俗，知得失”，并将民间诗歌编辑成为最初的总集。我国第一部诗歌总集——《诗经》就是这样产生的。但因汉代将它列为儒家经典，划归“经部”，而未入“集部”。

集中包含楚辞、别集、总集等内容始于阮孝绪《七录》，以后的图书分类大致历代相沿，如《隋书·经籍志》、《古今书录》、《旧唐书·经籍志》、《新唐书·艺文志》、《郡斋读书志》、《遂初堂书目》、《宋史·艺文志》等都基本相同。《宋志》加文史类，共四类。

《明志》去楚辞类，仅剩三类。清《四库全书》则在楚辞、别集、总集之后增加诗文评和词曲二类，共五类。现分述如下。

（一）楚 辞

楚辞是战国时代以屈原为代表的楚国人创作的诗歌，是《诗经》以后的一种新诗体。“楚辞”之名不知起于何时，汉成帝时，刘向整理古籍，把屈原、宋玉等人的作品编集成书，定名为《楚辞》，成为一部总集的名称。最早收楚辞入目的是《七略》的《诗赋略》。其中对屈原、宋玉的作品不称“楚辞”而称“赋”，这是因为汉代对楚辞和汉赋一般混称为赋。其实，在文学体裁的分类上，两者是截然不同的：楚辞是诗歌，赋是押韵的散文。

楚辞的代表作品是屈原的《离骚》。伟大的爱国诗人屈原，名平，是楚国一个没落贵族。他忠君爱国，却受到排挤和打击，以至被放逐。在楚国面临危亡的形势下，他渴望竭忠尽智，却“信而见疑，忠而被谤”。诗人忧愁幽思、感慨万端，将其爱国的理想和报国无门的沉痛感情熔铸成了这篇光耀千古的浪漫主义杰作——《离骚》。《离骚》是我国古典文学中最长的抒情诗，它具有深刻的思想性和高度的艺术性，对中国以后的历代文学产生了深远的影响。

盛极一时的汉赋就是在《诗经》和楚辞的影响下产生的一种文体，在当时占有引人注目的地位。班固认为赋是贤人失志之作，当时的著名辞赋家如贾谊、司马相如、扬雄等都是一代名流。

（二）别 集

别集起源于何时？一般认为始于东汉。别集的情况比较复杂。其编排体例大致可分为四种：

（1）按诗文分编。如《李太白集》，收唐李白（字太白）的诗与文共30卷。其中诗25卷，文4卷，诗文拾遗1卷。

（2）按内容分编。如清阮元的《揅经室集》，将其经类文章、史类文章、子类文章及文诗，分别编排。

（3）按写作年代分编。如《杜少陵集》，按杜甫创作的五个时期的先后顺序编排，即“安史之乱”以前、“安史之乱”时期、入蜀途中、定居成都和离开成都之后。

（4）几种编排法混用。如《曝书亭集》，清朱彝尊撰。其作品按体裁编排，分赋（1卷）、诗（22卷）、词（7卷）、杂文（50卷），附录乐府1卷。其中诗赋按时间顺序编排，杂文又按体裁分为26类。

别集，既作为集部的一个类名，又可作某一别集中区别于正集的名称。或用以显示作者专长，如李白、杜甫以诗见长，则将其文刊入别集；或为区别学术观点，如清潘耒《遂初堂诗集》，包含诗集15卷、文集20卷、别集4卷，其别集是关于佛教和道家的论述。也有在重刻时将补遗部分称为别集的，如宋陆游的《放翁诗选》前集10卷、后集8卷、别集1卷，其别集是后人所补入的陆游诗作。

在一些别集中常有附录若干卷，将作者的行状、墓志、赞铭等资料别为卷次，附于别集之后。如北宋欧阳修所撰《欧阳文忠集》，有附录五卷，前附年谱，后附行状、墓志、传文等。这些资料对研究作者生平有一定的参考价值。也有的附录附收他人著作，其中又有两种情况：一是附收作者亲属之作，一是编者将自己的著作附刻于他人别集之后，意在附骥。如清徐倬《苹村类稿》，附录二卷，收其子徐元正的诗文。

别集的命名五花八门，或用姓名，或用字号，或用官衔，或用籍贯，不胜枚举。

（1）以作者本名命名。《温庭筠诗集》、《诸葛亮集》等。古代人认为直接用作者的名字作集名是一种不太尊重作者的做法，因而在古籍中直接用作者姓名名集的为数甚少。解放后整理出版的一些别集则多以本名作集名。如《柳宗元集》，吴文治等校点，中华书局1979年版，全四册。

（2）以作者字命名。如《孟东野集》，撰者是唐孟郊，字东野，故名。

（3）以作者号命名。如宋黄庭坚，号山谷老人，故集称《山谷全集》。

（4）以斋室命名。如清廖燕家有二十七松堂，故集称《二十七松堂集》。清代鸦片战争时严禁论者黄爵滋书斋名仙屏书屋，故诗集称《仙屏书屋初集诗录》，有道光时翟西园泥活字本。

（5）以官衔命名。有以作者初官名集的，如汉班固初除兰台令史，集称《班兰台集》。有以终官名集的，如南朝梁何逊官至水部员外郎，集称《何水部集》。有以谪官名集的，如汉贾谊谪为长沙王太傅，故集称《贾长沙集》。有以赠官名集的，如宋魏野追赠秘书省著作郎，秘书省为汉设掌管图书的官府，而汉代东观为藏书之所，著作郎常在东观，故称魏野的文集为《东观集》。

（6）以谥号命名。宋范仲淹谥号文正，故集名《范文正公全集》。也有以私谥名集的，如元吴莱死后，其门人宋濂等私谥为渊颖先生，故集称《渊颖集》。

（7）以封号命名。如唐颜真卿封鲁郡公，其集名为《颜鲁公集》。

（8）以地名命名的。有的以作者籍贯名集，唐柳宗元，河东人，集称《河东先生集》。有以居住地名集的，如唐陆龟蒙，以其曾住甫里，故集称《甫里集》。有以别墅所在地名集的，如唐许浑别墅在润州丁卯桥，故名其集曰《丁卯集》。有以所爱之地命名的，如宋陆游在蜀多年，“乐其风土，有终焉之志”，后诏令其东下，“然心未尝一日忘蜀”，故题其平生所作诗卷曰《剑南诗稿》。剑南，唐道名，即今四川剑阁以南，大江以北地区，故用以代蜀。

（9）以时间命名的。以作者撰写作品或编辑成集的时间作为集名，如《元氏长庆集》，唐元稹撰，穆宗长庆年间结集，故名。

此外，还有以集名表志向的，有据典故名集的，有用古文句为集名的。如宋卫泾的《后乐集》，就是取范仲淹《岳阳楼记》中的“先天下之忧而忧，后天下之乐而乐”的名句含意为别集命名的。还有以卦名命名的，宋王禹偁，三次遭贬而作《三黜赋》，集成之后，以《易》卜卦，得乾之小畜卦，因以“小畜”名集。有的一人之集，从不同角度命名，就形成一集多名的现象，如文天祥的集子就有《文山全集》、《文山先生全集》、《文忠烈公全集》、《文丞相全集》、《庐陵文丞相全集》、《文信国公集》、《文山集》、《文山别集》、《文信国公全集》等名目。

（三）总集

凡诸家作品的综合集称总集。它起源甚早。《诗经》、《楚辞》都是早期的诗歌总集。由于《诗》入于经，楚辞又被当作一地（楚地）之作，故均不视为总集。集部的总集究竟始于何书？说法颇不一致。《隋书·经籍志》和《四库全书总目提要》都主张总集以晋挚虞的《文章流别集》为始。

《文章流别集》分集、志、论三种，即《文章流别集》、《文章流别志》和《文章流别论》。“集”选文，“志”是目录和作家简历，“论”则评述文章的源流高低。这是很有价值的一部总集，其书虽佚，其论尚散见《艺文类聚》中。

挚虞之后，总集之影响最大者，当推梁昭明太子萧统所编的《文选》（亦称《昭明文选》）。

《文选》是我国现存最早的一部诗文总集。它选录了上起周代，下迄梁朝，前后近800年间的诗文辞赋7万多篇（首）。选录的标准特重文采，“事出于沈思，义归乎翰藻”，就是说，构思深沉，词藻华丽的作品才能入选。《文选》一书，对后世影响很大，自梁萧该著《文选音》开了研究和注释《文选》的先河，从隋代曹宪之后逐渐形成了专门学问——“文选学”。历代注本甚多，而其中最有价值和代表性的要算是唐李善的《文选注》了。李善注《文选》征引群书达 1689 种，参考资料遍及经、史、子、集及文字、训诂、佛经等，故自来有“淹贯古今”的评价。与《水经注》、《三国志注》、《世说新语注》合称中国古籍中的“四大名注”。后代编纂文章总集的大都参照《文选》体例。宋李昉编的《文苑英华》所录诗文起于梁末，用以上接《文选》，且其分类编辑，体例也与《文选》大致相同。

《文选》的衡文标准不无片面之处，加之不收经、史、子类，就难免遗漏一些优秀的文学作品。但《文选》在划分文学与非文学的界限方面，认识更进一步，对以后文学的繁荣都具有一定的作用。再则《文选》保存了大量优秀作品，对后代研究从先秦到南北朝的文学发展提供了有价值的材料。

《文选》之后，诗文总集层出不穷，或为全集性的，如《全上古三代秦汉三国六朝文》、《全唐文》、《全宋词》等；或为选集性的，如《古诗源》、《古文观止》等。

总集就其编排特点可分为三大类。

（1）按时代编排。有通代的，如《文选》、《文章正宗》等；有断代的，如《唐文粹》、《宋文鉴》、《明文衡》、《清文汇》、《全唐诗》、《全宋词》以及近期出版的《全宋文》等。

（2）按文学作品体裁编排。有专辑历代同一体裁文学作品的，如《全汉三国晋南北朝诗》、《玉台新咏》、《历代赋汇》等；有专辑一代某一体裁作品的，如《明诗别裁》、《宋诗钞》等；有汇辑各种文学体裁的，如《文苑英华》、《唐文粹》等。

（3）按文学流派编排。如《西昆酬唱集》、《花间集》等。

因为总集是收集一代或几代文学作品的，特别是全集性的总集，是尽可能求全的，这样就保存了大量的文学资料，对后世研究前代的文学作品提供了比较系统、完备的材料，因而就具有特别重要的价值。许多古典作品因年代久远而残缺不全，可用总集校补，甚至有的别集久已亡佚，却可依赖总集辑佚成书。如唐张说的《张燕公集》，虽有传本，仅25卷，原本30卷，用《文苑英华》互校，补出遗漏的杂文61篇。《四部丛刊》本的《李义山文集》（唐李商隐撰）5卷，是从《唐文粹》和《文苑英华》等总集中辑抄而成的。

（四）诗文评

这一类目的设置始于《四库全书》。论文品诗的书入于本类。对诗文优劣的评论及诗文创作的理论概括，首先散见于六经和诸子著作，虽不乏真知灼见，毕竟是零金碎玉，不够系统和全面。随着诗文作品的大量涌现，才逐渐产生了专门从事文学批评的专论，如魏晋时期曹丕的《典论》、陆机的《文赋》。我国古典文学理论批评的第一部系统专著是《文心雕龙》。

《文心雕龙》，南朝梁刘勰撰。它全面地继承我国1000多年文学理论的成果，系统地总结了自商周至齐梁时期文学创作的经验，建立了比较完整的古代文学理论的体系，对后代文学创作及文艺理论的发展都产生了深远影响。全书分上、下编，各25篇。内容可归纳为总论、文体论、创作论和总序四个部分。全书精辟地论述了文学与时代政治，艺术创作与形象思维，文学体裁与风格，内容与形式，继承与批判等文艺理论方面的诸多重要问题，抨击了当时片面追求形式的文风。在我国文学批评史上，第一次把文学发展描写为一个不断运动、变化、发展的过程，并力图揭示其内在联系。这是前无古人的杰出贡献。

稍后于《文心雕龙》的《诗品》，是文学批评的又一部杰作。

《诗品》，南朝梁钟嵘撰，是现存我国最早的一部诗歌评论专著。它系统地论述了从汉魏到南朝齐梁时代的五言诗，并将其间122个诗人分为上、中、下三品，分品论人，故名《诗品》。又在品第之外，评论诗作之优劣，故又称《诗评》。《隋书·经籍志》著录“《诗评》三卷，钟嵘撰，或曰《诗品》”。后世则只称《诗品》了。《诗品》对不少诗人作了比较具体的分析，指出其创作特色及渊源流别，对诗歌提出了一些原则性的看法，并批评了当时的不良诗风。《诗品》所涉及的一般理论问题，有的至今还有借鉴意义。

唐宋以后，诗文评的著作增多，一类是诗话，一类是诗纪事。

诗话，或评论诗歌、诗人、诗派，或记录言论、轶事，或兼论诗歌创作的原则，是我国文学理论批评和文学史的重要资料。历代诗话著作甚多，但篇幅短小，分散，不便检阅，于是遂有诗话丛书的编辑。重要的诗话丛书有3部：

(1)《历代诗话》，清何文焕辑。汇刻钟嵘《诗品》至宋、元、明诗话计27种。

(2)《历代诗话续编》，丁福保辑。实际是《历代诗话》的补编，收唐、宋、金、元、明诗话28种。

(3)《清诗话》，丁福保辑。专收清代诗话，计42种。

此外，还有一些重要的诗话，如南宋胡仔纂集的《苕溪渔隐丛话》、魏庆之编的《诗人玉屑》。清袁枚所撰《随园诗话》和近人梁启超所撰《饮冰室诗话》等，也都颇受重视。

诗纪事，是诗文评中的一部分，它兼具诗歌评论与诗歌史料的性质。首先写诗纪事的是南宋计有功，作《唐诗纪事》，收录唐代诗人1000余家。在每个诗人名下，或录其诗，或兼及本事，或采集评论，或撮述生平。这样系统地搜集整理工作，对保存一代诗歌文献具有重要的意义，故后代多所仿制，如清厉鹗的《宋诗纪事》、近代陈衍的《辽诗纪事》、陈田的《明诗纪事》等。

评文的论著，如《文章缘起》、《文章辨体》、《文章精义》、《文体明辨》、《文则》、《文说》、《文概》、《文学津梁》、《论文集要》等等，或论文体的缘起，或论修辞，或解说体裁，或评论文章的工拙繁简、源流得失等，在文艺理论上都具有参考价值。

（五）词曲类

这是《四库全书·集部》的最后一类。此类之下又分词集、词选、词谱、词韵和南北曲六属。这类著作虽被收入集部，但《四库全书总目》的作者对词曲的文学价值却认识不足，认为“厥品颇卑，作者弗贵”，虽“未可全斥为俳优”，然而只能“附之篇终”。于词分为五类，而曲“则惟录品题论断之词”，其“曲文则不录焉”。

词由诗演变而来，故有“诗余”之称。它始于中唐，盛于宋代。宋代词坛，名家辈出。而自苏轼、陆游、辛弃疾之后，词作展现了新的风貌，打破了以前专写男女恋情、离愁别恨的俗套，为词开拓了新的创作领域。以后历代出现了众多的词人和大量的作品，词的别集、总集也就随之产生了。

词集，收录词的别集。如宋晏殊的《珠玉词》、柳永的《乐章集》、苏轼的《东坡乐府》、李清照的《漱玉词》、辛弃疾的《稼轩长短句》等。

词选，收录词的总集。后蜀赵崇祚编的《花间集》是较早的词总集。以后有宋人黄昇编的《花庵词选》、周密编的《绝妙好词》等，明人毛晋编的《宋六十名家词》、陈耀文编的《花草粹编》等，清人朱彝尊编的《词综》、沈辰垣等编的《历代诗余》等，今人唐圭璋编的《全宋词》、胡云翼编的《宋词选》等。

词评类的书有宋胡仔所撰《苕溪渔隐丛话》、张炎所撰《词源》、明杨慎所撰《词品》以及近人王国维所撰《人间词话》等。

词谱、词韵，收录有关填词谱式及押韵的书。唐宋两代没有词谱，至明清两代，词谱著作才逐渐增多。如张綖的《诗余图谱》、清万树的《词律》及清《钦定词谱》等。

曲作为一种新诗体，形成于宋金，大盛于元明。曲有南曲、北曲之分，北曲又有杂剧、散曲之别。杂剧是长曲，有科（动作指示）、白（道白）；散曲则短小而无科白，形式与词相似。元代曲作家可考者 200 多人，明代曲作家 300 多人。曲作家最著名的是关汉卿和王实甫，他们的《窦娥冤》和《西厢记》都是脍炙人口的名作。散曲总集有《梨园按试乐府新声》、《乐府群玉》（均为元无名氏辑），元杨朝英选辑的《阳春白雪》和《太平乐府》，即所谓“杨氏二选”，明人辑的《盛世新声》、《乐府群玉》、陈所闻编的《南北宫词记》，今人隋树森编的《全元散曲》、王季思主编的《元散曲选注》等。谈曲谱的书有康熙间的《钦定曲谱》等。谈曲韵的有元周德清的《中原音韵》等。

集部之书，自“诗赋略”开始，就以专收文学性的作品为主。演变为四部的集部以后，依然以文学作品为主要收录对象，但又并非如此绝对。如有的论学记事的个人别集也混杂其间，有的存人存事之作也溷入总集；反之，纯为文学的词曲、小说反而没有得到应有的地位，甚至未被立类。也许在今后图书分类编目的发展过程中能得到妥善合理的解决。

第十三章　论类书与丛书

一

文化的传递需要图书，但图书内容往往包含着多方面，同类内容又往往散在各种图书中，都不便查阅和使用，因此就把各种图书中同类或相近类的资料，或按问题分类，或按字分韵，加以汇集在一起，成为一种便于省览、记忆和检索的资料类编，它就是类书。近人班书阁在《中国历史要籍介绍及选读》一书中曾为之界说云：

> 所谓类书，就是随类相从的书，也就是类事之书。具体些说：采撷群书，分门别类地加以编排而利检录的书籍，叫做类书。

类书的起源，有各种不同的说法。

有人认为，类书起源于杂家著作的《吕氏春秋》。清代学者汪中即以《吕氏春秋》为类书之始，他在《述学》中说：

> 是书之成，不出一人之手，故不明一家之学，而为后世《修文御览》、《华林遍略》所托始。

清辑佚家马国翰的《玉函山房文集》卷三《锱铢囊序》中也持同一见解。《吕氏春秋》虽然出于众手，采择资料范围较广，但并不是抄纂各种图书中的同类内容汇编而成，所以不能算作类书。

有人认为，《淮南子》是最早的类书。宋人黄震认为《淮南子》是类书的造端。他在《黄氏日钞》卷五五中曾说："(《淮南子》)荟萃诸子，旁搜异闻以成之。凡阴阳、造化、天文、地理、四夷、百蛮之远；昆虫草木之细，瑰奇诡异，足以骇人耳目，无不森然罗列其间。盖天下类书之博者也。"清人钮树玉认为，《吕氏春秋》是"自成一家，多他书所未载，非徒涉猎也"；而说"类书之端，造于淮南子"[①]。《淮南子》虽说是"博采群说，分诸部类"，不过它的中心主旨是用各种资料来表达老庄思想，不是单纯的文献汇编，也不能算类书。

《吕氏春秋》和《淮南子》这些书虽与后来类书体例不甚相合，但从它分类汇聚的编撰体例来看，却给后来类书的编纂以启示。

东汉以后，由于文章日趋繁多，追求形式整齐，喜欢在文章中采用典故，可是当时得书条件还很差，于是人们各取所需，从各种文献典籍中分类抄纂，这也为正式编纂类书开辟了道路。

最早的正式类书究竟是哪一部书呢？宋朝的学者曾提出两种不同的说法。

一种是《郡斋读书志》的作者晁公武提出的。他在卷十四"类书类"立梁元帝（552～554 年）所撰《同姓名录》三卷于首，认为"类书之起当在是时"。清朝所编《四库全书总目》也同意此说，认为"类书之书，莫古于是编"。

另一种是《玉海》的编者王应麟提出的。他认为类书始于曹丕

---

① 钮树玉：《论淮南子》，见《匪石先生文集》卷三，1915 年上虞罗氏《雪堂丛刻》本。

组织编纂的《皇览》。清末张之洞编写《书目答问》把《皇览》的辑本列于类书类之首，承认《皇览》为最早的类书。《四库全书总目》卷一三五《吴淑事类赋条》又说："类书始于《皇览》。"显然与上面所说自相矛盾。

《皇览》的编纂情况在《三国志》的有关纪传中曾有所记载。《皇览》是魏文帝曹丕在黄初年间，组织刘劭、王象等学者从五经群书中，按类辑录有关资料，分编成40余部，每部又分几十篇，全书共有千余篇，800多万字，题名《皇览》①。从命名上看，编这样一部大书主要是供皇帝翻检省览的。可惜这部大书早已亡佚，清辑佚家孙冯翼曾有辑本一卷，收入《问经堂丛书》。

《皇览》成书在黄初时，黄初是魏文帝曹丕的年号，在公元220至226年间。《同姓名录》成书在梁元帝承圣时，是公元552至554年间。《皇览》成书早于《同姓名录》300余年，所以应以《皇览》为类书之始。

类书之列入目录有其沿革。荀勖撰《中经新簿》列《皇览》于史部（此据《隋志》序。《四库提要》言荀簿入《皇览》何门无考，殆未据《隋志》加以深考）。《隋志》入类书于子部杂家类。《旧唐志》于丙部子录十五别立"类事类"，以收类书。类书之自成一类始此，但尚无类书之专名。《新唐志》则改"类事类"为"类书类"，类书之名始定。类书的定义，张涤华《类书流别》曾为之界说云：

> 凡荟萃成言，裒次故实，兼收众籍，不主一家，而区以部类，条分体系，利寻检，资采掇以待应时取给者。

---

① 《三国志·魏志》、《文帝纪》、《刘劭传》及《杨俊传》注，中华书局印本。

但历来归属不一，现举数种为例如次：

(1)《文苑英华》：1000卷，宋太宗太平兴国七年（982年）九月，命翰林学士李昉等17人，择前代文集中精作，按类分编，辑成一书，至雍熙三年（986年）十二月成书。尤袤《遂初堂书目》入之于类书。但实际上这是一部总集，与《昭明文选》体例相似。它不仅是古代文章的府库，也是史籍中内容丰富的资料汇编。照例应入集部总集类，而不应归于类书类。

(2)《通典》：200卷，唐杜佑撰，上起黄帝，下迄唐玄宗天宝。肃、代以后也附载注中。所集内容多偏重文化方面沿革变迁，是讲典章制度的专史，应属于政书类，而《新唐志》、《宋志》及《崇文总目》竟入《通典》于类书。

(3)《百川学海》：宋左圭辑，收书100种177卷，分10集。书成于宋度宗咸淳九年。所收以唐宋人为主，间有魏晋六朝者。这是早期的综合丛书，但明人叶盛《菉竹堂书目》也以之入类书。

(4)《太平广记》，500卷，宋李昉辑。所收皆汉以来稗史传小说之属，其中唐前逸史可供考证，是一种小说汇集，但《崇文总目》、《通志》及《四库提要》均入之于类书类，而《书目答问》则入之于小说家。

关于类书立专类问题，前人多有论说，如：

（一）宋郑樵：《通志·校雠略》分图书为十二类。其第十一类即类书类，此类书独立一类之始。郑樵孙郑寅《郑堂书目》与清孙星衍《祠堂书目》均依次立类。

（二）明胡应麟：《少室山房笔丛》卷二九主张附类书于四部之末。祁承𤈼《澹生堂藏书约》从之。

（三）清章学诚《校雠通义》二之五主张按内容性质分属，即将类书分别依其所收内容分别散入史部故事类、集部总集类、子部杂家类。但综合性类书或超出上述范围者又难归属。

（四）清张之洞《书目答问》附类书于子部之末，并注称“类书实非子，从旧例附于此”。其意仍以类书当独立一类。

（五）近人刘咸炘《读校雠通义》主张类书可包括总类、句隶、类考、专类、策括。其不可系属者归之他门。

类书从《皇览》以后，日益发展，它的发展进程，大抵可分三期：

【六朝到唐是类书的创始期】 六朝由于骈俪文兴起，文人讲究辞藻，争相搜求故事僻典，纷纷钞撮字句，所以继《皇览》之后，就有《语对》一类专门汇集辞藻的类书出现。唐代又有供为政参考的类书。所以类书数量日增，《隋书·经籍志》著录的类书有2000余卷，唐代也成书万卷，可惜这些书大多亡佚，现存者可举数种主要者为例：

(1)《北堂书钞》，隋时虞世南编，原书是173卷，80部，801类，今已不可得。现在通行本是明万历时的刊本，共160卷，19部，851类。这个刊本由于随意增删而失去原书面貌。清朝学者孙星衍、王引之等曾对明刊本加以校订，有光绪刊本，略胜于明刊本。《北堂书钞》是现存比较完整的最早类书。书中汇集的资料多出自隋以前的图书，这些图书多已亡佚，所以《北堂书钞》对辑佚、校勘有一定的作用。

(2)《艺文类聚》，唐初欧阳询等人奉命纂集，共100卷，46部，727目。全书有事有文，而且不是截取片段，而是整篇收录。它收录了唐以前的古籍1400余种，起到了保存历史文献的功用。

(3)《群书治要》，唐太宗命魏征等人所编，共50卷。它从六经诸子中，把从古代五帝到晋朝止的有关治理国家大要的文献辑录成一书，它虽和《皇览》性质相同，但汇集文献的方法不同。《群书治要》所收的文献多是完篇整段。

(4)《初学记》，唐玄宗为便于他的皇子们作文时检索典故，而过去所编类书又篇帙过大，使用不便，所以特命徐坚等人撰《初学记》，共30卷，23部，313目。每目分叙事、事对和诗文三部分。

这与一般类书略有不同。在唐人类书中，它虽不如《艺文类聚》博，但却选录较精，胜过《北堂书钞》等书。

近代以来，在敦煌还发现古类书残卷 3 种，罗振玉于 1917 年曾叙其事。据其内容大抵为晋唐所作①。

【宋代是类书的发展时期】　宋代类书之所以发展，主要有三个原因：一是撰作诗词骈文，需要按类分编的词藻典故供采择；二是科举考试，需要类书备作文时检索；三是最重要的政治原因，宋统一后，对待各国降臣采取宽容政策，但不在政治上加以重用，于是举办编纂大书活动，安置降臣和消磨他们的意志②。于是编纂了一些取材广泛，内容丰富，数量多，篇帙大的类书，就《宋史·艺文志》所著录的类书已达 11393 卷，补志又增 2341 卷。其中《太平御览》一书对后世影响极大。

《太平御览》是宋太宗主持编纂的一部具有百科性质的大类书。它开始于太平兴国二年三月十七日（977 年 4 月 8 日），成书于太平兴国八年十二月二十九日（984 年 1 月 24 日），历时 6 年 9 个多月。参加主要编撰工作的有李昉、扈蒙、徐铉、吴淑等 10 余位重要大臣和著名学者。吴淑、吕文仲、王克贞 3 人则是专心致志从事编务的学者，其中尤以吴淑曾独力私人编纂过一部 30 卷的《事类赋》，是一位富有经验的类书专家，所编《事类赋》更是一部流传广、利用多，对后世颇有影响的私撰类书。

这部大类书原名《太平总类》，在全书将要完成时，宋太宗为炫耀自己的好学和提倡文治，曾要求每日送阅三卷，用一年时间审定成书，并改题《太平御览》，表示这是经过太宗皇帝亲自看过的。

《太平御览》篇帙宏富，有 1000 卷之多。它有几方面的资料来

---

① 《雪堂校刊群书叙录》下，民国七年铅印本。

② 王明清：《挥麈后录》卷一"太宗收用旧臣，处于编修，以役其心"条，民国间商务印书馆《学津讨原》影印本。

源，一是过去的类书，如唐《文思博要》和北齐《修文殿御览》等；二是宋朝国家藏书机构三馆中所保存的晋唐以来古籍。所引用的资料，达1690余种（一说有2580种左右）。其中有十之七八到两宋之间已流传甚少，宋代的学者洪迈和陈振孙、明代的学者胡应麟都曾评论这一价值。清以来学者也多称此书。如赵怀玉说此书“搜罗浩博，至今为考据渊薮”①。张之洞《书目答问》注此书为类书中“最要”者。《补正》撰者近人范希曾说：“《御览》存古佚书最富，数为类书之冠。”近人张舜徽《广校雠略》盛赞其书说：

> 即以《太平御览》一书言，所引秦汉以来之书多至一千六百九十余种，考其书传于今者十之二三，则有此一书，不啻存秦汉遗书千余种矣。

《太平御览》汇聚大量文献，为便于检用分为55部，1000卷，5363类；还有63个附类，总合有5426类。它分55部不是随意确定，而是有典故出处的，因为《易·系辞》里有段话说：“天一、地二、天三、地四、天五、地六、天七、地八、天九、地十。天数五，地数五，五位相得而各有合。天数二十有五，地数三十，凡天地之数五十有五。”意思是天的五个方面总加起来是二十五，地的五个方面总加起来是三十，天和地相合是五十五，因此这五十五就表示包罗万象了。55部包括天地人事、州郡职官、礼仪治刑、释道服饰、工艺器物、珍宝布帛、百谷饮食、神鬼妖异、羽兽鳞介、果木百卉等等，足以表明此书收罗广富。各部之下分类更细，但不免部与部间有重类的地方，所以有的记载说4558类。除了类目重复外，《太平御览》引用书名多有错乱异名、误抄难懂和题名与引文不符种种不足的地方，应引起使用者的注意。

---

① 《亦有生斋集·文》卷二《墨海金壶序》，嘉庆二十年刻本。

《太平御览》由于流传较广，刊本也多。宋时已有刊本，陆心源的皕宋楼曾藏有南宋刊残本，后归日本静嘉堂文库。明清两代有多种刊本，见《增订四库简明目录标注》著录。乾嘉学者陈寿祺撰《校太平御览跋》记刊本源流及阮元校本颇详①。

《太平御览》虽有缺点，但却有很高的参考价值。它所引用的古书，十之七八已经失传，后世靠此书还能了解到宋以前某些佚书的概貌，有些有用的古书，如农业技术专著《汜胜之书》早于《齐民要术》几十年，可惜早已失传，只有从《太平御览》中去寻求了解。它保存的古地理书就达300多种。这不仅保存了不少失传古书的零篇残简，还对后人为恢复古书原貌，传递传统文化的辑佚工作有重大的贡献。它是保存宋以前文献一部最大的类书。

宋朝另一部千卷大类书是《册府元龟》。它是宋真宗创议编撰的。宋真宗羡慕他父亲太宗主持编纂了几部大类书，也准备编一部千卷大书，于是在景德二年（1005年）命令王钦若、杨亿、钱惟演等人编纂一部以历代君臣事迹为主的大类书，初名《历代君臣事迹》，书成以后，真宗改题作《册府元龟》，“册府”指收藏的大量图书，“元龟”指“龟鉴”，即借鉴的意思。书名说明这部书是从大量图书中搜集可供政治重要借鉴资料而编成的。

这部类书从景德二年（1005年）九月开始，历经8年，到大中祥符六年（1013年）完成，共1000卷，31部，1116门。它虽与《太平御览》卷数相同，但各卷容量较大，所以总字数大约超过《太平御览》一倍，有900余万字，是《四库全书》所收书中仅次于《佩文韵府》的第二部大书。

《册府元龟》的编纂特点是：①它对所采录的资料，不改旧文，即使有错讹或不恰当处，也只在原文下加注释；②它所采录的资料都是正经正史，而不采录异闻小说；③它在每部前写总序，门前写

① 《左海文录》卷七，道光间三山陈氏家刻本。

小序，所以有总序31篇，小序1116篇。总序一般千余字，最长的一篇有万余字，小序一般是一二百字。这些序都写得言简意赅，有助于使用本书。

《册府元龟》由于所采录的多是常见书，加以所引资料不注出处，所以自宋至清不为学术界所重视。直至近代，始为著名史学家陈垣先生所注意，陈先生认为这部书材料丰富，自上古至五代，按人事人物，分门编纂，概括了全部十七史。它所收的史书都是北宋以前古本，所以可用来补史、校史。清朝的辑佚学家没有利用这部书实在是一大缺憾。自从陈先生充分肯定了这部书的史源价值后，研究它、利用它的学者日益增多。

宋朝除了官撰类书外，还有私人编纂类书的，王应麟的《玉海》可算是代表作。《玉海》共200卷，分21部、240余类，征引的资料遍及经史子集。这是一部内容比较丰富完备的类书。

【明清两朝是类书的兴盛期】 明成祖在靖难之役后，为了笼络人心，拉拢知识分子，便组织大批人手，编成一部卷帙空前浩繁的大类书《永乐大典》。这不仅是明朝类书编纂中的突出成绩，也在中国类书发展史上居于首位。

《永乐大典》的编纂始于永乐元年（1403年）七月，指定解缙等人负责，并规定了编纂宗旨体例。第二年十一月书成进呈，定名为《文献大成》。不久，明成祖嫌所编内容不够完备，于是命令重修，增派姚广孝、刘季篪与解缙共主其事，又增设大臣、学者担任具体领导工作，全部工作人员达2100多人，到永乐六年（1408年）冬，全书告成，改赐名《永乐大典》。

《永乐大典》采录上古至明初的重要典籍近8000种，共22877卷，另凡例、目录60卷，装订成11095册，约3.7亿字。这是中国历史上规模最大，内容最丰富的巨型类书，在世界文化史上占有重要地位。全书根据“用韵以统事，用字以系事”的编排方法，按《洪武正韵》分列单字，每一单字之下，先注音韵训释，备录篆隶楷草各种字体，最后汇辑各书中与此单字相连有关的天文、地理、人事、名物以及诗词典故、杂艺等各项记载。凡单字注释、引文的书名、作者都用红字标出，颇为醒目。

《永乐大典》比较完整地保存了较多的古人文献，如元以前的佚文秘典，世无传本的，多赖它全部或全篇地保存下来，成为后人辑录古佚书的重要源泉。清初学者全祖望开始从事这项工作，乾隆时编纂《四库全书》，就从中辑录数百种，采收了300余种，其中《旧五代史》、《续资治通鉴长编》、《直斋书录解题》等著名典籍都是从《永乐大典》中辑出来的。嘉庆时徐松又从中辑出《宋会要》500卷，为研究了解宋朝文化典制开辟了重要史源。《永乐大典》不仅收录正经、正史著作，也收录有关农业、手工业、科技、医药等对民生日用有益的大量资料。它不愧是中国文化的转运总库。

《永乐大典》成书后，只缮写了一部，后随明成祖迁都而运至北京储存。明世宗嘉靖四十一年（1562年）八月，为避免意外灾难，又组织重录副本，历时五年，到穆宗隆庆元年（1567年），重录工作完成，储藏在皇史宬。正本在明末已下落不明，副本也陆续散佚，至清光绪后期，仅存800余册，八国联军入北京，绝大部分被烧，残余部分也被各帝国主义分子劫掠，这是对中国文化，甚至世界文化一种野蛮的摧毁。1959年中华书局又增入新征集到的残卷，合计正文797卷、目录60卷，影印精装10册出版，使更多的人可以看到《永乐大典》的样式和内容、体例等。

在《永乐大典》之外，明朝私纂类书也不少，但都无法和《永乐大典》相比。

清朝类书在前代发展基础上，有显著进展，其体例之精、种类之多、规模之盛、检索之便，颇多超越前代之处。康熙朝始修的《古今图书集成》可算清朝类书的代表。清人笔记多记其事，如史梦兰《止园笔谈》卷四记称：

> 是书也。康熙间圣祖仁皇帝命儒臣宏开书局，搜罗经史诸子百家，别类分门，自天象地舆、明伦、博物、理学、经济以至昆虫、草木之微，无不备具，诚册府之钜观，为群书之渊海，历十有余年而未就。世宗宪皇帝复诏虞山蒋文肃公率在馆诸臣重加编校，正讹补阙，经三载而后整定成书，图绘精详，考订切当，御制序文弁其首，以内府铜字联缀成版，计印六十余部，未有刻本也。其书为编有六，为典三十有二，为部六千一百有九，为卷一万。

徐锡麟《熙朝新语》卷十三，刘玉书《常谈》卷四均有记及。

《古今图书集成》是康熙时学者陈梦雷奉命编纂的一部类书。该书从康熙四十年十月正式开始编修，至四十五年四月成书，命名为《古今图书汇编》，当时未刊行。雍正初，原编者陈梦雷因政争问题牵连，被加罪流放，改派蒋廷锡主持重编工作，雍正三年（1725年）书成，改名《古今图书集成》，次年就以铜活字排印64部，样书一部。每部5020册，分装522函。

《古今图书集成》全书共万卷，另有目录40卷，内分6汇篇，32典，6109部。总字数有1.6亿多字。每部之下设汇考（引各种古书材料，考溯事物源流）、总论（主要摘录经书中有关事物的论述）、列传（辑录人物传记资料）、艺文（收录有关诗文词赋）、纪事（录有关琐细小事，补充汇考的不足）、外编（录神话传说及荒诞无稽的记述）等类，有的还附录图表。全书搜罗宏富，在三级类目下又加复分，体例谨严而完备，是我国现存规模最大、收集资料最广的类书。

《古今图书集成》所收录的资料多是不加删节的整篇整段，保存了大量原始资料，对后来辑佚、校勘有提供史源的作用。它汇聚专题比较集中，数量较多，往往可作研治某一专题的基本资料依据。它对资料出处、书名、作者等标注比较详明，可备查核原书。

但是由于成书时间短，主事人员少，以致抄写脱漏、随意删节和收录欠广等不足之处，应在使用时有所注意。

《古今图书集成》之外，还有《佩文韵府》、《渊鉴类函》、《骈字类编》等等，都是便于检索，有利用价值的类书。

清代乾嘉以后人多以类书为读书、作文、应举的捷径，于是《子史精华》、《韵府字锦》之属层出。坊间书贾，为投时好，大量刊行而日趋冗滥，嘉庆十九年从姚元之建议曾令禁止流布应急类书，加以朴学兴盛，人多鄙弃类书，而类书之撰乃趋衰落。

类书既多且杂，但编制方法不外以事分类及以字分类。以类分者有一书即聚一类文献者，如白居易的《白朴》3 卷即汇聚当时诏批答词供公文程式取法，其书已佚。有综合各类为一书者，占类书之多数，如《艺文类聚》、《太平御览》皆是。以字分者有齐句首者，如康熙时所编《骈字类编》专收二字合成词藻，以上一字分类，后世辞书多以此法。有齐句尾者，如《佩文韵府》收二、三、四字词语，均在尾字四声分韵编列。新印《佩文韵府》附有检字，使不熟悉韵部者称便。

类书在保存和传递文化上有着重要作用。我们可以通过一部类书接触到更多的书，并且由于分类钞撮而便于省览。有时为查明一个典故的出处，类书又成为最好的检索工具。有的诗人墨客在吟诗作文时也常常从类书中采取词藻来为作品增色。但是，也应该注意类书因辗转相引而造成的讹误。因此必须认清类书只是按类钞纂的资料汇编，可以作查找资料的线索，尽可能去查找原书，如原书已佚，不得已才用它为依据。我们可以从类书中去辑录一些亡佚的古书，但切忌用类书的引文而乱改存世的古书。只有这样，才能正确地发挥类书的作用。

二

丛书是把若干种图书编集在一起的图书。它便于收藏和利用。最早使用“丛书”这一名称的是唐朝陆龟蒙的《笠泽丛书》，但它和后来总聚众书的体裁不合。它是陆龟蒙自编诗文集的书名，是表示自己的诗文“丛脞细碎”的谦词，所以后世目录中把《笠泽丛书》列入集部别集类。宋人王楙撰有《野客丛书》30卷，但它是王个人的考证杂著，徒有丛书之名而非丛书之实，所以后世的目录书把它列入子部小说家类。这两部使用丛书名义的书都不能算丛书的起源。

那么，丛书起源于何时呢？历来颇有争议，学者们各抒己见，主要有以下几种说法：

(1) 近人汪辟疆认为总聚众书成为一书的便是丛书，所以诗、书等就是丛书的起源。姚名达也有类似的主张。把丛书的起源远推之上古，似乎太早，因为如《尚书》只是篇的集合，而不是书的汇聚，并且经过自成体系的编制，是一部独立的书，而不是群书之府，所以诗、书等不能视为类书。

(2) 《四库全书总目》认为《隋书·经籍志》所载齐陆澄的《地理书》149卷和梁任昉的《地记》252卷是“丛书之祖”。《地理书》收录了自《山海经》以来160家地理书，《地记》则为前书增了84家。从总聚群书意义上看，是符合丛书体例的，但它包括的只是地理一类，而不是多类，因此，这可以算是专科丛书之始。宋初的《开宝藏》应属于这类丛书。

(3) 清朝蒙古族学者法式善认为宋人曾慥所编《类说》抄录了自《穆天子传》以来的250种书，并有各作者的生平，应该算作

“丛书之祖”①。《类说》虽是收录群书，但它以书为纲，并不全录原书，而是在各书之下又立词目，按词目分类选抄。所以《类说》不能算纯粹丛书，而是杂采丛书与类书两种体制糅为一书。清朝另一位学者叶名澧在所著《桥西杂记》的“丛书”条中同意此说。

（4）清代大学者钱大昕认为宋人左禹锡所编《百川学海》荟萃古人书为一部，并加以新的命名，是丛书之始②。《百川学海》是宋度宗咸淳九年（1273年）左圭所辑刊，分10集，共收书100种177卷，分为10集。所收唐宋人著述为多，间有晋代和六朝的，曾被有些学者认作是“首尾完善”的丛书。因此，直到清光绪以前，《百川学海》是丛书之祖的说法几乎已为学术界所公认。事实上，这部书即汇聚丛书，又不局限于专科，可以称为一部体例完整的综合性丛书。

（5）清光绪年间，目录学家缪荃孙发现了宋人俞鼎孙所编《儒学警悟》的明抄本，为世所罕见③。《四库提要》没有著录此书。此书编成于宋宁宗嘉泰二年（1202年），比《百川学海》早70余年。《儒学警悟》共收书6种41卷，即汪应辰《石林燕语辨》10卷、程大昌《演繁露》6卷、马永卿《嫩真子录》5卷、程大昌《考古编》10卷、陈善《扪虱新话》上下集8卷和俞成《萤窗丛说》2卷。此书既合为统一编卷次序，另加命名，又有各书独立分卷，具有汇聚群书的意义。各书撰者都是宋人，所著内容兼容子史，主要是宋代典章制度、故事传说和人物琐事等，均为全面照录。此书成书时间早于《百川学海》。于是，《儒家警悟》是我国最

① 法式善：《陶庐杂录》卷四，《清代史料笔记丛刊》，中华书局1959年版。

② 钱大昕：《跋百川学海》，见《潜研堂文集》卷三〇，上海古籍出版社1989年版。

③ 缪荃孙：《艺风藏书续记》卷五《类书类》，光绪二十七年至1911年刻本。

早的综合性丛书之说就相沿不改，成为比较一致的意见。此书经缪荃孙校雠，于1922年由藏书家陶湘刊印行世。

但从目录的著录情况看，其源起当在宋前。《四库提要》杂家类杂编之属按语云：

> 古无以数人之书合为一编，而别题以总名者。惟《隋志》载《地理书》一百四十九卷，《地记》二百五十二卷，是为丛书之祖。

按《隋志》史部地理类载《地理书》一四九卷注云：

> （齐）陆澄合《山海经》已来一百六十家，以为此书。

又著录《地记》二五二卷注云：

> 梁任昉增陆澄之书八十四家，以为此记。

如是，则丛书之起当在齐梁之际。《地记》、《地理书》可谓单种之地理丛书，只是今不见其书。

根据这些不同说法，并结合实际考察，可以对丛书的起源作如下综括性描述：丛书之体始于齐梁，丛书之名始见于唐《笠泽丛书》，而今存最早的综合性丛书为宋的《儒学警悟》。

丛书虽起源较早，但真正名实相符而有显著发展却在明清两代，如明代有：

（1）包罗四部的巨编：如《汉魏丛书》、《唐宋丛书》、《格致丛书》及《宝颜堂秘笈》等。

（2）专门性质的丛书：如《子汇》、《二十子》、《古今逸史》和《五朝小说》等。

（3）地方性丛书：天启时海盐令樊维城辑历朝乡人著述41种、65卷而成《盐邑志林》，为地方性丛书的始创。

明朝虽然出现许多不同类型的丛书，但不少明代人擅改文字的恶习也沾染到丛书所收的图书内容，如《稗海》中所收宋叶梦得的《岩下放言》一书，经节录后易题为郑景生的《蒙斋笔谈》，使撰者与书名都面目全非。《宝颜堂秘笈》收王楙《野客丛书》30卷，删削精要，减为12卷。当然，有些丛书还保证了一定的质量，如毛晋汲古阁所刻行的《津逮秘书》。

丛书到了清代，可称达到兴盛时期，不仅类型齐全，而且内容也更精粹。清代刊行丛书事业大抵清初开其端，乾嘉求其精，道咸增其类，晚清则专科丛书渐备。

清代丛书中专科与综合两方面都有显著的成就，专科性丛书按学科汇聚有关图书为一书而别标书名，如：

（1）经籍：《皇清经解》、《通志堂经解》。

（2）辑佚：《玉函山房辑佚书》、《汉学堂丛书》。

（3）考史：《广雅书局丛书》、《史学丛书》。

（4）舆地科技：《麓山精舍丛书》、《则古昔斋算学丛书》。

（5）词典：《彊村丛书》。

（6）目录：《玉简斋书目》。

（7）版本：《士礼居丛书》。

（8）校勘：《抱经堂丛书》。

这些专科丛书由于编纂者多是藏书家、校勘学家或是某一专门学科的专家，所以大都质量较高，颇便学者使用；但包罗宏富，能跨越前代，驰名中外的当推至今存世的大型综合性丛书《四库全书》。

《四库全书》是清乾隆时期由政府组织编撰的一部大丛书。它创议于乾隆三十七年（1772年），次年二月成立了“四库全书馆”，选拔知名学者入馆，在全国范围内广泛征求图书，更从《永乐大典》中辑录遗书。《四库全书》共收书 3461 种，79309 卷，分装 36300 册。在开始编纂《四库全书》时，乾隆皇帝考虑到此丛书卷帙多、工程大，不易速成，便命令从全书中选择精华，另编一部《四库全书荟要》，共收书 473 种，19930 卷，分装 11251 册。

在《四库全书》馆开馆不久，为了贮存《四库全书》，决定建立北四阁——紫禁城的文渊阁、圆明园的文源阁、热河避暑山庄的文津阁和沈阳的文溯阁。乾隆三十九年至四十一年，文津、文源、文渊三阁相继建成，文溯阁也于四十七年建成。从四十四年至四十七年间又修建了江浙三阁——镇江金山寺的文宗阁、扬州大观堂的文汇阁和杭州西湖的文澜阁。南北七阁的建成和使用充实了东北、华北和东南地区的国家藏书，对保存和传播中国古代文化起到了重要作用。

与《四库全书》编纂同时开始的是全书的缮写工作，当时决定缮写 8 份《四库全书》和 2 份《四库全书荟要》，二者的总字数达 80 多亿字。于是动用了 3000 多名书手，经过 15 年，终于在乾隆五十二年完成了缮写工作。《四库全书》8 份分别贮存于七阁和翰林院；《荟要》2 份一存内府御花园中摛藻堂，一置圆明园中的味腴书屋。

《四库全书》的编纂是清代前期由政府组织进行的一次空前规模的图书编纂活动。它对古代文化的保存和传播起到过重大的积极作用。它所采用的从《永乐大典》中辑佚和从民间征求遗书的活动，使《四库全书》的收书范围和图书质量超越前代，并使许多有极高文献价值的珍本秘籍呈现于社会，为后世学者研究古代政治、经济、科技、文化保存和提供了可贵的资料。《四库全书》的分散收藏，尤其是翰林院与江浙三阁的藏本向知识界开放，使学者有机会检读与使用，对推动乾嘉时期研究古代文化和整理古典文献热潮的兴起有着重要的作用，对中国传统文化的发扬和传递以及许多与整理文献相关的专门学科（目录、校勘、版本、考证、辑佚等）的兴起与建立都有一定的影响。

当然，清政府编纂《四库全书》的主要目的在于加强封建专制统治和民族压迫以及笼络和羁縻汉族知识分子，因此在求书、收书的范围与标准上都有很大的局限，几乎与收书量相等的3000多种图书遭到销毁的厄运；所收各书也有不少因触犯忌讳而被抽毁和篡改，加以书出众手，人员流品不齐，不负责任，致使该书的学术质量受到严重的影响。即使如此，我们也应承认《四库全书》终究是对中国传统文化和古典文献进行全面清理和总结后的产物。它是中国丛书编纂事业中的一项主要成就。

民国以来，丛书刊刻门类繁多，数量可观，仅商务印书馆1949年以前出版的古籍丛书就有43种之多。这些丛书的内容与范围都很广阔，有专科性与综合性的；有宋元以来的珍本秘笈和专家的精校原刻的；也有精印罕见和实用普及的。其中以近代出版家、文献学家张元济亲自和参与辑印的《四部丛刊》、《续古逸丛书》、《百衲本二十四史》和《丛书集成》等四大丛书为著名。

《四部丛刊》是在1919年至1922年间完成辑印的一部大丛书。它汇集四部书323种，8548卷。1926年重印时，序称《四部丛刊初编》，抽换了21种版本，并对一些书增写了校勘记，种数仍旧，而卷数增至8573卷。《初编》底本网罗海内外善本佳刻，内而宋元明清，外而高丽、日本。1934年，又搜罗宋元精刻，印成《续编》，共收书81种，1438卷。1936年续出《三编》共收书73种，1910卷。这些珍本秘笈的刊印为校勘旧籍提供了极大方便。

《续古逸丛书》是继原由清人黎庶昌校刻的《古逸丛书》而辑印的。它一变前书的影刻为影印，而且还照原书版式大小影印，共收书47种。

《百衲本二十四史》开始于1930年，完成于1936年，分装820册。它采用各种版本相互补缀而成，尽力恢复旧本原貌，以纠正《殿本二十四史》的缺乏，对史学研究做出了重大贡献。

《丛书集成初编》是1935年商务印书馆编审部按张元济氏所定计划辑印的。它从数百部丛书中择优选取百部以集古今丛书大成。它共收自宋至清的综合性丛书80种，专业性丛书12种，地方性丛书8种。张氏更亲撰《丛书百部提要》附于《丛书集成初编目录》，逐书分述各书源流、内容与价值。百部丛书中所含子书约6000余种，剔重后存4000余种，大多重排断句。抗战前，实际出版3000余种。近年又发现未出版的纸型600余种，即将完整地与读者见面。

在商务印书馆辑印《四部丛刊三编》后，中华书局又辑印了《四部备要》，收书336种，以仿宋字排印。它以实用为主而有别于《四部丛刊》的专求罕见。

民国时期所刊行的《四部丛刊》、《四部备要》和《丛书集成》三大丛书代表了当时编印丛书事业的发展水平，对研究和传递中国文化是一个重要贡献。

丛书数量既如此巨大，而其内容收罗比较宏富，涉及门类又比较广泛，所以必然地具有重要的参考使用价值。首先，一部丛书之中往往汇聚多种图书，这就可以免去学者寻求的烦劳，尤其在当前单刻本流传日稀的时候，设能庋藏若干部丛书，比求取单刻以丰富收藏方便多多。其次，凡典章制度、地方文献、科技、文化、社会风情以至轶闻逸事等等方面资料，常常能从丛书中得到多种同类图书，对了解某一问题和搜求有关资料提供了便利。第三，丛书中所收善本精刻则可供校勘坊本讹谬的需用。当然也必须注意到有些丛书在辑印时往往为追求种数或使所包含的子书间保持平衡而有所删削，反不若单刻的佳好。我们只要善于明辨使用，那是比较容易趋益避弊的。

丛书有重要参考使用价值，但因为它包罗群书，所包含的子书名目很难显露，所以不便检取。清朝嘉庆时人顾修首先发现这一阻碍，于是辑宋元以来260种丛书目，编成《汇刻书目》10册，这是第一部丛书子目。其后陈光照有《续编》2 册，朱学勤有《汇刻书目》20 册。李之鼎所编《增订丛书举要》是集前此各编的大成，收书达 1605 种。所有这些子目书都按分类排列。另有沈乾一辑的《丛书书目汇编》，收书 2086 种，改分类排列为书名字顺。但是，所有上述这些汇刊书目的一个共同缺点就是把子目列于丛书书名之后，只能用它检寻这部丛书收入多少书和收了什么书，而不能检寻某部书或某个人所著某书在哪部丛书中，使用非常不便。后来有人针对这种缺点各就所藏编制了子目索引，如 1930 年至 1935 年间，金步瀛编制的《丛书子目索引》收书 400 种，首创丛书子目索引，以丛书中子目为纲，下注著者及所属丛书名。清华大学图书馆编制的《丛书子目书名索引》收书 1275 种，浙江图书馆编制的《丛书子目书名索引》收书 496 部，都是以丛书所包含的子目书名为纲，而附注所属丛书，从而使检用丛书中的子书感到方便。

1959 年出版的《中国丛书综录》吸取了旧时各种汇刻书目的长处并有所发展，成为检用丛书子目最佳工具书。这部综录集合了全国 41 个图书馆馆藏，共收书 2797 处，它共分 3 册：第一册是丛书书名的《总目分类目录》并附《全国 41 个主要图书馆收藏情况表》，可以反映所收丛书的内容及收藏处所；第二册为《子目分类目录》，计子目 7 万多条，38891 种，以子目为单位，按四部分类，部下析为类属，末附《别录》；第三册为《子目书名索引》和《子目著者索引》，使读者可从丛书名、子目书名、著作分类和著者姓名等任何方面检索所需图书。前此各种汇刻书目及子目索引基本上已可弃置不用了。

三

类书与丛书的作用，其利有四：

（1）便省览：类书分类钞撮，丛书总聚众书，都涉及许多典籍，这样往往通过一二种类书或丛书可以接触到较多的书，了解到这些书的大致梗概和阅览到一部分书，免去聚书的烦杂，正所谓“一部之中，可该群籍”，极便读者之省览。

（2）利寻检：书籍浩瀚，寻检一事一书，茫然不知从何着手，寻检费时徒耗光阴。而类书各有类别或字别，则从类从字，辗转稽求，不难得其本原。如温庭筠诗，“婚乏阮修钱”，不知阮修是何人，此事出典，出何处？查《太平御览》卷五四一礼仪部婚姻条，载《晋书》卷四九曰：

> 阮修字宣子，居贫，年四十余，未有室。王敦等敛钱为婚，皆名士也。时慕之者，求入钱而不得。

又如有人问，“断尽苏州刺史肠”一句是何人诗，查《佩文韵府》“肠”字即知是唐刘禹锡诗。

又如汉魏人著作可从《汉魏丛书》中找到一些。清人史学方面的著述可从《史学丛书》见到比较集中的一些。

（3）供采摭：有些类书的编撰就是为诗人墨客吟诗作文提供故实词藻的，所以往往可备采摭，如《太平御览》“红”字条不仅有“陈红”（《汉书》太仓之粟，陈陈相因，红腐而不可食）、“题红”（唐于祐红叶题诗见《太平广记》）、“万金红”（即胭脂，见《清异录》）等典故，还有与“红”对语的词藻为雪白（软红）、嫩绿（嫣红）、宫柳碧（苑花红）及与“红”有关的成句如“水盘荔子红”、“一枝幅水则残红”等等。

（4）存佚遗：类书和丛书中往往保存了一部分已佚古籍的资料，清人的辑佚工作便是从中辑录，使后人能知古逸书的鳞爪，甚或概貌。其中《太平御览》存古佚书最富。如诸葛亮一些军事著作和条教已佚，但《太平御览》中保存了一部分，使后人能从中考知诸葛亮的政治、军事思想。又如《太平广记》所引多唐以前逸书，民国十二年北大研究所曾从中辑书400余种。乾隆时纂《四库全书》时，曾从《永乐大典》中辑出佚书多种。

类书、丛书的作用大体如此，也有人提出可资考订的作用，但另有些学者则认为“类书引文实不可尽恃”①，“据类书以改本书则通人之蔽”②。这是因为类书多陈陈相因。如：

> 宋之《太平御览》，实以前代《修文御览》、《艺文类聚》、《文思博要》诸书，参详条次，修纂而成。其引用书名，特因前代类书之旧，北宋初当有其书，陈振孙言之详矣。若《四民月令》一书，唐人避太宗讳，改民为人，《御览》亦竟仍而不改。书名若此，引文可知。隋、唐、宋诸类书引文并同者亦未可尽恃。讲校勘者，不可不察也。③

所以对于类书应注意：

首先，类书不是著作，只是抄纂，可作线索，应尽可能追寻原书，如原书已佚，不得已方用为凭借。

---

① 刘文典：《三余札记》卷一，民国二十八年上海商务印书馆木活字本。

② 朱一新：《无邪堂答问》卷二，光绪二十一年广雅书局刻本。

③ 刘文典：《三余札记》卷一。

其次，不可以类书为据，乱改古书。

对于丛书则应注意有无芟削，如《小方壶斋舆地丛钞》多有删节，不可不慎！

第十四章　论地方志

中国的古籍数量，从来没有比较准确的统计数字。古人常用浩如烟海、汗牛充栋等词条来形容它。近人曾用综合各类古书的大约估数来计算，少则六七万种，多则十五六万种，二者差距很大。如取二者的中数应该在十万种左右，而总汇地方文献的地方志据近期了解当近万种，不能不说是一座极为丰富的文献宝库，尤其对幅员辽阔的中国来说，地方文献的汇聚更为重要。

地方志是记载某一地区自然、历史、地理、社会、经济和文化纵横各方面的情况和资料的一种体裁。它综合地反映各地区情况，也是写史取材的资料来源。它的写法和史笔有所不同，但二者却是相辅相成的，为保存和传递中华文化不可缺一的两个方面。

地方志的起源很早，但究竟源起何处，历来学者有着不同的说法，至今也不能指出一源来。《禹贡》、《周官》、《山海经》、《越绝书》、《吴越春秋》和《华阳国志》等等古书都曾分别被学者们引为渊源，这许多观点都各有理由，但却并不全面。因为一种体裁、一类图书在它的形成过程中，都是承受各方源泉，逐步丰富、发展、演化而成的。方志也并不例外，不能只有一源，而是在兼收国别史、地理书和地图等各种不同源泉的基础上，逐渐发展融合而成为一种能反映地区情况与特色的编纂体裁。不论是一源说，还是多源说，方志的起源如果推测到战国时期写的《禹贡》这一记载江河流域的人文地理志算起，至今已有2000余年的历史。1973年，马王堆出土的汉朝初年的地形、驻军图和城邑图，开启了后来有图有文的图经体的先声。东汉后期有《巴郡图经》，正式以图经命名，但主要侧重于记录地理情况。东汉袁康等人所撰《越绝书》，就记及地方的人事活动，兼有了史和志的内容。魏晋以来，方志的编纂体制日渐完备，有图经、地记和专著。图经是一边有图，一边有文字说明，是当时反映地方情况的主要体裁。南北朝时期，出现了好几部图经，如南齐的《广陵郡图经》，北朝的《幽州图经》、《冀州图经》和《齐州图经》，图经已是当时方志的通行名目了。地记是地理书汇编，当时数量不少，据《隋书·经籍志》，齐陆澄合《山海经》以来160家著作编为《地理书》149卷，梁任昉又增补84家成《地记》252卷。这两部书汇集了魏晋以前的地理书成果，可以看出地方志编纂事业的发展轨迹。其他如常璩的《华阳国志》和宗懔的《荆楚岁时记》等都是魏晋六朝时的方志名作，前者综述四川情况，后者专记荆楚风俗，已开方志综合志专科的分野。隋唐时期，方志编纂工作受到政府的注意。隋炀帝大业年间，命令全国各地将当地风俗、物产和地图上报政府，这应是政府正式向各地征集地方文献的开始。从此，篇幅巨大的方志著作陆续出现。如《诸郡土俗物产》、《区宇图志》和《诸州图经集》等书，都在百卷以上。这些地理总志篇帙之多，内容之富，都是前代所未见，也为后世修志事业创立规模，奠定基础。唐代方志著作更多，如《括地志》550卷和《元和郡县图志》40卷，都是概括全国的总志。《元和郡县图志》是一部影响甚大的著名方志，它以唐宪宗时10道所属47节镇为纲，分镇记载府州县户口、沿革、山川、道里、贡赋和古迹等，卷首有附图，南宋时图亡，后世就相沿称为《元和郡县志》。唐代地方修志情况也较普遍，20世纪初在敦煌石室发现的唐修《沙州图经》和《西州图经》可证边远地区也已修志。《沙州图经》已残，但从残存部分看，文字简洁，叙事顺畅，除记载行政机构和区划外，还对天象、水泽、坛庙、城驿、祥瑞、歌谣等有所描述。

这些图经的学术与史料价值很高，可惜被法人伯希和劫取，原件现存巴黎图书馆，我们却只能看到影印件。

宋代是编纂地方志有显著发展的朝代，根据一些目录的著录统计，宋代所修的志书大约在600种左右，现在只能见到的只有30种左右。宋代地方志的编纂体例大致定型，内容门类包含较广，长篇巨制相继出现，如《太平寰宇记》、《舆地纪胜》、《方舆胜览》等书不仅篇卷多，编纂体例也日益完备，如《太平寰宇记》在记载地理之外，又编入姓氏、人物、风俗等门类，详细地记录了人物的官爵、所撰诗词以及人事活动，极大地丰富了地方志的内容，并为后世地方志的编写体例树立了基本模式。宋朝还开始了地方志的续修制度，例如南宋从孝宗到度宗前后百多年间，南宋首都临安就曾三修临安志。在前后100年的动乱年代，一地之志竟能重修三次，足见当时对修志工作的重视。元朝继续修志事业，而它所创修的《大元大一统志》工作，却开启了明、清二代一统志的编纂工作。

明朝修志相当普遍，仅现存明志就将近千种。明成祖永乐十年、十六年曾先后两次颁布修志条例，开始有了正式的官方修志法规，从中可以看出政府对修志工作的重视。清代的方志纂修事业形成了一种鼎盛局面，据一些粗略估计，清修方志达6400多种，占全国现存方志总数的80%以上。如按清政府存在的时间核算，每年要完成20部左右的新志。它上起全国的一统志和各省通志，下至府州县镇乡，旁及盐井、土司司所和分县等等，几乎无不有志。其数量之多，层次之广，可称空前。官修地方志制度也逐渐完善，如康熙十一年曾诏各地分辑志书；雍正七年，为了编纂一统志，又严命各县修志；不久还明令规定各地60年修志一次。这对推动地方志的编纂有重要的作用。清朝还有不少著名学者投身于修志工作，如谢启昆的《广西通志》、阮元的《广东通志》、章学诚的《永清县志》、洪亮吉的《泾县志》、李兆洛的《凤台县志》和王闿运的《湘潭县志》等。这就使若干种清修方志具有了较高的学术水平而成为人所称道的名志。与此同时，学术界还开展了对方志的性质、体例和规制等问题的研究，为建立方志理论进行了大量的先驱工作。

辛亥革命以后，修志事业虽不如清代之盛，但仍在继续，据统计，1912 至 1933 年共修志 370 种，有的省份数量还很可观，如河南省在 1949 年前共修志 78 部，平均每年两部；山东省在 1929 至 1937 年间共修志 84 种，平均每年修十几部。方志学的专著也有多种问世，如李泰棻的《方志学》、王葆心的《方志学发微》、黎锦熙的《方法今议》和傅振伦的《中国方志学通论》等都对方志的体裁、源流和纂著方法进行了研究，把地方志的编纂事业更向前推进一步。

回顾 2000 多年方志编纂的历史，中国有大量的各种类型方志，如一统志、各省通志（总志）、府志、县志、厅志、卫志、乡志、里志、村志、镇志、关志、乡土志、小志等十几种。正式统计有 8400 余种，近年来各地普查结果，实际已近万种，数量相当可观。县志大概有 5400 多种，占方志现存总数的 65.2%，府志约 700 余种。如从卷数来看，也是县志最多，约 7 万余卷，占总数的 50% 以上。如以地域而言，论种数四川居首，约 670 余种。依次为江苏、河北、浙江、山东。论卷数则江苏第一，约 10 万卷，依次为浙江、江西、四川。同时在修志实践基础上，还开拓了方志学的研究领域。

这一大批地方志书是前人留给我们的丰富文化遗产。它们的价值究竟在哪里？

首先，这一大批地方志书几乎把中国这个地大物博国家的各个地区作了全面反映，保存和流传着大量足资征信的文献。这些文献记录着先民辛勤劳作和忘我搏击的业绩。它激励着我们爱国爱乡的真挚感情，它是我们民族和国家团结与统一的一种黏合剂。

其次，这一大批地方志书所保存的资料中，有不少至今仍有值得继承和可备借鉴的参考价值，例如：

（1）历代方志的编修人员一般都注意发凡起例工作，所以各类志书中多有凡例序言，说明编写宗旨与纂修方法。这些体例虽然陈旧，但由于志书类型全、数量多，撰志者各有所见，篇目设计也多研讨。我们取其所长，略其所短，不仅对旧志翻检获取指南，也可为续编或新编志书提供依据。

（2）历代方志中保存的大量有关社会经济、风土人情、文化艺术方面的宝贵文献，延续时间长，涉及方面广，有些只能从当地采录而得，是比较原始的第一手资料。这些文献不仅可供了解某一地区的基本情况，而且往往从志书中得到线索，按图索骥有所发现，从而产生现实效益，如要了解南京的丝织业历史，就可以从《上元县志》中索取大量资料。它不仅记录了当时丝织业的生产状况，而且还描述了生产组织和品种。又如人们根据《桐庐县志》记载，发现该县有个洞前村，按此线索终于在村后发现了瑶琳洞，洞内石笋林立，瀑泉飞泻，成为一个新兴的旅游胜地。日本一些学者曾利用《八闽通志》、《霞浦县志》和沿海的几种县志，了解到中国东南海域一带的鱼类汛期活动规律，对获取鱼类资源起了重要作用。

（3）方志中有的文献可以解决悬而未决的疑难和纠正传闻之误。比如中国对外贸易机构市舶司的设置问题，日本学者藤田丰八郎根据《宋史》和《宋会要》，对宋代是否在上海设有市舶司提出怀疑。但他忽略了他所依据的史料并不是宋代的全部史料，因为《宋会要》是南宋宁宗以前的史料，《宋史》虽是有宋一代的全史，但它所依据的主要史料《宋实录》于宁宗后史事多有缺略。所以科学地讲，南宋宁宗以前，宋代未在上海设市舶司，而宁宗以后则还不能轻下结论。最后这个问题借助于明弘治《上海县志》而得以解决。该志附载了宋度宗时管理市舶司的主要官员“监镇”董楷所写《古修堂记》和《受福亭记》等两篇文章。这两篇文章写于南宋度宗咸淳五年（1269 年），其中涉及到他管理上海市舶司的事务，肯定了宋度宗咸淳年间上海确曾设有市舶司的论述，从而祛除了对宋代是否在上海设过市舶司的悬疑。又如山东枣庄传闻有一种“咬人”的树，但检阅志书后，才发现这是一种高质高产的珍贵漆树，否定了传闻之误。

（4）方志中的资料还可以填补某些知识空缺。如历史人物的生平问题，有些人在当时由于有卓著成就而流传下来，有些人则因其成就当时未被发现，致遭埋没而事迹不彰。这些人的平生材料往往可求之方志来补缺，如明人柳稷写过一篇与柳宗元的同名文章《封建论》，但遍查有关传记资料，其生平不详，最后从四川《南充县志》中索得，不仅载有柳稷的生平，而且还收录他的诗文著述，填补了空缺。有些自然现象在旧方志中往往作为祥瑞、灾异来记载，那就需要以现在的科学知识来理解和认识。如极光问题，是对通讯、广播、空间探测、宇宙航行等有重要关系的天象，但旧方志中却视为灾异，湖北《竹溪县志》对清同治元年八月十九日的极光现象做了如下的描述说：“东北有星大如丹，色似炉铁，人不能仰视。初出则凄凄然，光芒闪烁，顷之，向北一泻数丈，欲坠复止，止辄动摇，直至半空，忽然银瓶下破，倾出万斛明珠，缤纷满天，五色具备，离地丈余没，没后犹觉余霞散采，屋瓦皆明。”陕西《大荔县志》、河北《东光县志》和湖北《光化县志》都记载了同治十一年一次极光现象。这些资料经过科学解释和论证便成为有参考价值的珍贵资料，为自然科学史的研究补了缺。

当然，这些旧时代的方志必然存在不少严重的缺陷。首先，它主要采取官修制度，所以肯定要给统治者以特殊地位。如皇帝的诏谕、诗文、言论都要独立成篇，置于卷首；其次，有不少宣传封建伦理纲常的内容，有时占有较多篇幅，难备采择；第三，由于编纂人员多是当地人士，或爱乡心切，或受人之托，所以往往出现不切实际的溢美之词，不足征信。其他如体例混杂、仓促成书等等弊病都大大降低了旧志的参考价值。因此，我们对旧时代方志的利用还应采取审慎态度。

近几十年来，对于这一大批文化遗产的整理继承工作取得了显著成绩，如：

（1）旧志重刊：有点校与影印两种不同情况。点校本是经过标点校订工作有利于读者使用的一种方式，据统计大约有200余种，其中以陈明猷点校、宁夏人民出版社出版的《嘉靖宁夏新志》为佳，他不仅整理点校了本书，还对缺页部分根据弘治《宁夏新志》补入了相应内容，又写了评论性文章，给读者很大方便。影印是不做任何加工而按原本印行，据约计也有200多种。台湾成文书局出版的《中国方志丛书》已按省区出三期1400余种，规模较大；江苏古籍出版社出版的《中国地方志集成》则按类型分册出版，预计有千余种。

（2）目录的编制：主要有三种类型：一是联合目录，主要是1985年由中华书局出版的《中国地方志联合目录》，全书收录了180余家藏书，记录了书名、作者、卷数、版本及收藏单位等情况，共收书8400多种；二是藏书目录，各地和各高等学校图书馆的收藏目录；三是地方目录，各省、各地区分别编整现存方志目录；四是海外访志而编的国外存志目录如《日本见藏稀见中国地方志书录》；五是提要目录，如《浙江方志考》。所有这些目录都便于读者检用旧志。

（3）类编方志资料：方志中蕴藏资料方面广，为其他图书所未及。《中国地震资料年表》是利用5600多种方志资料所编成，对地震科学提供了国际上惟一可靠而连续的参考资料。河南省地方史志编委会所编《河南土特产资料选编》收录了该省407个品种，分十类的历史资料，具有一定的经济价值。

挖掘、整理和利用这一大批丰富的文化遗产，使它发挥应有的效用，那就能更好地汇入到中华文化这支巨流中。它综合地反映中国各个地区的境域沿革、土地气候、山水园林、人物民族、万言物产、地方工艺及民情风俗。中国有句古语说，“入境问俗”，到一个地方想先了解该处的风土面貌，地方志便是一种最佳的读本。

地方志包含着社会的和自然的两大内容。它既可了解古往今来的沿革变迁、人事沧桑，又可借知东西纵横的山川物产、名胜古迹。它可以给人以对乡土可亲可爱的感受，树立起爱国主义思想的基点。它也可为经济建设提供资料依据，起到“求训致用”，“鉴往知来”的作用。它更是全国各地区历史和现状的文献总聚，并且是祖国文化传递既往，留传后世的重要渠道。地方志无疑是使传统文化绵延不绝的一座不容忽视的文献宝库。

第十五章　论佛藏与道藏

一

《佛藏》，是佛教大藏经的简称。

大约在2500多年前，一个姓乔达摩，名叫悉达多的古印度小国的王子创立了至今成为世界三大宗教之一的佛教。由于他是释迦族人，因而，人们又尊称他为“释迦牟尼”，意思是“释迦族的圣人”。

佛教创立后，经过释迦牟尼及其弟子们的不懈努力，四处游化传教，终于使得佛教在全印度范围内流行起来。释迦牟尼逝世后，他的弟子又将佛教向更远的地方传播，慢慢地超出了印度的疆域，经过多少代人的努力，佛教的一支传到了东南亚，如缅甸、泰国、巴基斯坦和中国云南的傣族地区，这支被称为南传佛教，另一支则由西域的丝绸古道传进中国，进而传到日本、朝鲜，这是北传佛教。

大约是在1900多年前的两汉之际，佛教传进中国。公元64年，即东汉明帝永平七年，皇帝派了12位使者前往西域访求佛法，3年后，他们连同两名印度僧人迦叶摩腾和竺法兰用白马驮着佛像和一部分经卷回到了首都洛阳，皇帝为他们盖起了中国第一所佛教寺院，供他们居住和翻译佛经，这就是洛阳名胜白马寺，他们翻译的佛经相传是《四十二章经》，为《阿含经》的选译本。

佛教最早在中国传播是师徒间的口耳相传，师父知道什么，读过什么，记得什么佛经就传给徒弟什么佛经，早期的译经也是来华的西域僧人将他们记忆的佛经背诵出来，让人译成汉语。这样，中国的佛教徒们很难了解佛教的全部思想和教义，于是，一大批西行求法者和东行传法者承担了把佛教典籍介绍进中国的重任，他们不辞劳苦，历尽艰辛，将一部部佛教典籍带进中国。于是，中国佛教界开始了大规模翻译佛典的工作。由于早期佛经被带进来得很不系统，因而，翻译也就处于“值残出残，遇缺出缺”，碰到什么佛典就译什么佛典的阶段。随着时间的推移，佛教传播的深入和佛典的增加，译经活动得到了政府的支持，翻译也开始系统起来，经过鸠摩罗什、真谛、玄奘等一批高僧的辛勤努力，印度佛教的大部分典籍都被翻译介绍进中国。

东汉前期，中国已经有了正式出家的和尚，也有了专门修行的场所——寺庙。南北朝时，佛教在中国发展很快，“南朝四百八十寺，多少楼台烟雨中”，“天下名山僧占多”，信仰佛教者遍布社会各个阶层，上自皇帝，下到普通百姓。南朝的梁武帝就是一个十分典型的信佛者，他曾多次舍身给庙里，然后又让大臣们集资将他赎出。佛教的传入，改变了中国人的观念，丰富了中国人的语言、艺术，充实了中国人的思想，开阔了中国人的眼界，深入到社会的各个角落，成为中国传统文化的三个重要组成部分之一。

翻译的佛典，大部分为各寺庙收藏，少量散留在民间，佛经翻译活动也大部分在各寺庙中进行。由于译经、抄经是获得功德、帮助修行的一个重要手段，因而，民间和寺院的抄经活动也很盛行，各寺院之间互相传抄，使得每个寺院都收藏了一定数量的佛经。寺院珍藏佛经，一方面便于僧侣们阅读、学习，另一方面也是一种功德。佛经越藏越多，给使用和管理都带来不便，于是，就专门有人整理各自寺庙的藏经，编成目录，这样，就形成了最初的手写大藏。最后，皇帝也加入了这个行列，陈代皇帝和隋文帝都不止一次地下诏，组织人抄写大藏，然后分发到各寺庙。“大藏经”这个专门名词大约出现在南北朝末期。

“藏”，梵文的读音是 Pitaka，原意是一种可以装东西的竹箧，古印度的僧侣们常用它来装抄好的佛经，因而，“藏”、“藏经”、“大藏经”也就成了一切佛经的代名词。后来，僧侣们又将不同类的佛经分别存放，而佛教经书通常被分为经、律、论三类，于是，经、律、论三藏又成了佛教典籍分类的代称。

隋朝初年，一个名叫费长房的还俗和尚编了一本著名的佛经目录《历代三宝记》，在这个目录中第一次设置了一个新类目“入藏录”，收录的是经过挑选的比较好和比较重要的佛典译本，再细分为经、律、论三类，目的是使以后人们收集佛典时有所依据。唐代所编的几部佛典目录，也大多有“入藏录”一类，收录的也都是翻译佛典，只不过在收录范围、部数、卷数上有所区别。此时，佛教传入中国已有好几百年，中国僧人为正确理解和阐释、宣传佛教，撰写了大量著作，可一直没有得到佛教界的重视，被排斥在大藏之外，直到盛唐时，长安一个名叫智昇的和尚在其根据所居住的崇福寺藏经编成的目录《开元释教录》的“入藏录”中，方才正式将中国僧人的著作收入大藏，归入“圣贤传记录”中的“此方撰述集传”类，第一次给予了中国僧人著作以应有的地位。

《开元释教录》中的“入藏录”，收录各种佛教典籍 1076 部，5048 卷，分为 480 帙，是根据长安崇福寺所藏大藏编成的，这只是当时社会存在的各种大藏经中的一种，由于智昇的这部目录考订精详，分类、著录、编排都很合理，因而，目录一编成，就引起了社会的重视。110 多年后，唐武宗会昌年间，皇帝下令禁止佛教流行，拆毁寺庙，焚烧经书，并勒令僧尼还俗，这是中国历史上有名的“会昌废佛”，也是佛教在中国流传史上的最后一次大灾难，这次废佛的直接后果使得全国绝大部分地区的佛典焚毁殆尽。废佛浪潮过后，佛教又逐渐抬头，各地寺庙基本上都以《开元释教录·入藏录》为依据来检查、恢复本地、本寺藏经，结果使得智昇这部目录成为全国大藏经的标准目录，导致全国的大藏经体系趋于统一。晚唐、五代时期各地写造大藏经也都以此为根据。

公元七八世纪间，勤劳、智慧的中国人民发明了雕版印刷术，在早期阶段，单篇佛经占了很大比重，现存世界上最早的雕版印刷物即是唐懿宗“咸通九年（868 年）四月十五日王玠为二亲敬造普施”的《金刚经》。宋太祖开宝四年，刚刚建立 11 年的政权还没有最后稳定，宋太祖就命宦官高品和张从信去当时雕版印刷的中心益州（今四川成都）主持雕刻全部大藏，历时十二年，直到宋太宗太平兴国八年方告完成，共雕成经版 13 万块，完全按照《开元释教录·入藏录》，共刻印佛经 1076 部，5048 卷，按《千字文》顺序排列，每字十卷左右，由“天”至“英”，共 480 帙。刻成后运回首都东京汴梁（今河南开封）印刷，印成分发各大寺院和外国佛教使团保存，这是中国历史上第一次雕印的大藏经。大藏经的命名，通常根据一些较为明显的外在特征。如开雕时代、刻印地点、刻印朝代、发现地点等，此藏由于是宋太祖开宝年间开雕的，故而又称为《开宝藏》。《开宝藏》的雕成，在中国佛教流传史上，是一件划时代的事，它标志着中国佛教体系的形成，标志着中国佛教的成熟。

佛教有关教义认为，抄写、刻印佛经，建寺庙，修佛像，能使人增加或获得某种功德，其中尤以刻印全部大藏为最大，因此，历代抄经、刻经之举，史不绝书。据统计，《开宝藏》之后，历代官私雕刻大藏之举，达 20 余次。宋代即有 6 次，除《开宝藏》之外，其余 5 部《崇宁藏》、《毗卢藏》、《圆觉藏》、《资福藏》、《碛砂藏》均为私刻，这些私刻大藏基本都以《开宝藏》为蓝本，只在版式、装帧、编排等方面略做调整并增加了一部分后出佛典。

与宋朝同时期的辽代、西夏、金也都各自刻了大藏。辽代为官刻，通称《辽藏》或《契丹藏》，是以《开宝藏》为基础略加增刻而成，西夏所刻大藏情况不明。金代刻藏是一位名叫崔法珍的妇女募资于山西解州开雕的，理应称作《解州金藏》，可由于此藏是1932 年在山西赵城广胜寺发现的，因而被称为《赵城金藏》。这是国内保护最完整的一部大藏，也是现存大藏中最接近《开宝藏》的。同时代的其余各藏，或已凋残，只余零星散本，或见诸日本，不存于大陆。

元朝皇帝十分信奉佛教，据史书记载，曾多次雕刻大藏，还曾将汉文大藏经与藏文大藏经进行校勘，编成了一部有名的目录《至元法宝勘同总录》。元代刻藏，现在能够见到并得到确认的有两部，均为元世祖忽必烈时代所刻，一为官刻的《弘法藏》，一为私刻的《普宁藏》，这两部大藏中，都增加了密宗的佛经，这是以前所刻的各部大藏都不具备的。

明代的建立者朱元璋是和尚出身，因而，建国后佛教地位较高。明代共刻有 6 部大藏，其中 3 部为官刻，这在历朝历代是没有过的。明朝刚刚建立 5 年，皇帝就敕令于金陵（今江苏南京）蒋山寺开始点校大藏，至洪武三十一年刻成，这就是《洪武南藏》。10 年之后，蒋山寺失火，板片均被焚毁，由于此藏存在时间短，永乐年间也曾在南京刻藏，因而，一般人总容易将《洪武南藏》与《永乐南藏》混淆。《洪武南藏》的传本直到 1934 年于四川崇庆的上古寺中发现，这一历史误会方才得到澄清。永乐十年，明成祖下令在南京开雕大藏，历时五年完成，此藏基本为《洪武南藏》的重刻本，世称《永乐南藏》，亦称《南藏》，但质量不如《洪武南藏》。永乐十九年，明成祖又令在北京雕刻大藏，直到 20 多年后的明英宗正统五年方始刻成，以后陆续略有增加，此藏即为《永乐北藏》，亦称《北藏》。永乐年间所刻的南、北二藏，由于均多次刷印，分赐各大寺庙，在传世的各大藏中，以此二藏为最多。两藏收录佛经的部、卷数，版式等都不相同。《北藏》优于《南藏》。永乐年间，又有私人刊刻大藏于杭州，世称《武林藏》。明末清初，民间又募资捐刻了两部大藏，一部为《万历藏》，一部为《嘉兴藏》（又称《径山藏》），其中《嘉兴藏》分为“正藏”、“续藏”、“又续藏”三部分，共收录佛典 2090 部，12600 余卷，是所有汉文大藏经中分量最大的一部。

清雍正十一年，在北京贤良寺设立藏经馆，十三年正式开雕大藏，至乾隆三年完成，世称《龙藏》、《清藏》。刻成之后曾刷印百余部分赐全国各大寺院。这部大藏共雕刻经版 79036 块，至今基本完好，是历代雕藏中惟一留存的经版，近年来文物出版社正在重新刷印出版。

清代末年，上海哈同花园女主人罗迦陵在著名僧人宗仰协助下，主持排印了《频伽精舍校刊大藏经》（简称《频伽藏》），至民国二年全部印完，共收经书 1916 部，8416 卷，线装 413 册。1943 年，上海成立《普慧大藏经》刊印会，计划网罗南传、北传所有佛典，编印一部全新的大藏经，不知由于什么原因，最后只出版了 100 册，未能按原订计划完成，这就是《普藏经》，由于未能完成，故而影响不大，知道者不多。

新中国建立后的 1982 年，国务院批准成立《中国大藏经》编辑局，由任继愈教授负责，计划编制汉文、藏文和我国现存各种文字的大藏经，由中华书局出版。汉文部分打算分成三编，第一编以《赵城金藏》为底本，按《赵城金藏》的目录体系影印，缺失部分用《房山石经》等 12 种中外大藏补上，共收录佛经 2000 余部，1 万余卷。第二编收录《房山石经》等 7 部大藏中无《千字文》编号的佛经，约有 2000 多种，1.3 万余卷。第一、二编所收佛典总数可达 4200 余种，2.3 万余卷，预计分印成 220 册，将成为中国历史上最大的一部丛书。第三编为历代大藏中未收的佛典，如敦煌遗书中的及晚清至民国佛教徒的代表译著。现汉文部分第一编正在陆续出版，第二、三编尚在整理之中，藏文部分也即将出版，其他文种的大藏正在整理之中。

中国佛教属于北传佛教，使用的经典是汉文大藏经，同属于北传系统，由中国传去的日本、朝鲜、越南也同样使用汉文大藏经。历史上，这些国家与中国各王朝往来最多，每部大藏雕成，均有机会得到，同时，这些国家也都雕印了自己的汉文大藏经。越南雕藏情况不明；朝鲜于11世纪和13世纪曾以北宋《开宝藏》为底本刻了两部大藏，被称为《初刻高丽藏》和《再刻高丽藏》；根据现在材料，日本一共刻过7部大藏，依次是《弘安藏》、《天海藏》（亦名《宽永寺藏》、《东山藏》）、《黄檗藏》（亦名《天眼藏》）、《弘教藏》（亦名《缩刷藏》）、《卍字藏》、《卍字续藏》、《大正藏》。其中尤以《大正藏》质量最高、影响最大，是当前世界上使用最多的汉文大藏经。

汉文大藏经除了早期手抄，宋以后雕印等形式之外，还有一种石刻形式。最著名的是始刻于隋炀帝大业年间，历时千余年，至明末方始告成的《房山云居寺石经》。据20世纪50年代末中国佛教协会的发掘、清点，共刻石15000余块，刻经1000余部，3400余卷。

在汉文大藏经之外，北传佛教还存在着藏文大藏经、蒙文大藏经、满文大藏经、西夏文大藏经。其中又以藏文大藏经最为重要，藏传佛教是北传佛教的分支，它的主要经典大多是直接从梵文译来，与汉文大藏经体系有很大不同，更多地保留了印度佛教的原貌。蒙文大藏经是元朝所刻，基本译自藏文大藏经。满文大藏经为清代所刻，主要译自汉文大藏经。西夏文大藏经的材料不详。

佛教除由汉传、藏传所组成的北传之外，还有传播于东南亚和我国云南一带的南传一支，南传佛教的大藏是巴利文大藏。巴利文大藏已被译成多种文字。我国西双版纳地区流传的佛教典籍大多是用傣文刻写于贝多罗树叶之上，形成傣文大藏经，号称84000卷。

二

《道藏》，是道教经书的总集和统称。

道教与佛教不同，是根植于中华民族土壤之上的传统宗教，正式形成于东汉后期，其来源和特征非常复杂。它崇老子为教主，奉《道德经》为主要经典，以先秦时期道家、阴阳五行和汉代谶纬学说中神秘主义成分为理论基础，以鬼神崇拜、神仙信仰为标志，追求肉体长生不老，白日飞升登仙，相信通过祭祀醮仪和符咒可以祈福免灾，继承了古代巫术的占星、解梦、降神、招魂、预言、祈雨、医病等职能与手段，同时，还糅进了古代农民的诸如太平、平均的社会理想和要求，在1000多年的发展历程中，又借鉴了很多佛教的内容。道教本身的复杂和多样，导致了经典内容的纷杂。现存的道教典籍约有2000余种，大部分收录在明代所刻的《道藏》之中。

由于道教徒们的最终目标是长生不老、羽化登仙，因而，在道教文献中，存在着大量这种尝试的记载，其中外丹术可以说是中国近代化学的发端，四大发明之一的黑色火药就是这种尝试的副产品。内丹术、房中术则包含了大量生理学、医学、体育运动的资料，此外，道教的壁画、造像、建筑等技艺，丰富了中国的艺术宝库，道教的教义也深入到整个哲学、文学和社会生活之中。道教、佛教、再加上儒家思想，是中国封建统治者的精神支柱，构成了中国传统文化的主要部分。

早在2000年前的西汉成帝时期，方士齐人甘忠可利用当时的谶纬之学盛行，编造了《天官历》、《包元太平经》12卷献给皇帝，并在社会上传播可使国家致太平之道的原始太平道，这就是道教的前身，不久，传教被禁止，自己也被杀头。后来，弟子夏贺良也被继位皇帝汉哀帝所杀，原始太平道只能在民间秘密流传。100 多年后的东汉顺帝年间，方士于（干）吉利用当时社会动荡，人民迫切希望摆脱贫困和灾难，重新过上安定日子的强烈愿望，广泛传播太平道，根据旧有典籍，集成《太平青领书》170 卷，此书即是道教最早经典《太平经》。与此同时，沛人张道陵在四川鹄鸣山中创立了五斗米教，健全了经典、醮仪、规戒，组织了庞大的宗教组织，东汉末年，其孙张鲁利用这股势力在巴蜀汉中一带建立了政教合一的政权，割据一方达 30 年之久。河北钜鹿人张角也利用太平道，组织发动了导致东汉王朝灭亡的黄巾起义。至此，道教正式形成。

五斗米教在魏晋南北朝时期非常流行，上至王公贵族，下到平民百姓。然而，这种原始道教中存在着一些不符合统治阶级利益的内容。于是，一些出身贵族的道教信徒们就着手改造原始道教，其中最成功者是东晋时代的葛洪，其所著的《抱朴子·内篇》，完善了道教的神仙体系，是一部重要的道教文献，其后，又经寇谦之、陆修静、陶弘景等人的不断完善，使得道教体系越来越系统、完整。

两晋时期，随着道教的日渐成熟和佛教典籍大量翻译的刺激，道教徒们编造了大量道经，并将先秦、两汉时期一些道家、阴阳家的著述也作为道经收录。葛洪在其《抱朴子·内篇·遐览篇第十九》中记录了其师郑隐所藏道书、符、图 260 种，1298 卷。其后，道教中又出现了以造作道书为首务的经箓派，刘宋明帝太始七年，著名道士陆修静在传道之余，奉敕广收新旧道书，加以甄别、整理，编成《三洞经书目录》，共收有各种道书 1228 卷，分为洞真、洞玄、洞神三类。道书的体系化由此而始，奠定了日后《道藏》的初步基础。陆修静之后，整理道书者代不乏人，至唐代止，共编有各种道书目录 10 多部，道书的数量也由刘宋时的 1000 多卷增加到盛唐的 7000 余卷。

唐朝是道教最盛的时代，皇帝尊老子为自己的祖先。玄宗在东、西两京设置经史子集四库收藏儒家典籍的同时，也将佛、道经典单独收藏。先天年间，玄宗敕太清观主史崇玄等仿佛教《一切经音义》例，修成《一切道经音义》。开元年间，又遣使搜访道经，由道士张仙庭负责编辑成藏，名为《三洞琼纲》（亦名《琼纲经目》）。这是中国历史上道经的第一次结藏，可以称作《开元道藏》，所收经数后代记录不一，有3744卷、5700卷、7300卷诸说。天宝七年，又下诏令崇玄馆缮写分送诸道采访使，再由诸道转抄，以广流布。

此藏纂成不久，"安史之乱"爆发，两京图书，大部焚毁。"安史之乱"后，唐政府多次搜求道书，然未成藏。唐末杜光庭、五代钱俶分别在四川、浙江重建道藏。

宋代建国后，曾有五次修藏之举，第一次是太宗时期，搜求道书达7000余卷，命徐铉、王禹偁进行校勘，删去重复，得3737卷。第二三次是真宗大中祥符年间，一次由宰臣王钦若总领，在徐铉校勘的基础上重新整理，得道书4359卷，分为7类，抄成目录献给皇帝，赐名《宝文统录》。由于编排不太合理，不久，王钦若推荐张君房主持重修，费时7年，共收录道书4565卷，以《千字文》为函号，起于"天"，止于"宫"，共666函，题为《大宋天宫宝藏》。张君房又采撷《天宫宝藏》中精华，编成《云笈七签》120卷。这是一部分类编排的道教类书，俗称"小道藏"，对后世影响很大。第四、五两次均在徽宗时期，一次是崇宁年间，下诏搜访道书，命道士刘道元等校订，《道藏》增至5387卷。另一次是政和年间，又一次下诏访求道教仙经，设经局详加校订后，送福建闽县镂版，然后运回东京印刷，全藏共收道书5481卷，分装540函，世称《政和道藏》，由于刻于万寿观中，因而又称《万寿道藏》。这是中国历史上第一次雕刻全藏，从此，道藏也有了正式刊本。《万寿道藏》刻成不久，金兵南下，版本被掠，印本大部毁于战火。南宋孝宗淳熙年间，曾抄录南方所存的《万寿道藏》多套，赐名《琼章宝藏》，分赐有关道观。

金兵南下，掠得大部分《万寿道藏》经版，存中都（今北京）十方大天长观。章宗明昌元年，命孙明道补刊成藏，为《大金玄都宝藏》，共收录道书6455卷。数年后，贮藏经版的天长观发生火灾，经版被焚。金朝末年，各地所存道藏大都毁于战火。

元初，道士宋德方根据管州所存《金藏》，重新整理，并将全真派经书也纳入，刊刻了一部道藏，称为《玄都道藏》，共收录道书7800余卷。宪宗、世祖朝先后两次下诏焚毁道书，《玄都道藏》经版被焚，各地所藏《道藏》大部被焚，劫余道书也大多毁于元末兵燹。

明成祖即位之初，就敕令四十三代天师张宇初重修《道藏》，张宇初去世后，又命四十四代天师张宇清继续主持，直到英宗正统年间方才编定，英宗又命通妙真人邵以正督校刊刻，正统十年刻成，为《正统道藏》，共收书1426种，5305卷，分装480函，按三洞、四辅、十二类分类编排，以《千字文》为函号，印成多部，分赐各大名山道观珍藏。神宗万历年间，又敕五十代天师张国祥续补《道藏》，补充道书50种，180卷，分装32函，为《万历续道藏》。正、续《道藏》共收道书1476种，5485卷，分装512函。熹宗天启元年，北京白云观道士白云霁据此作《道藏子目详注》，以为读藏指南。

清康熙年间，进士彭定求精选《道藏》中一部分，加上明末清初新出道书114种，编成《道藏辑要》，共收道书283种，分为28集。

1923年至1926年，上海涵芬楼将北京白云观所藏明代正、续《道藏》缩小版面，影印出版。1948年，上海诂林精舍又印行了守一子编《道藏精华录》，收入道书100种，其中一部分为《道藏》外道经。今人肖天石亦辑有《道藏精华》17集，收录道书600余种，以新增道书为多。

1977 年，台湾艺术印书馆和新文丰出版公司分别影印了涵芬楼本《道藏》；1986 年，日本亦影印了《道藏》；1988 年，文物出版社、上海书店、天津古籍出版社联合影印了涵芬楼本《道藏》，并进行了校订。

近年来，著名学者胡道静领衔主编，中国大陆、香港、日本、法国等地数十位专家组成的编委会经过多年努力，全面收录明清及民国时期所出现的道教经典著作，兼收一部分古遗道经和流失海外的道教经卷，紧承明正统《道藏》和万历《续道藏》编成新时代的道教丛书《藏外道书》。根据收书内容，分为十类：①古遗道书类、②经典类、③教义教理类、④摄养类、⑤戒律善书类、⑥仪范类、⑦神仙传记类、⑧宫观地志类、⑨文艺类、⑩目录类及附录。《藏外道书》的编辑出版，为中国道教文献明清段的整理填补了空白，为研究明清道教和明清社会思潮史提供了极为宝贵的资料。首批收书 650 种，1100 余卷，于 1992 年由巴蜀出版社出版 1～20 册，1994 年又续出 21～36 册。

本世纪初敦煌文书的发现，其中有大量唐、五代人手抄道书，为历代《道藏》所未收。惜今大部藏于英国大不列颠博物馆和法国国家图书馆，我们只能看胶片而不能亲睹原件。

道经中类书除《云笈七签》之外，尚有北周时《无上秘要》100 卷（今存 67 卷），这是最早的道教类书，引道经 310 多种，皆为六朝末古道经，今大部已不存。此外，尚有唐人《道教义枢》10 卷、《三洞珠囊》10 卷、《上清道类事项》4 卷等等。

附录　中华传统文化的传递

口传与纪事

（一）远古的口耳相传

在文字产生以前，人们要想表达自己的思想，交流经验，只有依靠语言。但是，语言只是人嘴里发出的声音，既不能传到很远的地方，也不能永久地保存下来，所以一些比较聪明的人，把他们的经验和知识，用概括、凝炼、便于记忆的语言编成歌谣、口诀和故事等等，教人逐字逐句地记住，需要时更背诵出来。这样，一传十，十传百，彼此相告，就可以传到很远的地方；上代传给下代，下代再传给下一代，代代相传，又可以传得很久，这就是“传说”。通过传说，此地方的人可以了解彼地方人的情况，后人能够知道前人的思想和生活情况。我们现在关于远古的一些知识，多半是靠着传说流传下来的，例如伏羲氏创制八卦，女娲氏炼石补天，燧人氏钻木取火，有巢氏教民筑屋，神农氏尝药医病以及大禹治水，等等。世界著名的希腊史诗《伊里亚特》和《奥得赛》，也是靠这种方法流传下来的。

传说是靠口耳相传的，它根基于人们的记忆力，可是人的记忆力毕竟不是录音机，能将别人讲的话原封不动地录制下来。在相互传述的过程中，人们又往往会遗忘一点儿，或是增加一点儿。因此，一件事情，经过若干人的口传之后，就会变得离原样很远，它的真实性自然会受到很大的损害。这就是我们不能完全相信古代传说的一个主要原因。

（二）结绳、契刻和图画

古人为了弥补记忆力靠不住这个缺陷，人们就想出了许多帮助记忆的办法，根据文献记载，我国古代在文字产生以前曾采用实物和形象的记事方式来传递文化，这就是结绳、契刻和图画。

所谓“结绳”，就是绳子打成大大小小、各式各样的结子，人们看到结子的大小、多少和位置，就可以想起每个结所代表的事情。用它传递信息，其他部落的人就能明白打结人的意思。我国远古时代的确流行过这种方法，如汉朝学者郑玄曾说：“古者无文字，结绳为约，事大，大结其绳，事小，小结其绳。”这种记事方法在我国历史上早已不使用，所以很难知道当时怎样结法，也不知道它们都代表什么意义。可是，在我国一些兄弟民族中，有过结绳或类似结绳的风俗，例如台湾的高山族曾结草为约，云南的哈尼族曾结绳进行贸易。在外国，如波斯人、秘鲁人，也都使用过结绳记事。

结绳的作用，在于它和人们的思想联系起来了。它既可以保存，又可以传递，所以，结绳能够成为交流思想的工具。

除了结绳，我国古代还采用过“契刻”的方式来传递文化。“刻”是雕刻，“契”是什么？有人说是木版，有人说是骨版。无论木版或骨版，大概是一种能够在上面刻画符号，帮助记忆的材料。这种记事方法在我国历史上也早已不使用了，自然，我们不知道在那上面刻画了些什么和怎样刻画；但我国云南省傣族人曾采用过这种记事方法，云南省博物馆曾收集到傣族的一根传代木刻。木刻两侧刻着许多刻口，每一刻口代表着一桩事情。据介绍，他们每年在第一次吃新米的时候，把全村人召集在一起，然后拿出这根木刻，由一位年老的人讲述每一刻口所代表的事件，从而，本村的历史就这样传递下去，这是古代传播知识的一个典型方式的遗留。

用图画传递信息，较之结绳、契刻更形象易懂。远古的人很早就会绘画，他们由于劳动生产的需要，常把周围环境中和与生活有密切关系的事物，画在他们所住的洞穴石壁上，现代考古已经发现了旧石器时代的人类在洞壁上的绘画。这些壁画都画得非常生动逼真，使人一看就知道是什么意思，譬如要约人去打猎，就画出一头鹿或一头野牛和一个手持弓箭的人，作为信件通知其他的人。这样，图画就起到了交流思想的作用。起初，人们要把表达的意思画得细致精确；后来，人们习惯了这些图画，只要用几根线条组成一个大概的轮廓，也就可以使人知道了绘画者的意图。这样，图画就逐渐脱离了具体事物的描绘，变为事物的一般意识的代表，人们拿称呼它所代表的东西的名字来称它，这就使得图画和语言结合起来，成为交流思想的重要工具。这就是最早的文字。这种文字一般称为图画文字或图形文字。我们的汉字，主要是按照这一线索发展出来的。

（三）汉字的产生

文字的产生，是出于人们社会生活的需要而逐步创造的，它是社会发展到一定阶段上的产物，是经过漫长时期而产生的；汉字当然也不例外。

当人类进入阶级社会以后，便产生了国家。随着社会条件的成熟，使一部分人能够脱离体力劳动而专门从事脑力劳动。脑体的分工，促进了社会生产力和科学技术的发展，那些专门从事脑力劳动的人，便有可能把图形文字整理成文字体系。中国从夏代，大约公元前21世纪开始进入阶级社会。虽然夏代的文字至今没有发现；但是，从我国原始社会后期的西安半坡仰韶文化和山东历城龙山文化遗址中，曾出土过带有动物图形的各种符号的彩陶。这些图形和符号，如果是原始文字的话，那么，从那时算起，到夏朝时期，形成文字体系的可能性是很大的。又因为商朝的文字——甲骨文，是一种比较成熟的文字，它绝不可能是从商朝才开始有的，也绝不可能全是商人造出来的，在它之前一定还有更原始的文字，只不过这种文字目前还没有发现罢了。所以，夏朝很可能已有正式文字了。因此，我们可以说，汉字至今已有4000多年的历史了。

关于汉字的产生，在我国古文献的记载中，有过种种说法，如《易经》上有一句“上古结绳以治，后世圣人易之以书契”的话，这是说文字产生在结绳之后，但没有确切指出文字产生的时期和由谁创造的。后来，有人把它归之于个人的创造，例如，西汉初年的学者孔安国把文字归于伏羲所造。但是，在《韩非子》、《淮南子》和《说文解字》中，都认为文字是由另一个传说人物仓颉造的。其实，无论是伏羲造字或者仓颉造字，都是难以置信的，因为文字不可能是由某一个人忽然发明的，它是劳动人民在长期的生产过程中逐渐创造出来的。

目前我们所能见到的最早较完整的汉字，是商朝的甲骨文。它是公元前十三四世纪时遗留下来的文字，所使用的单字达4500多个，形声字占有一定的比例，并且已使用了假借字，这说明，甲骨文已是相当成熟的文字了。

文字的发明和应用，使人类能直接记录语言，表达抽象的思想，打破了时间和空间的约束，而将知识和思想准确、广泛地传播开来。所以，文字是人类进入文明社会的重要标志。

（四）甲骨、钟鼎和石器

中国现存最早的文字材料，是甲骨文。它是商代文字。商代文字种类颇多，已经发现的有刻在石上的石文，刻在陶器上的陶文，铸在青铜器上的金文，以及刻在甲骨上的甲骨文，在已发现的各种文字中，以甲骨文为主要。

甲，就是龟甲。甲文是在龟的腹甲上契刻的文字（也有少数刻在背甲上的）。骨，就是兽骨，主要的有牛胛骨和鹿头骨。骨文是刻在牛胛骨和鹿头骨上的文字。甲骨文就是刻在龟甲和兽骨上的文字。它于1899年在河南省安阳县小屯村出土。这一带是商代从盘庚以后的首都。自盘庚迁此，直至商朝灭亡，为时大约270余年。因其首都称做殷，所以，商朝又称做殷朝。商朝灭亡后，它的首都沦为废墟，因此，又称安阳小屯一带为殷墟，从此地出土的甲骨文又别称为殷墟书契。又因为这些甲骨，是殷人用以占卜的遗物，刻在上面的文字，也就是殷人占卜的记录，所以甲骨文还别称殷代卜辞。

起初，人们以为这些甲骨是“龙骨”，就把它们卖给了药店。所谓龙骨，本是一味中药，它是埋藏在地下的古代动物的骨头，有涩精补肾的功能。后被一个叫做王懿荣的清末学者发现，认定这是一种珍贵的古代文物，才开始有意识地收集。其后，经过一些学者如孙诒让、罗振玉、王国维等人的研究，才确定是商代的一种文字材料。

商王朝距今大约3000多年了，它是一个相当发达的奴隶社会。商人十分迷信，他们认为生活中的一切，都得听命于上帝，都是按鬼神的意旨办事。因此，事无大小，必须贞卜。贞卜的内容包括祭祀、征伐、田猎、年景、疾病、出入、风雨，以及卜旬（十日之内有无祸事）、卜夕（当天夜里有无灾祸）等等。甚至妇女分娩生男生女都要占卜，主持这种事务的专职人员称之为贞人或卜人。占卜时用的龟甲或兽骨，以龟甲居多，故名龟卜。据说，占卜之前，先将龟解剖，取下腹甲，涂以牛血，这叫“衅龟”，然后再将甲刮磨，使它平滑光洁。

占卜的方法是把事先整治好的甲骨钻一圆孔，凿一长槽，然后用火烧灼，钻凿过的地方经火灼后，自然裂成不同的纹路，贞人据此确定吉凶，决定事情当做不当做，最后把占卜的结果，包括占卜时间、卜人名字、所问事情、事后的应验等等，刻在纹路的附近，甲骨文就是当时占卜的记录。

甲骨文除卜辞外，还有记事刻辞，所谓“记事”，有的与卜辞有关，有的无关，如记载战争中俘虏数字，田猎时所获多少，以及方国、臣下进贡物品，等等。

甲骨文是用金属刀具或别的什么工具刻在龟甲兽骨上的，目前还没有确定；但甲骨文字体十分美观，或峭拔苍劲，或秀丽多姿。它不仅是研究殷商时代社会生活的宝贵资料，同时又是极其珍贵的艺术品。

根据大概统计，河南安阳小屯出土的甲骨有 20 多万片，其中有二三万片流落国外，甲骨文不重复的字有 4500 多个，已识的字大约在 1500 左右。我国第一部著录甲骨文的书，是 1903 年出版由刘鹗拓印的《铁云藏龟》。以后陆续拓印、摹印、影印出版了 30 多种，其中《甲骨文合编》是一部集大成的著作，有图版、释文、多项索引和有关图表，共 13 巨册。

文字产生以后，另一种记事载体是钟鼎。所谓“钟鼎”，它是对古代青铜器的通称。古代有些重要的文献记录，为了传之久远，不致朽烂，于是在青铜器上刻辞，以传于后世。这在我国古文献中屡有记载，如《墨子·鲁问篇》中说：“书之于竹帛，镂之于金石，以为铭于钟鼎，传遗后世子孙。”等等。

青铜器绝大部分是古代统治者日常生活中所享用的礼器。一般乐器有钟，食器有鼎、鬲、敦、簠，饮器有尊、彝、壶、爵，盥洗器有盘、匜。这些礼器中，以钟和鼎为最大，上面多半有文字，所以，人们称这上面的文字为“钟鼎文”或“金文”，又因为这些文字是铸（或刻）在上面的，所以，又称为“铭文”。

青铜器是用铜锡合金铸成的器具，它的发现是人类文化史上划时代的标志之一，证明人类已从新石器时代进入了青铜器时代——大约是在商代。它出现不久就有人开始在上面刻上名字或其他符号，以明归属。后来，文字渐渐加长，变为纪念性短文，或者说明作器的原因，或者说明作器的用途和作器人。再后来，便将需要长期保存的重要文献也铸（或刻）在青铜器上，如春秋时期的郑国，在公元前536年将刑罚条文铸在鼎上，晋国也曾于公元前513将范宣子所作的“刑书”，即刑罚条文铸为刑鼎。因此，青铜器上的文字由一二个字逐渐发展到几百字，从这些文字记录中，我们可以得到关于当时的许多历史知识。

在青铜器上刻字这种风气，一直沿用到西汉时期，从传递文化的角度讲，最重要的是周朝到战国时期的青铜器，因为这时期的青铜器，大多刻有文字，有时还很长，对于我们今天研究文化史有重要的价值。如清道光末年在陕西岐山县出土的毛公鼎，是西周宣王（公元前827～前782年）时期铸造的，鼎上有铭文32行，连重文共497字，是现存有铭文最长的青铜器，内容记述了周宣王诰诫和褒赏其臣下毛公厝事。又如清乾隆中叶出土的散氏盘，是西周后期的青铜器，有铭文19行，357字，又名夨（ze）人盘，记述夨人将大片田地移付于散氏时所订的契约。

这些青铜器的花纹和形态非常优美，冶金铸造也很考究，是我国古代艺术和工艺的极宝贵的资料；它们上面的铭文，反映了古代政治、经济等方面的很多情况，是研究我国古代历史的重要材料。

对于青铜器上铭文的研究，我国从宋代开始就成为一门专学，出版的图书也很多。目前收集铭文较多的书籍有罗振玉等编的《三代吉金文存》，陕西考古研究所等编的《陕西出土商周青铜器》。考释方面的专著有郭沫若的《殷周青铜器铭文研究》、《西周金文辞大系》和容庚的《金文论》等。

青铜器本身有其固有的用途，铭文是附加在上面的。所以，青铜器和甲骨一样，虽然可以利用它的铭文，研究古代社会文化，但它本身还不是正规的图书。

文字产生以后，再有一种载体，就是石器。古人曾努力寻找一切可以书写的材料来记录重要的事情。人们发现，在石头上刻字比在钟鼎上铸（刻）字容易得多，而且也能够多载。因此，刻石就成了保存和传递文化的重要形式之一。所以《墨子》书中就有“镂于金石”的话。

中国现存最早的刻石是秦国的石鼓，它是唐朝初年在陕西天兴县（今陕西宝鸡市）出土的。石鼓共有 10 个，各刻四字诗一首，歌咏秦国国君游猎情况，因而又称为“猎碣”。它的字数最初有 600 多个，现在仅存 321 字，书体为秦始皇统一文字以前的大篆（即籀文），历代的学者们对其书法评价很高，近代学者经研究，公认为它是秦国的石刻，至于刻于何年，目前尚未确定，多数认为是秦文公时期的遗物，距今已有 2700 多年。

像甲骨、钟鼎一样，石鼓刻辞尽管带有文学色彩，但它的主要目的是为了纪念或表扬，而不是用来传播文化知识，而且也难以流传。所以，它们也不能算作正规的图书。

此外，古人有用玉版作文字载体的情况。将文字刻于玉版，但它始于何时，我们已无从知道，但至迟在商朝后期已用玉版为载体来记录事情了。《史记·太史公自序》中说明秦始皇时期，秦政府中储藏着不少用玉版记录的档案材料。考古发掘也证实了玉版的存在，1960 年 12 月在山西省侯马晋国遗址中，出土了写有文字的玉片和石片，总数有 5000 多件，其中 1/3 为玉质，2/3 为石质。它们的形状是上尖下方，最长的 32 厘米，宽近 4 厘米，厚将近 1 厘米，小型的一般长约 18 厘米，宽不到 2 厘米，有的薄得像纸片，上面的字是用毛笔书写的，这是我国春秋后期遗留下来的珍贵文物，由于上面记载的是一种盟誓，同时又出土在侯马，所以叫做《侯马盟书》。经考古学者鉴定，认为它是距今 2500 多年的前晋国的贵族赵鞅所主的盟约。但它也是档案，而不是正式的图书。

甲骨、钟鼎、石鼓、玉版从严格意义上说，由于不能流动、传播而不能称为正式图书；但它们确是在简牍出现前，发挥过传播文化的重要作用。

简牍与帛书

中国正式图书的最早载体材料是竹和木。一般来说，以竹为载体的称简策；以木为载体的称版牍；但也有以木作简称木简的。简策多用于写法令、著作，版牍多用来写信或绘图。由于人们寻求到竹木这类价廉方便的载体，正式图书得以出现，文化的传递也步入了正常的轨道而逐步向前发展。

简策与版牍究从何时开始使用？据《尚书·多士》篇周公对殷的贵族说，“惟殷先人，有册有典”，则殷商时不仅有竹简编成的册（策），还有解释作“大册”的典。可是现在既无实物作证，对简策的解释也还有不同说法，所以至多把它们认作是正式图书出现前的先驱形式。子思所写《礼记·中庸》中有“文武之政，布在方策”的话，唐朝孔颖达解释方策是“方牍简策”，宋朝朱熹解释“方，板也；策，简也”。这可以解释为一块木版称“版”，写了字的版称“牍”，一尺见方的牍称“方”，一支竹片称“简”，许多简连在一起称“策”。《中庸》所记说明周初文王、武王时已把他们的政事、政令记述在以木为载体的方版上成为文牍（官方公文），同时也记载在竹简上，并把连续记事的简编联成策（册）。如果《中庸》所记可信的话，那么简策版牍在周期初年至少已被官方所使用。公元前527年，周襄王曾对晋大夫籍谈说到籍谈九世祖孙伯黡（yǎn），因管理典籍，所以他的后人便由此而姓籍氏，籍是簿书，从竹字头，可见当时已用竹作书写材料，如从籍谈上推九世，则应是公元前800年左右，即西周中期，可见西周中期也已用简策，但由于至今未发现春秋以前的简策实物，遂难以肯定初中期开始利用简策的具体情况。

根据史书记载，战国时期的简策曾被发现过。如汉武帝时，鲁恭王在曲阜修建宫室，在拆除孔子的旧宅墙壁时，发现一批简书，包括《古文尚书》、《论语》和《孝经》等，用蝌蚪文或篆书写在竹简上，每支简上有20字至25字。晋武帝太康二年（公元281年），河南汲郡人不准在盗发魏襄王（或作安厘王）墓时，得竹书数十车，大都是古代的重要史料，有《竹书纪年》、《穆天子传》等16种，75篇（卷），都是秦汉以来失传的书，引起晋朝政府的重视，把这批竹书交由著名学者荀勖等主持整理、编次，列入政府的官藏目录。后世称这批发掘出来的简书为汲冢书。南齐高帝建元元年（公元479年），襄阳地区盗发相传是楚昭王墓的古冢，其中有竹简书，宽数分，长2尺，蝌蚪文书写。这些发现的简书都是战国或更早些时候的遗物，可惜它们只见于文献记载，而无实物作证。

20世纪50年代以来，从地下发现大量战国及秦的竹简，较重要的有三次：

一是1953年7月，在湖南长沙南门外仰天湖古墓中，发现竹简42支。最长的22厘米（约六七寸），墨书，篆文，每简一行，有2字至10余字不等。根据一同出土的其他文物来鉴定，这批竹简确是战国时的遗物。

二是1972年山东临沂银雀山发现的《孙子兵法》和《孙膑兵法》竹简5000枚之多，显然也是战国时代遗物。

三是1975年12月湖北云梦睡虎地秦墓中，出土竹简千余枚，内容包括《南郡守腾文书》、《大事记》、《为吏之道》及律文等。据专家研究，这批竹简应是始皇三十年（前217年）入土的，在53支《大事记》木简上记载了自秦昭王元年（前306年）至始皇三十年共90年间的大事，均按年系事，一年不缺，有些内容可补正《史记》的记载，足见其价值。

由于这几批竹简的出土，人们可以亲眼看到战国时竹简的实物形制。这些竹简无疑是现在所能见到的最早的正式图书，从而证明2000年前中国文化的传递已有了正式的专用载体，使之流通传播。

竹简并不是直接使用竹的原始状态，而是经过一定的泡制过程，即先将竹截成一定长度，再剖成一定宽度，成为一支支的简，再经过火烤脱水以防朽蠹，这种技术处理称为“杀青”或“汗青”，然后便成为可以写字的书写材料。每支简长的有72厘米（2尺4寸左右），用来写重要书籍如儒家经典和政府法令，以示尊敬。由于战国时有以8寸为1尺的，2尺4寸简可视作3尺，上写法律条文，所以古代称法律为“三尺法”。短简约八九寸，用来写次要书籍如子书和传记等，以便翻阅。东汉学者王充在所著《论衡》中所说，“大者为经，小者传记”，就指此事。

简书上的字，过去有一种误解，人们认为既是竹木材料，那就是用刀刻或用漆书写的。但从实物考察，简上的字却是用毛笔和黑墨写的。所谓“漆书”的“漆”，不是名词的“漆”，而是形容其黑如漆，至于刀则是用来刊改误字，类似现在橡皮擦的作用。一般每支竹简自上而下写20字或40多个字。云梦发现的一支竹简，正反两面都写字，还配有图画。秦简《为吏之道》则分上下五栏书写。

每支简上不能写很多字，一个文件或一篇文章往往需要写许多支简，于是就要把简依次排列起来，这就叫做“编”。编连有序的简用二道、三道，甚至五道丝绳或麻绳连成“册”（策）。这成册的简以末简为中轴，从左向右成一卷来保存，这就是一卷书，固而

“卷”成为图书的单位名称，一直沿用下来。

用木材作书写材料时，先将木材锯成段，再分成片，然后把横断面刮削使之平滑，成为“版”。“版”有不同规格，凡汉3尺长的称“椠（qiàn）”，2尺长的称“檄（xí）”，1尺长的称“牍”。版的宽度一般是长的1/3。也有长宽相同的称为“方”。有的宽度很狭，只能写一行字的称“札”，也就是木简，汉代比较普遍地使用木简。一尺见方的牍一般用来写信，所以过去把信札称“尺牍”。在牍的外面加一块空白的“版”叫做“检”来掩盖有字迹的牍，对内容起保密作用。把一叠版牍捆在一起以免散乱的行为叫“约（yāo）”。在“检”上签上名字叫“署”。在“检”的中间有一块微凹的小方空叫“函”，所以后世把信件称为“函”。捆版牍的绳子在“函”处打结，用泥封上，加盖印章，以免别人偷拆，这种行动叫“封”，也称“泥封”，所以后世把“封”作为信件的计量单位。版用来写字称为“牍”，用来画图表仍称“版”，国家用“版”来画疆域，所以后世称领土为“版图”；地方上用“版”来登记户口，称为“户版”，所以户口册也称“版籍”。战国时期使用木简较少，据出土文物考察，仅见于四川省青川县的战国墓中有二件，记载着公元前309年秦武王命令丞相甘茂修改田律的内容。木简在战国时可能使用较少，后来由于加工制作比竹简方便，所以使用日广，汉代木简的发现数量就比较多了。

西汉时期继续使用竹木简牍，在古书中多有记载。汉武帝元光元年（前134年）曾命令学者对政务发表意见，这些学者以书面发表意见，所谓著之于篇的“篇”字就指竹简。汉元帝时掌管京城治安的诸葛丰曾向元帝表示除恶务尽的态度，不惜牺牲生命来诛杀奸臣的头，悬挂在街，并“编书其罪”，这个“编”字指把各支简编连在一起。成帝时，中国第一个目录学家刘向曾比较详细地说明竹简的制作程序和整理简书的情况。这些文献记载证明西汉时简书仍是图书的主要形式。

不仅有文献记载，而且从 20 世纪 20 年代以来陆续发掘出汉简，如：

1901 年在新疆尼雅河流域古楼兰遗址，出土汉木简 19 枚。

1914 年在甘肃敦煌附近，发现汉木简 1 万余枚。

1959 年在甘肃武威磨咀子 6 号西汉墓中，出土竹木简 490 枚。

1972 年在山东临沂银雀山 2 号墓中出土了 32 枚竹简。它们是汉武帝元光元年的历谱，这是目前发现最早、最完整的历谱。

1972 年至 1974 年，在甘肃居延地区出土汉简近 2 万枚，这是中国发现汉简数量最多的一次。

简书对于中华民族文化的保存、传递和奠基诸方面曾起过重要的作用。它从周秦以来到魏晋时期一直作为主要的图书形制；但是由于制作过程繁复，携带传播笨重，收藏占用面积较大，编连容易烂脱遗失，所以与简策同时并行的还有"帛书"。

"帛"是丝织物的总名，所以"帛书"又称"缣书"、"缯书"。"帛书"与"简书"并行使用可从诸子著作中得到证明，如《墨子》中有"书之竹帛"，《韩非子》中有"先王寄理于竹帛"，《吕氏春秋》中有"著乎竹帛"等等词句，把竹帛作为并用的书写材料。1942 年 9 月，在长沙东郊王家祖山的一座战国时的大椁里发现一件帛画，有字有画，文字主要是一些天文禁忌和神话故事，画主要用青、绛、朱三色绘成的各种神怪形象。据考古专家考订，这是 2300 余年前的遗物，可惜已被美国掠去。这张帛画只能说是一张宣传品，而不能算作图书。

西汉以来，由于帛便于携带使用，舒卷自如，所以继续与竹简并行于世。楚汉战争时，刘邦包围沛城，便在帛上书写宣传内容，射入城中以瓦解守城势力。大批的帛书实物发现是在 1974 年湖南长沙马王堆三号西汉墓中，当时出土的帛书计有：①两种《老子》写本（整理时称为甲乙本）。甲本《老子》后有佚文 4 篇，乙本《老子》前有佚文 4 篇；②《周易》一部及卷后佚书 3 篇；③与

《战国策》有关的书一种；④与《左传》类似的佚书一种；⑤关于天文星占的、相马的、医经方的佚书各一种；⑥关于刑德的佚书3种；⑦关于阴阳五行的佚书2种；⑧导引图、驻军图、地图、街坊图各一幅；⑨杂占书一种。这批帛书总共有12万字，大部分用朱丝栏墨书，字体是篆、隶两种。这批帛书被发现不仅使我们了解和看到帛书的实际形态，丰富了中国图书发展历史的内容，而且这些帛书既可作为现行图书的校订依据，还可以增加一点古籍的种量。

东汉时，简牍和帛书仍然是主要的图书形态。光武帝迁都洛阳时，官方收藏简策所写的经书就装运了2000辆车。章帝时曹褒奉命修改西汉初年叔孙通所订《汉仪》，撰成有关礼制150篇，都以2尺4寸简来写，以示尊重。至于简策实物的发展，比较突出的有1930年在甘肃居延地区发现的东汉木简，其中有一部东汉和帝永平五年至七年（公元93～95年）的兵器簿，有77根木简用二道麻绳编连而成的兵物清册，简上还写有“右破胡燧兵物”字样。1950年甘肃武威的东汉陵墓中所发现的300余枚木简中有《仪礼》9篇是现存的简策型儒家经典，以2尺4寸长简书写，每简写数十字，各简间有顺序编码，这是现存古简中最长的一种。东汉时，帛书比过去更多地使用，如顺帝时有《太平青领书》170余卷，是“白素、朱介、青首、朱目”的形制。这是一本帛书：白素是白色的丝绢，朱介是红色打的格子，青首是用青绸子作护首，朱目是红色题签。这部170余卷的大书，每卷是白绸子上打红格，包着青绸子，题着红书名。简书和帛书是当时政府的主要藏书，东汉末年，董卓强迫汉献帝迁都西安时，图书损失严重，简书被烧，帛书大的连结成为车篷，小的做成口袋，可见帛书在全部图书中占有一定比例。

帛书质地轻软，书写自由，剪裁方便，能绘图制表，所以一直与简书并行使用，但由于帛书造价昂贵，不是一般人所能负担，所以它始终不能代替竹简而单独流行，即使并行，它也被作为贵重文房用品看待。后汉以来，纸开始作为书写材料时，以帛写书仍然存在，不过逐渐作为艺术品如书法、绘画之类的载体，而不是作为图书的载体了。

由于“帛书”始终未能代替“简书”，所以竹木简牍，一直沿用于魏晋。直到东晋末年，桓玄才在一道命令中正式宣布用纸作书写材料而停止使用简牍。从简牍到缣帛到纸的使用的确是中国图书发展上的一大进步。简牍虽然已不被作为专门的书写材料，但它的影响却一直传留到后世，在文学作品和成语口语中还可以看到简牍的痕迹。宋文天祥的著名诗句，“人生自古谁无死，留取丹心照汗青”。汗青是制简的工序，后世用以代表图籍、史册。作家完成作品称“杀青”，杀青是正式定稿的意思。对敌人累累罪行的控诉说“罄（qìng 用尽）竹难书”，表示用尽许多竹简都写不完。一本书的页和行发生错乱，校勘者称它为“错简”，是指明各支简的次序错乱了。过去的八行信纸也是八条简编连在一起的模拟形式。

简书和帛书的地位，虽然被纸所代表，但它们传递和保持中华文化的功绩是光照后世的。它们的创制和使用反映中华民族先辈们的聪明智慧。

纸和纸书

纸是中国四大发明之一，也是对世界文明的卓越贡献之一。世界各国的造纸术，都是由中国传播出去的，东方的朝鲜、越南和日本晚于中国二三百年，中亚各国晚六七百年，欧洲国家则晚千年左右。纸的发明使文化的传播摆脱了竹简的笨重和缣帛的昂贵而得到了更顺利的流通。这是中国图书事业发展史，也是世界图书事业发展史上的一件大事。

根据出土的西汉时期的纸状物或原始形态的纸，说明西汉已经有类似纸的物质。上一世纪以来，在中国的新疆、甘肃、内蒙、陕西等地先后出土过汉纸残片，其中西汉麻纸便出土过4次：

一是1933年，中国西北科学考察团在新疆罗布淖尔（淖尔是湖）汉代烽燧亭故址中掘得一片古纸，长10厘米，宽4厘米，麻质，白色，方块薄片，四周已不完整，纸质粗糙不匀净，纸面有麻筋；同时出土的还有黄龙元年（前49年）的木简若干。黄龙是汉宣帝年号，所以这片残纸当是西汉时遗物，可惜，这片西汉麻纸被日本侵华炮火所毁，现幸有照片可查。

二是1957年，在陕西西安坝桥砖瓦厂的工地上，发现有西汉武帝时代的遗物，其中有古纸的碎片。经化验证明这是由麻类纤维所造的纸，质地粗厚，外观呈浅黄色，表面有较多的未松散的纤维束，局部有小段双股细麻绳头，帘纹不清，纸上无字，出土时是用来包随葬铜镜的。出土的纸多半已裂成碎片，较大的一片长宽差不多为10厘米。因为这些碎纸是在坝桥发现的，所以称它为“坝桥纸”。它是目前考古发掘出来的中国现存最早的“纸”。

三是1973～1974年甘肃居延考古队在甘肃北额济纳河沿岸居延遗址的肩水金关故地发现两片西汉麻纸。一片已揉成团，12×19厘米，呈白色；同处出土的简牍最晚年代是西汉宣帝甘露二年（前52年）。另一片11.5×9厘米，呈暗黄色，质地较粗，含麻筋较多，出土层约在汉哀帝建平（前6年）以前。这种被称为“金关纸”的西汉麻纸是中国对古纸的一次重大发现。

四是1978年陕西扶风县又发现汉宣帝时期的古纸，质地粗糙，也为麻类纤维所造。

这四次发掘出来的西汉纸，表面上都没有文字，可能由于这些纸质地粗糙，只能用来包垫东西，而不能作书写材料。但是，西汉时期用麻料制作纸的技术却是今后造纸术发展的起步点。这一创造为中国的造纸术和正式用作书写材料的出现奠定了基础。

随着造纸原料的扩大和造纸技术的逐步改进与推广，到了东汉时期，纸便开始成为可用于写书的书写材料了。汉章帝时曾命令著名学者贾逵研究《左传》，并提出《左传》比《公羊传》和《谷梁传》优越的特点。贾逵分条论述并报告了章帝，章帝很高兴，除赐布500匹和衣一套外，还要他选取高才生20人来学习《左传》，发给简书、纸书的《左传》各一种。这是文献记载中第一次记载简书与纸书并行之始，也可见东汉前期的纸已大有改进，达到能够作书写材料的程度。贾逵的学生崔瑗用纸写了《许子》10卷送给朋友葛元甫，同时还表示歉意。这又证明纸可用来写书，但不如缣帛贵重，所以要向朋友道歉。不过当时纸的产量还不高，所以有人曾用废纸反面写书，以致使人看不清；由于纸的产量不高，所以政府中对于纸的使用还管理比较严，设立专官掌握，如守官令主管皇帝用纸，尚书右丞主管宫廷用纸。

从考古发现的东汉纸张上面是有字迹的，如1942年在内蒙古额纳济河发现了带有字的纸团，化验为植物纤维所造，根据与它同时出土的和帝永元年间的木简推断，这团有字的纸当是永元五年至八年间（公元93～98年）的纸。1973年在甘肃武威旱滩坡工地发现了东汉时代的古纸，纸上写有隶书，经化验也是麻类纤维所造。这是我国现存最早的写有文字的纸。1974年在甘肃武威的东汉墓中又发掘出一批带有字迹的东汉纸。这些发现充分证明东汉时期造纸技术已有改进与发展。

纸的概念的出现，用麻类植物纤维造纸技术的产生，都为东汉蔡伦改进纸技术创造了条件。"蔡伦造纸"是相沿已久的传统说法，过去民间的启蒙读物《幼学琼林》中就说"纸乃蔡伦所为"。这个传之既远且广的说法当始于《后汉书·蔡伦传》。《蔡伦传》中说蔡伦"造意"用树肤、麻头、破布、鱼网等造纸，并在汉和帝末年（公元105年）把制品上报，得到和帝的赞赏，从此，天下就普遍用纸，而把纸称作"蔡侯纸"。史传中所说的"造意"是指创始而言，所以就有了蔡伦造纸的传统说法。但是这个说法并不十分准确，一是在蔡伦以前就有能写文字的纸，蔡伦只能是改进者，而不是发明者；二是《后汉书·蔡伦传》的史料根据《东观汉纪》中记载是“蔡伦典作尚方作纸”，尚方是一种官职，指少府（掌管山海地泽收入并皇室手工业制造）所属的尚方令。这个职位监督制造宝剑等各种器械，并且主管纸笔墨等用品。“典”是主管的意思。《东观汉纪》的这段话是说蔡伦任尚方令主管造纸工作。由于他是主管者，所以所造的纸被称为“蔡侯纸”。蔡伦究竟是个什么样的人，他在造纸事业中的地位应该如何看待呢？

蔡伦字敬仲，桂阳人（今湖南省耒阳县），明帝永平末年（公元75年）入官当差。章帝时任小黄门达十余年。和帝初（公元89年）任中常侍，又加位尚书令。安帝元初元年（公元114年）封为龙亭侯（今陕西洋县），后为长乐太仆，永宁二年（公元121年）因卷入宫廷内讧而自杀。蔡伦在宫廷数十年，参与决断国家的机密大事，又很有才干，对造纸事业可能起到改进和推广使用的重要作用。尽管对蔡伦造纸问题还有不同意见，但至少有两点应该肯定：一是他总结和提供了新的造纸原料，即在麻类纤维外，又用树皮做原料；二是他改进和推广了新的造纸技术，总结了剥皮、沤烂、熏煮、舂捣、漂白等一套新工艺。由于有了这些改革便为中国的造纸工艺开辟了广阔的道路。蔡伦扩大造纸原料，改进造纸技术的功绩是不可抹杀的。

由于东汉以来造纸术的进一步改进和推广，纸写书逐渐趋向取代简书和帛书。三国时已经有较多的人用纸写书，但是帛书仍然流行，并且作为一种高贵的书写材料。魏文帝曹丕是个文学家，写过一部文艺理论著作《典论》，魏和吴在国事交往中，魏曾用帛和纸各写《典论》一部，作为外交赠礼，帛书的一部送给孙权，纸书的一部送给吴大臣张昭，从两人的地位衡量，帛书显然表示尊重而纸书则是一般流行本。

晋代用纸写书更为流行，一般人知道“洛阳纸贵”的成语。这是说西晋著名文学家左思撰写《三都赋》后，由于文辞典雅，许多人传抄，洛阳地方的纸张因之涨价，可见，纸被普遍使用，并且已经是一种商品了。不仅写书，西晋学者陆机还用纸写过一套《平复贴》的书法作品。《平复贴》距今1700余年，但是由于历来精心保护，现在还珍藏在中国的故宫博物院中，这是世界上现存的最早纸本书法。东晋以后，官方文件大量用纸。公元404年，权臣桓玄废晋安帝，自立为楚帝以后，曾正式下令废除用简牍书写，改用经过防蠹药物处理过的黄纸，这是最早明令用纸写书的规定。从此，中国文化的传递便进入了纸写书的时代，简牍逐渐淘汰，缣帛则多用于书画艺术品的材料。

从出土文物考察，晋纸规格已逐渐定型，一纸宽约一尺，长一尺有半。晋尺约合今25厘米，即宽25厘米，长38厘米。纸写书是把幅度相等的纸粘连在一起，由末尾向前卷，前后加签和轴，形成卷轴形式，后来就称这种卷轴式的书为“卷子本”。现存的古卷轴绝大多数是20世纪初在敦煌莫高窟中发现，共有4世纪至10世纪间的纸写本2万卷，其中精华部分近万卷被英国的斯坦因和法国的伯希和先后于1907年、1908年盗去，剩下的万余卷现存北京图书馆，30年代由著名学者陈垣先生主持编成《敦煌劫余录》。敦煌写本绝大部分是佛经，还有一些经史子集和文书契约。除汉文外，还有一些少数民族文字的写本。在其他地方也有所发现，至今尚能见到实物。

中国最早有确切年代的纸写文书是写于西晋泰始九年（公元273年），解放后在新疆出土。

中国最早的纸写佛经是西晋咸宁四年（公元278年）的《陀罗尼神咒经》，现流失国外。

中国最早的外族文字纸写物是1907年斯坦因在敦煌附近长城古烽燧遗址发现的粟特文书信。粟特文是居住在中国西北和苏联中亚细亚一带粟特人所使用的文字。这批书信约写于西晋永嘉年间，即公元 313 年前后。

中国最早的汉文纸写书信是解放后在新疆哈拉和卓发现的书信纸。它写于前凉建兴三十六年（公元 348 年）。

中国最早的纸写书是 1924 年在新疆鄯善出土的《三国志》残卷，写于陈寿完成《三国志》以后不久。这个残卷包括《虞翻传》和《张温传》的部分内容，计 80 行，1090 字。原卷已流入日本。1965 年初，在新疆吐鲁番又发现晋人抄的《三国志》的《孙权传》和《臧洪传》的残卷，计 40 行，570 余字，抄写时间比前者还早。

从隋到唐代前期，纸写书比较流行，仍然是卷轴式墨写，直到八九世纪，由于雕版印刷术的发明和使用，手写纸书的状况有所改变，于是印本纸书出现，装帧形制也由卷轴制向册叶制过渡，册装形式开始流行。这是纸书的一大进步，因为册装纸书比卷轴书具有易成、难毁、节费和便藏四大特点。

印本册装纸书在唐末五代时已经流行，英人斯坦因在《敦煌取书记》中曾记录过五代时后汉乾祐二年（公元 949 年）雕印的《金刚经》册装形制。这部经印刷简陋，但值得注意的是已经不是卷轴式，而是折叠式，是旧型纸书向新式书籍过渡了。这部经一共八叶，只印一面，折叠以后在末叶上再粘幅纸，展开后就像一本书的样子。五代时，册装纸书由折叠装更向蝴蝶装发展。有一本五代时刻印的《切韵》残本 16 叶，它把字面对折，每叶的折端粘在一起，和宋代流行的蝴蝶装几乎一样。

宋初，处于写本纸书向印本纸书全面转化的时代。北宋的纸书盛行册叶，册叶的单位称“纸”或“版”。宋朝政府对校书人员所规定的定额是“每员复命校册叶背面二十一纸”。这“二十一纸”也就是“二十一版”。一个册页以一背一面合为一版，背和面的分界线是版心，北宋版的书，一般都在版心的地方记本版字数、书名，或简称、卷数和刻工姓名。各版成册时是将有字的一面，以版心线为准内折，再把中缝的背口，用糊粘在包背的厚纸中线上。当书展开时，很像展开双翅的蝴蝶，所以称这种纸书的形制为蝴蝶装。这种蝴蝶装很像现在的地图册，就是有图的两面对合在一起，隔两页空白，再翻又是对合的图。蝴蝶装主要以粘接合页的版心线为主，也有用线订的，但是因为图文内合，订线在版心处，容易损坏书，还不如粘接为善，不过这种以线装订的做法却对后来线装纸书的出现有启发意义。蝴蝶装的粘背接缝工艺，在宋代文献中常称它"装背"，这种"装背"工艺又为后来的包背装纸书开了路。

在印本纸书日益发展改进时，手写纸书并未完全取消，在宋朝目录学家尤袤（mào）所编的《遂初堂书目》中就著录有多种写本书，写本书已经开始由卷轴折叠成方册，称为折子装，很像后世所用的折子。又因为它更多是由于为讲经诵读方便而把卷子折叠起来。这就不需舒卷而只要左右翻动，所以又称它为经折装或梵筴装。另外还有一种装帧形式，就是在卷轴式的底纸上，把书叶像鱼鳞那样依次错落地粘裱，打开时，好似龙鳞，所以称为龙鳞装。收卷时，书叶鳞次朝一个方向旋转，宛如旋风，所以又称为旋风装或旋风叶卷子，旋风装和经折装虽与蝴蝶装并存，但随着印本书的日益增多，旋风装已成为历史陈迹，经折装也主要用于佛家经典，如清雍正时刻印的《龙藏》便是经折装。经折装和旋风装没有完全摆脱卷轴，而只有蝴蝶装才使纸书开始成为方册，它是由卷轴走向册叶的第一种形式，也为后世的书册提出了书型的初步规模。

继蝶装纸书之后是包背装，它流行于元明时代。包背装与蝴蝶装恰恰相反，它把印字的一面外折，版心在书口，后背用书皮包裹，形式与线装书差不多，只是不穿孔钉线，而是把书叶糊粘在书背书皮的中线部分，实际上与现在的平装书相似。现藏北京图书馆的元刊本《汉书》和《文献通考》是包背装，明朝的《永乐大典》和清朝的《四库全书》都是包背装。清代的包背装技术尤为出色，有一部清朝皇室的家谱——《玉牒》，用宣纸画朱丝栏端楷写成，每册长 90 厘米多，宽 50 多厘米，厚也 50 多厘米，重 75～80 公斤，移动上架，需要2人。它就采用包背装工艺，至今200余年，屡经搬迁，包背丝毫无损，也可说是中华一绝了。

到了明代中叶即公元15世纪时，纸书在包背装基础上又出现了线装。线装就是把包背的整张封皮从书背处裁为两半，前半成封面，后半成封底，连同书身一起打孔穿线，装订成册。线装到清初便被广泛采用，一直沿用到现在，甚至有人误把线装作为古书的代称，而对线装以前的古书形式知之不多了。线装的优点在于纸书的外观非常整齐美观，无论是四眼钉、六眼钉或上下包角都有很高的工艺水平。即使装订线断了，书叶也齐叠成册不易散乱，而且不论新书旧籍，都可改装一新，便于保管。不过由于它把版心处折为书口，每次翻阅易于断裂，在遇到整版插图时，反不如蝴蝶装内折的易于观览。虽然如此，线装应该是纸书成册的最整齐美观，便于阅读保管的进步形式。

印本纸书从唐以来，历千年而不衰，近代除版印外，还有铅印、石印等等手段，内容日益丰富，独尊地位日益稳定；但是，这不等于说手写纸书完全不复存在，相反地，手写纸书日益推崇而受到人们的珍视，如从版本学角度看，稿本、写书、抄本、传抄本等等手写纸书成为珍藏图书。各朝重要大型著述往往手写，明朝的《永乐大典》总字数达3.7亿字，除永乐五年（公元1407年）编成后缮写一部外，嘉靖四十一年（公元1562年）为预防不测又命令重抄一部。清代《四库全书》共79309卷，一共抄了8部。这两部书在当时都没有印本，而以仅有写本表示其尊贵的地位。有些著名学者为刊印自己的著作而请名书家写好后再刻印，称为写刻本，如清初著名学者、诗人王士祯请福建书法家林佶为其手写《渔洋山人精华录》，然后再刊版印行，成为相当精美的工艺品。

不论手写纸书，还是印本纸书，对于传递和传播文化都起着重要的作用。中国2000多年的纸的历史和1000多年纸书的历史都充分证明中华文化之所以能源远流长和对世界文化做出应有的贡献，确是其来有自。随着社会和科学技术的发展，文化传递和传播的媒介工具势必在扩张，胶片、胶带、光盘、网络等现代技术产物被广泛应用；但是，纸的应用和纸书的价值仍将经久不衰地为传递和传播人类的文化做出其历史贡献。

雕版·活字·套印

雕版印刷术和造纸术一样，也是中国的四大发明之一，对于推动文化的发展起着划时代的作用。在雕版印刷术发明以前，中国文化的传递走着一条艰辛的道路，完全靠手用笔墨在纸上抄和写。人们开始在简牍和缣帛上写和抄，继而在纸上抄和写。

从文献记载分析，西汉初年就有抄书活动。汉景帝时，景帝子河间献王刘德从民间搜寻到好书时，请人好好地抄一本给藏者，留下藏者的原本，另外送金帛给藏者作补偿，因而搜集到许多书。这时无疑是一种简书。汉成帝时，在著名学者刘向主持下，中国进行了世界文化史上第一次大规模地整理图书工作，刘向等学者为每个整理本写一篇提要作为正录送呈皇帝批阅，刘向自抄一份留底，社会上也辗转传抄，后来，刘向的儿子刘歆集中整理编成中国第一部综合目录——《别录》，这也是抄写的简书。古小说《拾遗记》中曾写汉安帝时人王薄，因家贫带着笔和简在洛阳街上摆摊卖字，王薄貌美吸引了许多求书的人，男人送他衣物，女人送他珠玉，一天之内，收入满车衣物珠玉。这是当时一种“佣书”行业了。虽然是小说，但也是实际生活的反映。三国时，吴魏在外交活动中，为加强双方友好关系，魏国曾组织人用纸和帛分别抄写了两套《典论》送给吴国的孙权和张昭。这是一次规模较大的抄写活动。南北朝南齐人庾震因父母双亡，无力营葬，尽力去为人抄写以致使手残废，可见抄写的繁重。南梁的沈崇素幼年丧父，成人后就为人抄书以取得报酬养母。有不少抄书人在抄书过程中，因有机会读到很多书而终于成为学者。南梁的王僧孺和朱异都是当时著名学者，他们的成就途径便是“既笔耕为养，亦佣书成学”，靠着为人抄书而遍览经史的。随着纸的普遍使用，人们对知识的渴求，除了受人雇佣抄书得酬外，也出现了一些以抄书，甚至抄大部头书求售的书贩。南北朝时扬州有一书贩，雇了一批人抄了一部700多卷的大类书《华林遍略》，向北朝的东魏大将军高澄出售。高澄很喜欢此书，但又不愿出钱收购，于是召集一批书手用一日一夜的时间偷抄了一部，将书退还书贩，这件事固然可见高澄的狡诈，但用一日一夜抄毕700卷书，用人当然不少，由此又可见从事抄书行业的人有相当的数量。《文心雕龙》是中国著名的文学理论著作，但成书后未能得到社会承认，它的作者南朝的刘勰希望当时有声望的学者沈约能给以评定；但沈约地位很高，无法求见，于是抄了一部《文心雕龙》，装作书贩，背着自己的著作在路上等沈约的车子过来时求售，果然引起沈约注意，取来读后，十分推重此书的价值。这是为自己的著作求得知音而采取值得同情的行动，但也反映社会上抄书卖书已是常见的活动。隋统一南北以后，很快注意到文化建设，文帝即位之初就派著名学者牛弘领导整理国家藏书，其中一项重要工作便是把陈朝官藏图书中纸墨书写不清，书法又拙劣的图书重新订正抄补。隋炀帝由于动用民力过甚，一直被后世所抨击，但他在文化建设上却是有功绩的。他很喜欢图书，所以即位之后便派著名目录学家柳䛒（biàn）主持进行一次规模空前的整理图书活动，其中最繁重的一项内容是从官藏的重复杂乱的37万卷书中精选了3.7万卷作为国家的标准藏本，又组织大批善于书法的书手每种书抄50副本，分为三个层次，收藏在长安和洛阳的宫廷和政府部门。3.7万卷抄50个副本，其工程之浩大，可以想见，这是一次空前绝后的抄书活动，因为以每卷书千字计，就有3000余万字，再复抄50本，便共计15亿多字，在其前没有这种活动，在其后，由于唐代以后逐渐使用雕印书，抄书除《永乐大典》和《四库全书》有较大规模外，都是私人的零星活动。而《永乐大典》和《四库全书》的抄书总量估计亦逊于隋。

抄书活动为传递和传播文化付出了艰辛的劳动；但其劳动量过于繁重，耗时较多，而且辗转传抄，极易出错。雕版印刷正是应这种社会需求而出现。雕版印刷的出现，减轻了劳动强度，缩减了成书时间，增大了成书量，降低了错误率，使中国文化的传递与传播加速了过程和覆盖面，对世界文化的发展提供了重要的发明。列为中国四大发明之一，实无愧色。

那么，雕版印刷究竟始于何时？学术界对此有始于汉、始于六朝、始于隋和始于唐种种不同说法。一种发明，往往有一个较长的酝酿、雏形到成功的过程，一定要截然划定具体时间是比较难的。根据文献记载和现存的实物，大致可以定在唐朝。但对始于唐也还有时间先后的不同看法，有人主张早在太宗贞观十年（公元636年）左右，有人则主张在僖宗中和二年（公元882年）前后，其间有二百余年之差距。经过专家从印玺、石经的摹刻、印刷的必备器材和文献记载等方面考订认为：中国雕版印刷术大概起源于公元7世纪初年（公元636年），公元8世纪市场上出现了印纸，公元9世纪不但文献记载更多，敦煌发现的实物也不少，成都已经是全国的刻书中心。这个说法所提出的论据比较可信，但不一定正在贞观十年。现存最早的雕印品实物是唐懿宗咸通九年（公元868年）四月十五日王玠为父母消灾祈福而出资雕印的《金刚般若波罗密经》一卷。这卷经是1900年在敦煌千佛洞发现的。全经由1页扉页和6页篇幅相等的经文粘连而成，长16尺，高1尺，是卷子本。卷首的扉页释迦牟尼佛在给孤园的莲花座上对长老菩提说法图，布局谨严，刀法纯熟，图画镌刻精美生动，经文字体也端庄凝重，深厚挺拔，是一件异常精致的艺术品，从卷末所镌“咸通九年四月十五日王玠为二亲敬造普施”和雕印品的技巧成就上推测，可知雕版印刷术大约在公元9世纪已经达到相当高的水平了。令人愤慨的是，这件国宝和其他敦煌古写本几千卷竟在1907年都被英国帝国主义分子斯坦因劫窃而去，收藏于伦敦博物馆已逾半个世纪以上。

现存国内最早的雕版印品是1944年成都东门外唐墓中发现的成都府成都县龙池坊卞家雕印贩卖的《陀罗尼经咒》梵文经本一片，大约一尺见方，首行题“唐成都府成都县龙池坊卞家印卖咒本”，可见当时已有公开出售的雕版印品。该件中央刻一小佛坐像在莲花座上，外刻梵文经咒，大部分是古梵文。咒文外又围刻小佛像，雕印时间虽无直接根据，但唐代成都设府在肃宗至德二年（公元757年），此件不会早于公元757年。唐朝雕印品除佛经外，主要是民间日用的历书、字书和一些杂书。现存最古的是唐僖宗乾符四年历书残片和中和二年印有“剑南西川成都府樊赏家历”字样的历书残片。这些古历都已流散国外。中和三年著名藏书家柳仲郢的儿子柳玭曾在成都书铺看到许多印本书，其中有阴阳杂记、占梦、相宅、字书等民间用书。这种书刷印质量较差，但在书铺中公开发售多种日用书，也在一定程度上反映了雕版印刷这一新技术已经比较广泛地被应用。

唐代雕版印书主要在四川、淮南等地，尤以四川成都地区为全国的刻书中心。根据已经发现和见于文献记载的早期雕印本，如佛经、历书、杂书和工具书等推断，成都很可能是雕版印刷的发源地。当时四川的政治、社会情况都比较安定，经济发达，又有丰富的造纸资源，而成都又是四川的政治、经济中心，因此成为中国雕版印书业的先进地区。

唐朝的雕版印书从现存实物和文献记载看，主要是佛经和民间用书，由政府正式刊印儒家经典则从五代开始。

五代的后唐明宗长兴三年（公元932年），在宰相冯道和李愚等人的建议下，决定依照石经文字，刻印“九经”，并派专人负责，认真写刻。根据文献记载，这一首次刊印儒家经典的活动很受政府重视，有以下几点值得注意。

(1) 这次刻经活动是由宰相建议，由国子监有学识的人员负责组织执行。因为是国子监具体经管，所以后世称这次刊本为“监本”。

(2) 依据的底本是唐开成石经，这是当时最好的官方标准本。

(3) 原石经本有经无注，监本则兼有经注，成为经注的定本。

(4) 雕印前经过认真勘校工作，先将石经经文与六朝注本合为一编，再经五六个专家学者精勘细读，审核无误，由专门书手以楷书誊录，然后交匠人雕印。

(5) 后唐明宗对开雕九经很重视，除选派专门学者多人参加外，还在政治、物质等方面给以种种优待，使这项浩大工程得以顺利开展。

这项浩大工程，历经唐、晋、汉、周四朝二十一年，直到周太祖广顺三年（公元 953 年）始告完成。所谓“九经”是《易》、《诗》、《书》、“三礼”和“春秋三传”共九种，但当时所刻不止这九种，还刻有《孝经》、《论语》、《尔雅》，附以《五经文字》、《九经字样》，共十四种，与开成石经种数正同。这是官刻经籍的开始。这份刻印本就是宋人所称的旧监本或五代监本。刻印的形式是经文用大字，每行约 16 字，注文用双行小字，每行约 21 字，沿用了旧写本的格式，可惜后来都亡失了。除此之外，五代还有一些刻印书籍活动，其中著名的有石晋宰相词人和凝除刻印《颜氏家训》外，又自写自刻自己的文集数百帙分送给人，这是自刻所著之始。

十国的刻印书活动也较频繁，后蜀的成就较大，它除了依照五代刻印“九经”而有蜀刻“九经”外，宰相毋昭裔（公元 934～965 元）因少年时家贫，借书困难，显贵后曾出私财办学馆，并刻印《文选》、《初学记》和《白氏六帖》等大部头书。这是私人自费刻书之始。这不仅有益于雕版印刷的改进和发展，对推动文化也颇有贡献。

宋朝是雕版印刷事业非常重要的发展时期，刻书范围拓广，几乎遍及所有图书部类。从中央和地方政府直到民间、私人都参与了刻书活动，而对印书校勘、装帧工作的重视都超越前代。从宋朝建国之初（公元960年）到真宗景德二年（公元1005年），前后相距不过40余年，而国家所藏雕刊版片便由4000块增至10余万块，增长了20多倍，可见发展速度之快。它先后刻印过若干大书，如从宋太祖开宝四年（公元971年）至太宗太平兴国八年（公元983年），历时12年刻印成全部汉文大藏经，共13万块版，5048卷，480函，名《开宝藏》。这是我国第一次刻印发行的佛教总集。宋仁宗嘉祐年间完成了“十七史”的刻印，集部当以《文苑英华》为代表。

宋朝不仅发展了雕版印刷事业，而且非常注意雕印工艺，许多学者也研究版本问题，逐渐建立了版本学这一专学，对各种图书版本的发生和发展的历史，对各种图书版本的异同优劣，对版本的各项工艺等都进行研究，出现了尤袤《遂初堂书目》的版本目录，许多有关版本的论述散见于不少学者著述之中，“宋版书”成为后世珍惜宝藏的珍本、善本了。

但是，雕版印刷由于版片笨重，雕版费时费工，保管需要专库。因此，历史的发展就要求印刷工艺的创新，活字印刷便应运而生。活字印刷的发明时间约在宋仁宗庆历年间（公元1041～1048年），比德国人谷腾堡的铅字印刷要早400多年。宋朝的活字印刷是由一位能工巧匠毕昇所发明，他用泥做成活字烧制，平时把烧制好的活字按韵排列，放在格子里备用，印书时检字排版，用后拆版，按格归还活字，再用再检，常用字多准备达数十个，冷僻字按需要临时烧制付排。毕昇可能用这套泥活字印过书，所以感到印数十万千本时，极为神速，可惜他所印的书未见流传，而记载这件事情经过的仅有宋人沈括所撰笔记《梦溪笔谈》中，而不见他书记载，以致后来有某些外国别有用心的人认为这只是设想而无实用价值，认为活字不能印书，借以否定中国四大发明之一的印刷术。可喜的是，在近 800 年以后的清朝道光年间竟有人用泥活字成功地印行了多种图书，如道光九十年间（公元 1829 年、1830 年），苏州人李瑶用仿宋胶泥活字先后两次印刷温睿临的《南疆逸史》；道光十二年（公元 1832 年），李瑶又用胶泥活字摆印了《校金石例四种》，可惜由于文献缺乏，对李瑶生平没有更多的了解。与此同时，安徽县一位穷秀才翟金生的成绩更为卓著。翟金生家境贫寒，看到社会中下层人士的优秀著述往往因无力雕印而被埋没，便不顾家徒四壁，动员全家从事泥活字的制作，经过 30 年的潜心研究，摸索出选模、做字、烧炼和修刮等一系列制作泥活字的方法，并亲手制作了各种规格的仿宋泥活字 10 万多个。他从道光二十四年（公元 1844 年）开始刊印自著《泥版试印初编》、《续编》，黄爵滋的《仙屏书屋初集》和翟震川所修《水东翟氏宗谱》等书多种，都是字画清晰可读。翟金生使 800 年前泥活字的创制得到复活，不仅其刻苦坚韧的献身精神值得赞扬和敬佩，而且以泥活字印刷确有其事而非设想，严正地驳斥了某些陈词滥调，奠定了中国发明印刷术的历史地位，这又是一桩爱国壮举。事实上，在毕昇之后的 200 年，元代学者姚燧曾命其弟子杨古按毕昇泥活字版法做活字刻印过《近思录》和《东莱经史说》等书，流传四方；但因使用范围不广，未能引起注意。元代对后世颇著影响的是木活字印刷术。

元代木活字印刷术创自《农书》的作者王祯。王祯在元成宗时曾做安徽旌德、江西广丰等县知县。他根据多年推行农业的经验，精心思考，撰成《农书》30 万字。他在旌德县任时就想印行此书，但感到字数多、部头大，雕印费工费时，所以请工匠造木活字 3 万多个，但是由于《农书》已被人雕印，没有用这批活字来印。这批木活字却用来印行《旌德县志》。《旌德县志》共 6 万字，不到一个月，就用木活字印成了百部，证明效率甚高。王祯还写过一篇《造活字印书法》附在《农书》之后，内容包括写韵、刻字、锯字、修字、造轮、取字和印刷等工序，是中国印刷发展史上的重要资料。除木活字外，元代还有过泥活字和锡活字。

明代是活字印刷盛行的朝代，遍及江苏、浙江、福建、江西、云南、四川等省；经史子集各类图书皆备，原料有铜、铅、木等。它使中国的印刷事业走向成熟，而对文化的传播、传递都产生了良好的效果。明代以铜活字印刷著称，最早的是无锡华燧（公元1439～1513年）的会通馆，曾在弘治三年（公元1490年）印行了《宋诸臣奏议》，因缺乏经验，印制不精，但它是目前国内见到的最早一部金属活字印本。以后又印行了《锦绣万花谷》、《百川学海》、《十七史节要》和《文苑英华辨证》等书，是明人铜活字印本数量最多的一家。华燧的侄子华坚在明武宗正德年间也以“兰雪堂”书坊名义印行了不少铜活字本的书，如《元氏长庆集》、《春秋繁露》和《艺文类聚》等书。另外，居住无锡胶山的东南巨富安国因喜爱桂树，在所住山岗种植桂树绵延二里多，而以“桂坡馆”命名他的书坊。他印行了《颜鲁公文集》、《初学集》等书。安国印书比较认真，错误较少，虽数量不如华氏，而质量优于华氏。

明代除铜活字印本外，木活字印本也比较流行，印行范围较广，除一般使用书外，还印家谱、邸抄等。

清朝大量利用活字印书，雍正三四年时由武英殿修书处用铜活字印行《古今图书集成》1万卷，共1.6亿字，成为篇帙量大的铜活字印本书。乾隆时又用木活字印行了《武英殿聚珍版丛书》134种，2300余卷。聚珍版就是活字版，因为“活”与“死”是一对词，皇帝忌讳死活，所以把每个活字视为珍物，而摆印活字便称为聚珍。这次活字印刷在工艺上有明显的改进：

（1）在刻字工艺上，改变了王祯先在整版上雕字再锯为单个活字的方法，而是先锯好大小式样相同的木块，然后贴字样刻字。

（2）在排字工艺上，使用标明部类笔画的排字柜，易于检用。

（3）采用雕版与活字摆印相结合的办法，把需用的相同底版的框格栏字先雕刻印好，然后将活字正文等置于版槽，套印在印好的框格中，这样每版的框格不是活字字条摆接，就不会出现缺口和歪斜，而是严丝合缝，省工省事。

《武英殿聚珍版丛书》印行后，主持人金简把印书全过程和积累的经验著为《武英殿聚珍版程式》，分别条款并附插图和详细说明，不仅为当时官私印书者所仿效，也为后世留下了珍贵文献。

在雕版和活字印刷发展和完善过程中，印刷工艺在不断改进，其突出而有阶段性价值的莫过于明代的套版彩印和饾版、拱花技术的出现。明代一般图书为吸引读者购买而盛行插图，有的插图还出自名家之手，如仇英的《绘图列女传》称为艺术精品。有的印本有大量插图，如《三国志演义》有一种刻本，绘图多至240幅。到万历以后，戏曲、小说一类的图书几乎都有插图。为了使图画能以不同颜色来区别不同的表现内容，在印刷工艺上就发展了套印。

套印在明以前已开始应用，早在元顺帝至元六年（公元1340年），湖北江陵资福寺所刻无闻和尚的《金刚般若波罗密经注解》便是套印本，经文红色，注文黑色，卷首的灵芝图用朱、墨二色套印。这是现存最早的木刻套印本。在明以后一二百年，套印术并未盛行，直到明代后期才又广泛流行。万历后期刊印的《闺范》一书便是套印本。明末吴兴闵氏和凌氏不仅有两色套印，还发展到三色套印和四色套印，成为明代印刷事业的重要特色。由于套印时必须版框严密套合，版面方能吻合，所以又称它为“套版”。

饾版是明代改进印刷工艺的一种发明，它是复制美术图画的办法。饾版发明以前，印刷美术图画时，用几种颜色涂在一块雕版的不同部位后上纸刷印，这样往往出现相邻颜色的互相浸润，使图画不美观。明代后期发明了饾版，把一个画面分成若干块版，每块版只是整个画面的一部分，分别刷上所需的不同颜色，然后按适当位置逐个印在一张上，就能完成有不同颜色的画面。

拱花是明代改进印刷工艺的另一发明。它用凹凸两块版，把纸夹在中间互相嵌合，压出凸起的花纹，以表白云、流水和花叶的脉络，极为精美生动。天启七年（公元 1627 年）安徽休宁人胡正言用此法印过《十竹斋画谱》；崇祯十七年（公元 1644 年），他又兼用饾版与拱花两种工艺印行《十竹斋笺谱》，笺纸上出现周鼎商彝、古陶汉玉、山水人物、花卉羽虫等等，颜色精美，具有立体感的画面，至今看来，对它的精湛艺术水平，仍赞叹不已。

雕版、活字、套印等的发明标志着中国印刷术的三次重大跃进。它为世界印刷文化起了重要的先导作用。它的不断改进与发明为文化成果的保存和文化遗产的传播与传递提供了良好的前提。它为中国文化，甚至世界文化的发展都做出了重大的贡献。

官藏与私藏

中国最早的藏书是官藏，根据一些古代文献记载的设官情况推测，周朝以前可能有主管或兼管图书的人员；但正式建立国家藏书机构和有正式主管人员还在周朝。《史记·老庄列传》中说老子曾任周王室的“守藏室之史”，“藏室”应指图书馆的雏形，守史当是主管图书人员。这个“藏室”当时已经对外开放，可以提供参考资料。史书曾记载孔子问礼于老子的故事，礼是当时社会的生活准则，是调节古代人与人之间怎样和谐生活的依据，孔子想了解这方面的问题而缺乏资料，所以就到周去向主管图书的老子请教。当时政府的藏书主要是史书，是各国的史书。孔子写《春秋》时就曾到周朝的藏书机构去查阅资料，可见周的官藏已比较丰富，可能已是当时各国的藏书中心。各诸侯国也都有藏书，如周景王曾问晋国的籍谈：你知道你为什么姓籍？籍谈答不上来。景王说：因为你的高祖主管晋国的典籍，所以你才姓籍。可见晋国也已有藏书。到了秦朝，设御史一官来主管图书，秦始皇焚书便是对官藏的一次清洗。从西周到秦都有藏书机构来典藏图书，虽然没有统一名称，但见于记载的有天府、盟府、策府、周府、公府、府、周室和室等不同名称。

周秦时期，虽以国家藏书为主，但也逐渐出现私人藏书。私人藏书与私学的兴起有关，周朝后期，以政府官员为师的官学被孔子等人私人讲学所打破，孔子弟子三千便是私学培养的一大批知识分子，当时称为“士”。春秋战国时期，各国都在分立争雄，各个政权为巩固和壮大自己，很需要有才识的士，这就推动了私人讲学活动。私学的兴盛使图书也开始由官方传入民间。一些“士”为了谋求利禄，便针对社会亟待解决的问题，根据自己的学识，提出种种对策来取悦国君，因而需要大量图书来丰富自己，充实自己的论点，如苏秦曾到各国去发表自己的政治见解来说服各国国君，希望能挤进各国的政治集团，但他没有达到目的，回家遭受到家庭的冷遇，于是“陈箧（qiè 箱子）数十”，发愤读书。这说明苏秦有私藏图书数十箱。当时还有一位著名的名学家惠施有简书五车，这就是后世“学富五车”故事的来源。《韩非子》的《喻老》篇中讲到有个名叫徐冯的人曾对人说过“智者不藏书”的话，也可见私人藏书已非个别现象。“藏书”这个词语可能最早见于此。

私人藏书对保存图书有过重要作用，秦朝焚书，官藏大多被毁，而散在私人手中的便易于保存，所以司马迁在《史记》中分析汉初许多书重新出现的原因是：“诗书所以复见者，多藏人家。”

汉朝建立之后，由于秦朝焚书的影响，图书仅有“医药卜筮种树之书”，所以一改秦的败政，广开献书之路，大量搜集图书，号召民间献书，开放私学，虽取得一点成效，但民间经秦火之后，心有余悸，还不敢公开自己的藏书。惠帝四年又进一步放宽政策，正式宣布废除过去的“挟书之令”（私藏有罪）。文、景两代继续执行这一政策，于是“天下众书往往颇出”。这是西汉的第一次搜集图书。

汉武帝为实现汉帝国的大一统，措施之一是从图书入手来统一思想，但在检查过程中发现国家藏书已损坏到“书缺简脱”的严重程度，于是决定开展大规模征集图书的活动和改进藏书管理工作。元朔五年（公元前124年）命丞相公孙弘广开献书之路，大合天下之书。这一求书措施得到了广泛响应，不久就达到了“积如丘山”的程度。这是西汉第二次搜集图书。

此后又经过百余年，到汉成帝时，国家藏书又颇多散亡，于是在河平三年（公元前26年）就派了一个名陈农的官员到全国各地收集图书，一面又组织专人整理，加强管理。这是西汉的第三次搜集图书。

经过三次搜集图书的活动，西汉的国家藏书数量约达13 269篇卷，这指所藏的完整本而不包括残缺本。有大量的图书便需设立藏书机构，西汉的官藏机构有石渠阁、天禄阁、麒麟阁、兰台、石室、延阁、广内等处，太常、太史、博士、太卜、理官等部门也都分别有藏书之所。

西汉的学者也都有私人藏书，如刘向、班斿、扬雄都有藏书。西汉末年，王莽篡权，一部分不肯合作的人便带着图书到山林中去隐居，也可以证明私人有藏书。

东汉建立后，光武帝号召献书，原先逃隐的人都纷纷到京师献书，又经过明帝和章帝两代的求书，到了东汉中叶，国家藏书量比初期增加近3倍。国家的藏书处所有辟雍、宣明殿、兰台、石室、鸿都宫、东观和仁寿阁等7处。桓帝延熹二年（公元159年），创置了中国封建中央政权中第一个正式主管图书事业的机构——秘书监。由于这一创置的意义重大，所以范晔在撰写《后汉书》时，特把它写进《桓帝纪》中。

东汉时私人藏书家比以前增多，著名的有杜林、班固、蔡邕和华佗等，其中以蔡邕最为著名，他是中国第一个藏书近万卷的私人藏书家。《三国志·王粲传》中记载这样一个故事：有一次蔡邕请客，王粲求见，蔡邕因为王粲是位才华横溢的后起之秀，所以匆忙去迎接，以至把鞋子都穿倒了，给后世留下了“倒屣相迎”的成语故事。客人们非常诧异，蔡邕特别介绍了王粲是异才，自己还不如他，并表示要把全部藏书文稿都赠与王粲。蔡邕有权赠书充分证明这是私藏。

魏晋南北朝的各朝都比较注意搜集图书。魏袁涣曾向曹操建议广收图书，作为教化百姓，招抚群众的工具，曹操很重视这一建议，在统一北方过程中就大力搜集图书。公元200年官渡之战曹操击败袁绍后就把袁绍全部图书收归魏有。曹魏还建立秘书、中、外三阁作为国家藏书处所，并设立秘书令、秘书丞等一套官员来主管图书。蜀和吴也都注意图书的搜集与典藏。三国的一些学者已由单纯收藏进入整理，提高藏书的设备和质量。曹魏有一个名叫曹曾的人为了收藏自己的图书就修了一个石窟，称为“曹氏书仓”。他既然能自建书库，必然有一定数量的藏书。著名玄学家王弼是当时藏书万卷的大藏书家。蜀国丞相长史向朗不仅藏书量居蜀藏书家之首，而且还亲自对所藏书“刊定谬误”，开后世藏书家校勘图书的先河。

西晋统一后，就把魏蜀吴三国的图书收集起来，各地也向中央献书。国家官藏数量有所增加，据文献记载，晋武帝时的国家藏书量达2.9万多卷。但是，西晋后期，社会动荡，战乱频仍，国家藏书，丧失殆尽。东晋建立后，做了一些努力，但收效不大，国家藏书仅有3000多卷，又经过50多年，到孝武帝太元十年（公元391年），才勉强恢复到3万余卷。两晋的私人藏书比较盛行，著名学者张华藏书甚富，据说他搬家时就载书30乘。有些学者还开放自己的藏书，如范蔚经三世搜求，藏书有7000多卷，他允许别人来阅读自己的藏书，远近来读书的人经常有百余人，范蔚还为一些贫寒之士经办衣食。东晋的殷允、郗俭之等也都被称为“多书之家”。

南北朝时期，南朝的宋齐梁都很重视图书搜集工作。宋有官藏图书1.4万余卷，齐有1.8万多卷，梁的初期有2.3万多卷，而到梁元帝时，前后不过50年，官藏量达10万多卷，增长速度不可谓不快。陈立国日浅，国力衰颓，无暇及此。北朝的北魏、北齐、北周是当时的少数民族政权，虽有一定程度的汉化，但终究不如南朝。南北朝的各个政权都基本沿袭魏晋旧制，设立主管机构和专业人员。

这一时期的私人藏书也由于纸写书的流行而较前有所发展，出现了不少藏书万卷以上的藏书家，著名学者陆澄、任昉、沈约等都藏书3万卷左右，所藏还多世人罕见的书。这些藏书家不仅只是秘藏，而且还允许他人借阅，甚至如南齐的崔慰祖聚书万卷，邻里少年到他家看书，他都亲自检取出借，满足要求，做好服务工作。北朝学者辛术、李谧等人也都藏书较多，但因得书困难，私藏量逊于南朝。

隋统一后，文帝很重视搜集图书和提高藏书质量的工作。他认为陈朝的官藏图书质量低劣，便进行整理、完善，他招募善书之士重新抄写正副本；又运用政治和经济（赏格）手段求书，各地献书很多，所以隋初官藏量达到3万余卷。文帝死后，炀帝继位，后世对炀帝贬辞甚多，但他对完善、充实国家藏书却毋庸置疑地做出了卓越的贡献。首先，他增加了复本量，每书有50个复本；其次，图书质量分类管理，当时把图书分为上、中、下三品，上品用红琉璃轴、中品用绀琉璃轴、下品用漆轴以示区别；第三，图书内容分库典藏，在洛阳观文殿修建书库，东厢存经史书，西厢设子集书；第四，精选库本，炀帝曾派学者柳䛒在嘉则殿从国家藏书中挑选好书、精书、完整本3.7万余卷运到洛阳，藏在修文殿作库本。炀帝对提高官藏图书的质量所作的成绩是不容抹杀，更不能因其过而没其功。隋的私人藏书以学者许善心、柳䛒二人为著名，他们都藏书近万卷，并参用自己的藏书进行目录编纂工作。许善心的私撰目录《七林》和柳𬜬的官藏目录《隋大业正御书目录》都是古典目录书中的名作，可惜其书不传。

唐建国之初，首先把隋在洛阳的藏书用船运到长安，不幸在三门峡附近遇难沉没，只打捞到一小部分，所以唐初官藏量不多。经过几代皇帝的征书活动，到了玄宗时期已达8万多卷。唐朝在征书的同时还建立了一套比较完整的管理机构。主管图书工作的是秘书省，由秘书监领导，有秘书郎4人分管四部图书。值得注意的是，在秘书省的编制中正式出现装潢匠、熟纸匠、笔匠等工匠，证明唐朝十分重视官藏的增补藏书工作。唐玄宗在开元时期曾于长安和洛阳同时进行了一次大规模的抄书、校书工作，仅洛阳乾元殿抄书即达5万多卷，并准许百官到乾元殿去参观阅览；虽然对读者有一定范围，但它终究是开放官藏图书的一个良好开端。这次大规模的抄书活动不仅为唐朝的官藏图书的质量上有所提高与增广，更重要的是对唐以前文化进行了一次总结性工作，许多古代文化遗产借这次抄书而流传下来。但在开元以后，由于政治不稳定，战乱不断发生，图书事业有起有落，官藏散失毁损严重，到了唐末，官藏图书量急遽下降，几乎难及万卷了。五代十国时期，虽然有几个政权如南唐、前蜀藏书较多外，其他都无甚起色，已经难复旧观了。

不过，由于唐代经济比较繁荣，图书制作手段也显著发展，所以私人藏书仍一时称盛。著名学者文人藏书万卷以上的有十五六人之多。如唐玄宗时的史学家吴兢家藏1.34万余卷，并自编了《吴氏西斋书目》一卷。另一个藏书家杜暹因为吝啬不愿借书而留下话柄。杜暹在所藏各书上都题三句话："清俸买来手自校，子孙读之知圣道，鬻及借人为不孝。"第一句话是说我用很微薄的收入买来的图书都亲自校正过了；第二句话说希望自己的子孙读了这些藏书都能知道圣人的道理；第三句话警告子孙卖书和把书出借都是不孝的行为。杜暹聚集私藏的艰辛是值得同情的，为使子孙知书明礼也是可以理解的，不允许卖书更是应该的，但借书给人便是不孝，未免言之过甚，而且又过于自私了吧！唐后期的柳仲郢，私藏颇有特色，他藏书万卷，每书必写三本：一本最佳留作库藏，一本较次是经常翻读的书，一本比较一般，供年轻子弟们学习。这三类书分架安放，不相混杂。唐朝最大的藏书家是自玄宗以来历仕三朝的李泌。李泌私藏 3 万余卷，分别用红、绿、白等颜色的牙质书签来区别所藏经史子集等书。因为李泌曾被封为邺县侯，所以后世多把藏书称为“邺架”。李泌精心收藏图书，当时在社会上得到很多人的赞赏，著名文学家韩愈还在《送诸葛觉往随州读书》一诗中专门颂扬李泌藏书说：“邺侯家多书，插架 3 万轴，一一悬牙签，新若手未触。”意思是说邺侯李泌家藏 3 万卷书，每卷都有牙签，藏书完好如新，像没有人摸过一样，可以想见李泌藏书的丰富和精美。唐朝除了官藏、私藏外，还出现了私办官助的书院藏书。江西德安陈氏私办东林书院，藏书 4 000 余卷，可供借阅。这是书院藏书的开端。书院藏书和官、私收藏以后成为中国的三大藏书系统。五代时也有一些藏书家，但不如唐代藏书家藏书量之多，最多的藏书不过几千卷，没有十分突出的私人藏书家。

宋代国家藏书中心是昭文馆、集贤院、史馆和秘阁，这四个藏书处所统归于崇文院主管。宋太祖时，以史馆为藏书建设重点，太宗以后便以秘阁为藏书建设重点。宋朝国家藏书主要是三大来源：一是从五代十国接收过来，其中西蜀藏书量多质高；二是奖励献书，从太祖到徽宗曾多次规定得官给价的办法征书，凡献书多的量材任官，献书少的从优给价，不愿献书者则借抄；三是以唐朝目录为准，向官员们提出缺书目录，多方募献；四是官修和新撰书都要上交样本，贮藏馆阁。由于多渠道征书，所以官藏书量颇有增多，据统计，北宋馆阁藏书的总数是 6 765 部，73 877 卷。北宋末年，由于靖康之乱，使北宋 160 多年的积累毁损殆尽，因此南宋便面临着重建图书管理机构和恢复国家藏书的任务。它首先恢复了秘书省的建置和工作，接着从各方面征集图书。著名藏书家、原任的高级官员和原主管图书的官员成为征集图书的主要对象，原藏书机构、出版印刷中心地区、寺庙等成为征集图书的主要地区和单位。由于采取了上述有效措施，南宋的国家藏书遂得以逐渐恢复和发展。宋朝理学昌盛，游学风气很盛，因而书院增多，南宋时有二三百处之多。为了理学家宣传和阐述自己的观点，也为了便于供应士子阅读，所以书院藏书崛然兴起，成为一大藏书系统。

宋代私人藏书较多，藏书家分布地区遍及边远和中原；藏书量少则数千卷，多则几万卷，而且数代聚书，绵延百数十年而不衰；藏书家有不少著名学者，对图书进行了保护校订整理工作。如北宋的著名藏书家宋敏求，藏书 3 万卷，他的全部藏书都经过校订三五遍，成为质量较高的藏书；南宋的晁公武，藏书 2.4 万多卷，都经过他的校订，并撰写《郡斋读书记》的私藏目录；还有陈振孙也尽一生精力研究自己的藏书，撰成《直斋书录解题》。所有这些，证明宋代的私藏活动已从单纯地典藏向学术研究领域大大地迈进一步。辽、金、夏各国虽都进行不同的藏书建设活动，但成效不显著。

元朝虽以蒙古族入主中原，但因不断受到汉文化的影响，对以传播汉文化为主要内容的图书仍给以一定的重视。元初的图书来源主要得之于宋、辽、金，而以从南宋得到的尤多。它不仅接收图书，而且还括取书版，重印图书，并曾两次下令求书，但收效不大。元朝建政后为安抚汉人儒士，鼓励建立书院，据统计，元朝新建书院 282 所，兴复改建 124 所，共 406 所①。这些书院以理学为主旨，都有相当数量的藏书，有的书院还编有藏书目录。元朝的私人藏书家多为汉人，如著名画家赵孟頫就家富藏书。原为宋秘书省小吏的上海人庄肃，宋亡后隐居上海，亲自抄书，聚书至 8 万余

① 白新良：《中国古代书院发展史》第 37 页天津大学出版社，1995 年。

卷。元朝统治集团的重臣武将如耶律楚材和张柔等人都藏书近万卷。

明太祖灭元后，大将军徐达收集了元大都（今北京）所藏的图书典籍送南京。这是宋辽金元的旧藏，多为宋元刻本和抄本，奠定了明朝的官藏基础。明成祖建都北京后，又把这部分书运回北京，藏于午门东新建的文渊阁中，同时还不惜代价派人四出求书。至宣宗时国家藏书约2万余部，近百万卷，其中刻本十分之三，抄本十分之七，达到了前所未有的藏书量。全部图书都贮藏在文渊阁。可惜自此以后，历朝皇帝都不加重视，甚至明世宗公然拒绝臣下抄补藏书的建议。由于皇帝不关心，管理不善，以致火灾焚毁，虫鼠啮蚀，官员盗窃，官藏损坏严重，日益走向下坡。明神宗万历三十三年清理文渊阁藏书时，结果现藏与原目相校，已是“十不存一”，唐宋善本“悉归于乌有”，所以当时一位著名学者感叹地说，长此以往，我们将回到结绳纪事的时代了。在图书毁损的同时，还有意识地削弱官藏的职能，如撤除历代相沿的秘书监这一管理图书的机构，把文渊阁藏书拨归翰林院典藏管理，取消了独立的国家藏书机构，形成明清两代有内府藏书而无国家藏书的现象。明朝书院遍设19省，共有千余所，但并未受到重视，嘉靖以后还多次遭到废毁。它的藏书量尚不太少，一般都有数千卷。

明代的私人藏书很盛，特别是江浙闽广一带有若干著名的藏书家，如宋濂“聚书万卷”，杨循吉藏书10万余卷，王世贞藏书3万卷，其中宋版书逾3000卷，徐𤊹藏书5.3万余卷。尤其是范钦的天一阁和祁承㸁的澹生堂更具特色和影响。范钦（公元1506～1585年），浙江宁波人，明嘉靖十一年进士，累官至兵部右侍郎。嘉靖四十年（公元1561年）在宁波月湖之西创建天一阁藏书楼，所藏达7万多卷，是浙东藏书最多的一家。所藏多为明人著述和明代新刊古籍，其中明代方志271种有65%是海内孤本，登科录、会试录和乡试录389种也都是仅见之本。这些藏书是研究明代政治、经济、人物和科技等方面问题的珍贵资料。天一阁藏书楼不仅楼式结构与周围环境的安排合理，而且对防火、防蠹、防潮等保护措施也很重视，清朝乾隆帝修建南北七阁特命浙江巡抚派人摹写天一阁图样供建筑时参考。这座距今400余年的藏书楼近年已修葺一新，成为现存最完整的古代图书馆。祁承㸁（公元1563～1628年）是明代后期的藏书家，浙江绍兴人，万历时进士，累官至江西右参政。早年藏书逾万卷，不幸遭火灾，焚毁殆尽，后又以非凡的毅力，重新搜集，终于聚书10万余卷。他在丰富的藏书建设基础上，提出了比较系统的藏书建设的理论——《澹生堂藏书约》，成为古代藏书建设的重要文献。

清沿明制，没有设立专门的国家藏书机构而分藏于内阁、翰林院及国子监等处。原有的国家藏书也因明清之际的动乱而散毁甚多，所以清初顺治至乾隆各朝都多次下令征书，但收效并不显著，乾隆中叶以后，为编《四库全书》，采取若干切实有效的措施，如皇帝御笔题词奖励，用官撰大书换献书，在《四库全书》总目注明献书人姓名，等等，起到了重要作用，从乾隆三十七年正月到三十九年八月的两年半时间内，各地进奉的图书量达万种以上，使官藏得到较大的充实。在修《四库全书》的第二年（乾隆三十九年）即开始建阁以备贮藏《四库全书》的写本，先后建立了北四阁和南三阁。北四阁指紫禁城内的文渊阁、圆明园的文源阁、热河避暑山庄的文津阁和沈阳故宫的文溯阁。建阁工程仿照范氏天一阁。文渊、文源和文津阁落成于乾隆四十一年，文溯阁的建成在乾隆四十七年。到四十九年，四阁先后贮藏《四库全书》一份。北四阁的藏书虽未公开开放，但它的建成和使用大大充实了华北和东北地区的国家藏书。南三阁指镇江金山寺的文宗阁、扬州大观堂的文汇阁和杭州西湖的文澜阁，分别建成于乾隆四十四年至四十九年间。至乾隆五十二年将《四库全书》写本三份陆续送到三阁。南三阁是允许士人到阁抄阅的，在传播古代文化方面起到了一定作用。清宫内还有一些藏书处，如昭仁殿的“天禄琳琅”收藏宋辽金元明五朝的善本书，坤宁宫后的摛藻堂和圆明园的“味腴书屋”分藏《四库全书荟要》各一部，养心殿的“宛委别藏”放置四库续收书，等等。清代前期的书院藏书远不及宋明，后经康雍时期的恢复与提倡，由原来的51所增加到571所。这些书院大多具有官办性质，其藏书来源主要是官颁，辅以书院购置和私人捐赠，但终不能与官私藏书相比。清代私人藏书空前兴盛，据统计，清代著名藏书家有497人，几占历代总和的一半，如清初的钱曾、朱彝尊、黄宗羲，康乾时的阮元、黄丕烈、卢文弨等。这些藏书家都是有成就的学者。他们的藏书质量较高，而且由于完善藏书，相应地发展了版本、校勘和目录等方面的专学。这些具有颇深学术造诣的藏书家对图书典藏、保护和传播文化都做了卓越的贡献。

从六分到四分

一个历史悠久，文化遗产丰富的国家，随着文献积累层的增厚，势必不能容许其杂乱堆积而无法区别和检用，那就如同军队的士兵如果不以师旅团营的层次加以编组，便成为散兵游勇，无法统驭而丧失战斗力。所以文献需要类分，有了分类就可以按照门类去查找所需文献，以探求其中的宝藏。

中国是最早实现文献分类的国家，公元前一世纪，汉代著名学者刘向父子就正式着手图书文献的分类工作。但在这以前分类思想和学术分类都早已出现：我国最早的文献汇编《尚书》中就有典、谟、诰、誓等不同体裁的类别。古代的礼、乐、射、御、书、数是六种不同学科的分类。《左传》中记楚庄王赞扬左史倚相掌握三坟、五典、八索、九丘的知识，似已是指图书分类了。孔子对弟子的教育分为德行、言语、政事、文学四科分类，这又是一种学科分类。战国时期，诸子百家，纷起争鸣，各成流派，学术分类更盛，孟轲把当时的主要学术流派分为儒、墨、杨三家。《庄子·天下篇》分天下学术为七派。荀况不仅在《非十二子》、《天论》和《解蔽》等篇著作中介绍了不同的学术流派，而且还提出了“以类行杂，以一行万”和“同则同之，异则异之”的分类原则。这一见解说明了对于大量杂乱的东西只能按类加以编次，把相同的归在一类，不相同的按类分开，明白地表述了分类的意义和方法。学术分类和分类思想的出现和比较成熟，对传递、保存和利用文化遗产有重要作用，而由于它的影响使中国成为世界上第一个正式进行图书分类的国家。

根据历史记载，汉朝开始正式由政府主持征集图书工作。公元前 206 年 10 月，刘邦率领部队进入咸阳，萧何就注意搜集秦政府的“律令、图书”，不久，又广泛号召“献书”，大量的图书向政府集中。为了当时军事上的需要，就派萧何、韩信“序次兵法”，把搜集到的 182 家，取其精华和有实用价值的，编定为 35 家，使上古的军事文献得到了整理。第二次是汉武帝元朔五年（前 124 年），因为检阅国家收藏的图书文献，发现了“书缺简脱”的严重现象而开展了全国范围的征集与整理工作，结果收到了“书积如丘山”的良好效果。有一位名叫杨仆的军事方面官员从中整理了军事文献，编成一部军事文献类编《兵录》。第三次在成帝河平三年（公元前 26 年），当时由于国家典藏制度不够完善，图书散亡很多，于是一面派专人到全国各地征求，一面组织以学者刘向为首的学术力量整理国家所收藏的图书。经过 20 多年的努力，终于产生了世界上最早的综合性分类图书目录——《别录》和《七略》。

《别录》和《七略》是把古代的分类思想运用于图书整理，提出了世界上最早的分类法，这对中国把珍贵的文化遗产能有秩序地管理，代代相传和发挥它的社会效力不断产生着深远的影响。这一开拓性的活动在中国文化史，甚至世界文化史上都占有光辉的地位。

《别录》的撰者刘向出生于汉昭帝元凤四年（前 77 年），约卒于成帝绥和元二年间（前 7 年）。他在汉宣帝时已是以“名儒俊材”被选拔到皇帝左右的知名学者。成帝河平三年（前 26 年）他受命领导整理国家藏书的工作。刘向的这项工作是对当时重要文化典籍进行了一次总结性的大整理，清理了汉朝政府开国 200 年来的文化积累。刘向采取了专才校书和分类进行的整理办法。他按照图书内容和性质分成六艺、诸子、诗赋、兵书、数术和方技六个组，分别由专门人才主持。刘向亲自在主持他所熟悉的六艺、诸子、诗赋三个组的工作，步兵校尉任宏主持兵书，太史令尹咸主持数术，侍医李柱国主持方技。这既发挥了专门人才的专长，又自然地形成了中国典籍的最早分类。刘向为了使所整理的图书便于皇帝审阅，又创制了为各书撰写提要的形式。这是介绍、推荐和流传文化遗产的开创性工作，成为中国古典目录的主要形式之一。这些提要，先言篇目次弟，次言各种不同传抄简书相互校雠的经过和成果，最后叙述作者生平行事和著书的主旨。选用专才整理图书和创制提要目录是刘向对中国文化遗产的整理和传递的重要贡献。

刘向把所写提要的正本随着整理好的图书送呈皇帝外，自己另外抄留一份，当时人也纷纷传抄，这些别行的提要汇集起来，便被称为《别录》，以区别于送呈的正录。《别录》在唐末五代时佚亡，现仅存辑佚文几篇。

刘向勤勤恳恳工作了 19 年，在即将完成全部宏伟事业时辞世而去。他的未完成事业就由他的儿子和第一助手刘歆奉命继承。

刘歆大约生于汉宣帝甘露年间，卒于更始时（约前 53～公元 23 年）。刘歆是一位青年学者，曾协助父亲做了大量图书整理工作。刘向死后，他把总结整理图书成果，建立系统分类目录的重任担当起来，在已有的成果基础上，用了大约两年的时间，撰成了中国第一部系统分类目录——《七略》。《七略》使国家的藏书有所统纪，西汉以前的学术流派和科学文化水平也得到了应有的反映。

《七略》包括六艺、诸子、诗赋、兵书、数术、方技等六略和六略前的《辑略》。《辑略》是全书的总录，包括总序和各略的序，主要说明各类图书内容和学术流派。其余六略则是分为六大类著录图书的目录，这就是中国图书分类中最早出现的分类体系——六分法，比西方国家出现图书分类法要早千余年。

《七略》是以《别录》的提要为依据而迅速成书的。它在六略之下分种，下有家，家下著录图书。全书除《辑略》外，共分 6 略（大类）、83 种（小类）、603 家，共有书 13219 卷。《七略》的重大贡献是把中国古代的分类思想具体地运用于整理图书，使西汉末年以前的重要典籍得到了比较系统的整理和著录。这对古代文化的保存与传递起到了重大作用。

可惜《别录》与《七略》在唐末五代动乱时期都已亡佚，使后世难以见到这两项重要文化成就。但是，它们对后世的影响却是不容漠视的。东汉初期的著名学者班固便是在刘向父子事业的影响下，对中国文化事业做出了重要的贡献。

班固生于东汉光武帝建武二年，卒于和帝永元四年（公元 32～92 年），字孟坚，今陕西咸阳人。班固是东汉初年著名的史学家和文学家。他的伯祖班斿曾是刘向整理文献工作的参与者和助手，曾向他讲述过刘向的事迹，对其影响很大。他的父亲班彪是位史学家，创编了中国第一部断代史——《汉书》。班固在继承父业完成《汉书》编撰工作中，就极力推崇刘向，把刘向列为“博物洽闻，通达古今，其言有补于世”的少数几位人物中；他还借用刘向的历史评论来论赞贾谊、董仲舒和司马迁等人。尤其是他把《七略》进行了剪裁和编次，编进他所撰的《汉书》中，特立了一《艺文志》，开创了史书中收列图书目录的先例，形成了史志目录的新体制。

《汉书·艺文志》有一篇文字并不长的总序，但这篇总序却概述了汉前学术概况、汉初至成帝时图书的收集整理事业、刘向父子的成就以及《汉书·艺文志》的编成等，几乎可以看作是汉前的学术大纲。全志仍按刘向父子所创的六分法，分为六艺、诸子、诗赋、兵书、数术和方技等六略，略下分38种，596家，13269卷。原《辑略》内容散入各类。

由于《七略》自唐以后亡佚，所以《汉书·艺文志》成为查考古代文献记载的惟一文字依据，它不仅使后世能通过它了解古代文化学术基本面貌，还可以见到古籍的存亡流传。

魏晋以来，中国文化有了明显的发展和丰富，它不仅有外来佛经的传译，还出现了五言诗、乐府诗、文学批评著作、起居注、地方志和氏族谱等等表现中国文化成就的各种体裁，图书数量随之增多，于是相应地需要改革旧有的整理著录方式。曹魏学者郑默是继刘向父子以后正式为国家藏书进行整理的重要人物。他编写的一部国家藏书目录《中经》，虽然久已亡佚，但从其他文献记载推测，郑默可能采用了四部分类的方法，把汉代的六分法改变为四分法。西晋时学者荀勖在郑默《中经》基础上，编写了一部《中经新簿》，即国家藏书的新编目录。它虽然也早已亡佚，但留传后世的记载比较详细，可以知道，荀勖的《中经新簿》用四分法来总括群书：①甲部，纪六艺和小学等书；②乙部，纪古今诸子、兵书、术数；③景部（应作丙部，唐以后因李昞名讳，改称景部），纪史记、旧事、皇览簿、杂事；④丁部，纪诗赋、图赞和出土竹书。《中经新簿》共收书1885部，20935卷。它所分的四部事实上已是经史子集四大类，不过它的甲乙丙丁编次是经子史集。到了东晋李充编制《晋元帝四部书目》时，虽仍以甲乙丙丁编次，但所纪各书已按经史子集排序。它已正式确定了四分法，只不过没有用经史子集来标类名而已。

南北朝时，南朝各代比较注重，但政府在整理图书上没有什么建树，却出现了两位私家目录的学者——王俭与阮孝绪。他们创用了七分法，撰写了《七志》与《七录》。

王俭是南朝刘宋的贵戚，字仲宝，今山东临沂人。他曾要求整理国家藏书，终于在刘宋后废帝时完成了《宋元徽元年四部书目》。与此同时还编了第一部私家目录《七志》。《七志》分七大类：经典志、诸子志、文翰志、军书志、阴阳志、术艺志和图谱志。从这一分类看，《七志》在分类上是有意改变魏晋以来的四分法，而标榜继承刘歆《七略》的传统。实际上意义并不大，一是刘歆的《七略》除了前面总序汇编的《辑略》外，只有六类，是六分法，王俭《七志》的七分是对《七略》分类的误解；二是《七志》的类名仅仅是《七略》的改头换面。试比照如次：

《七略》	《七志》
六艺略	经典志
诸子略	诸子志
诗赋略	文翰志
兵书略	军书志
数术略	阴阳志
方技技	术艺志

《七志》的撰者为了凑足“七”这一数字，又把本可按类分入各书的“图”单立一《图谱志》，以足《七志》之数，却又离开了《七略》的传统，而自创了七分法。

另一使用七分法的是南梁阮孝绪的《七录》。阮孝绪字士宗，河南尉氏人。他不像以前刘向父子和王俭等人那样。刘向等人有较高的政治地位，有权阅览国家藏书，又有助手帮助；而阮孝绪则是一位普通学者，缺乏许多必要的物质条件，所以他采取了利用别人成果加以总结继承的著述方法。他参酌刘歆《七略》和王俭《七志》而自定编纂条例，根据一些私人藏书目录与国家书目互校，汇集补正，编成《七录》一书。

《七录》分为内外篇：内篇有《经典录》、《纪传录》、《子兵录》、《文集录》和《术技录》等五录；外篇有《佛法录》和《仙道录》二录。全书有55部，6288种，8547帙，44526卷。《七录》是当时收书比较完备的一部综合性目录，每书都介绍了作者事迹和图书流传情况。《七录》序中较详细地说明它的七分和类名的确定，都是经过比较研究的，事实上它确比王俭《七志》的分类立名合理，如从当时史学文献数量的现实出发，他把史籍从附庸地位提到独立部类上来，专立一《纪传录》；又如在七大类下又分细类，对后世的分类有重要影响。《七录》应该是七分法的代表作，原书已亡，所幸后世尚流传《七录序》和所附的《古今书最》，使后人不仅得知《七录》的基本概况，而且还对梁以前的文献存佚情况略得轮廓。

在阮孝绪撰写《七录》时，有一位名刘杳的文献学家也写了一部《古今四部书目》草稿，当他得知阮孝绪已着手编撰《七录》时，就毫不犹豫地把自己抄集的资料和所编草稿全部赠予阮孝绪以助成《七录》。刘杳这种不隐秘所得，成人之美的情操表现一位学者的弘阔胸襟，可惜许多有关著述不加论及，致使刘杳其人其事不显于世。

约与《七录》同时，梁天监四年（公元505年）编成了一部国家书目，名曰《梁天监四年文德正御四部及术数书目录》，收书2968帙，23106卷。这部书实际上采用了五分法，就是把术数一类从四部书中抽出来成为独立部类。这部术数书目录是由数学家祖暅（gěng）所编的一部专目。这种五分法一直未被采用，直到清末，张之洞编《书目答问》曾一度采用五分法，那是在经史子集以外，又适应现实情况而增立一丛书类。

唐继隋后，出现了统一稳定的局面，社会经济有所恢复，文化事业得到相应的发展。这时出现了一部继《汉书·艺文志》之后的史志目录——《隋书·经籍志》。

《隋书·经籍志》按经史子集四部分类。四分法虽始于魏晋，但正式以经史子集为类名，而流传至今的，当以《隋书·经籍志》为最早。《隋书·经籍志》分经史子集四部，部下分40细类，计经部10类、史部13类、子部14类、集部3类，合40类，各类都有名称。另附道、佛二部，计道经4类、佛经11类，共合为6部、55类。但道、佛二部有类无书，仅记总的部卷数而无具体书目，与前四部编制方法有所不同，因此，《隋书·经籍志》是一部四分法的目录。四分法至《隋书·经籍志》而地位确定，其排次顺序及类名也都为后世所遵循，清朝学者王鸣盛曾称道它的影响说："唐宋以下为目者，皆不能违。"四分法影响后世最巨者莫过于清朝的《四库全书总目》。

《四库全书总目》是清乾隆朝纂辑《四库全书》时的相应成果。当时对采入或未采入《四库全书》的各书都撰有提要，所以在乾隆五十四年《四库全书》纂成时，《总目》也随之完成。《总目》的编者都是当时第一流学者，如经部是戴震、史部是邵晋涵、子部是周永年，集部是纪昀，而由纪昀总其成。所以这部著作成为一部篇帙巨大、体例较备、内容丰富和具有一定学术价值而为前所未有的名著。它按四部分类，计经部10类、史部5类、子部14类、集部5类。共收书3461种、79309卷，存目6793种、93551卷。各部有总序、各类有小序、各书有提要，对18世纪以前中国的学术文化进行了一项总结性的工作，使四分法的地位益形巩固。直至目前，四分依然作为古籍整理分类的基本方法，而经史子集的名称，成为人们对古籍的普遍称呼而广泛使用。

唐宋以来，四分法一直被沿用，虽间或有所改动，如宋人陈振孙所撰《直斋书录解题》直接划分为细类，而不标四部名目，但细审其各细类编次仍以四部先后为次。清人孙星衍所撰《孙氏祠堂书目》虽去掉四部大类，直接分为十二类，但细究其顺序也不过是四部的分化而已。上一世纪70年代后期制订的《中国古籍善本书总目》的分类表中也只是在四部之外增加丛书一部，合五部500类。

因此，四分法一直是对古代文献进行分类编目的主要方法。

从六分到四分，中间又有五分与七分以及其他大同小异的分类方法，虽各有不同的时代地位，影响也有所轻重；但是正是由于有这些分类的方法才使得中国的丰富文化遗产得到有次序的编排，易于典藏，便于检索，使中国文化代代相传，绵延不绝。

流通与传播

文化知识和人类思想的传播主要依靠图书的流通。而流通手段正是图书别于档案的重要条件。早在春秋时代，国家藏书曾有范围地开放，所以孔子可以到周的国家藏书处所去搜求关于“礼”和编写《春秋》的资料。进入战国时期，图书开始流传于民间，如韩国的韩非著书10余万字，但很快流传到秦，使秦始皇得以了解到韩非的才能。正是由于图书的流通与传播，活跃了当时的学术思想，从而形成了各种学术流派。百家争鸣局面的出现与此也不是毫无关系的。秦简之在云梦发现证明简书的流通。汉初的许多学者如贾谊、司马相如、疏广、扬雄等都是博览群书的饱学之士。他们不仅读自己的藏书，也可能向他人借书读，因此图书在士人们之间流通；有些经学大师，还利用自己的藏书传播经学，培养了许多经学家。东汉时，图书已经成为在市肆流通的商品，当时有位大思想家王充，曾撰写过《论衡》一书，是中国哲学思想的珍贵遗产。他年少时家贫无书，经常流连在洛阳的书肆中，阅读书肆中所卖的书，由于资质聪明，一读就能记忆，终于“博通众流百家之言”，成为大学问家。另一位史学家荀悦，曾撰写史学名著《汉纪》，也是家贫无书，依靠诵读书肆中简书而成才。图书通过书肆这一流通渠道，传播文化，并培养了人才。这可能是书肆主人始料所未及的。

当时图书的流通主要靠抄写，所以社会就出现了专门以抄写为业的佣书人，如著名外交家班超少时家贫，于是为官方抄书得钱养家，后来感到抄书厌烦，便丢弃佣书工作，参加通西域的工作，为后世留下了“投笔从戎”的故事。

魏晋南北朝时，图书量大增，学术思想也比较活跃，各种文化都有发展，迫切需要流通，加以晋以后，纸写书盛行，图书流通更有条件，抄书成为一种图书流通、文化传播的主要手段，佣书也成为一种专门行业。许多人在佣书过程中，又读了书，终于造就成博览群书的学者，如三国时吴国的阚泽就是通过抄书工作而“究览群籍，兼通历数”；东晋的和尚僧肇早年因佣书而“历观经史，备尽文籍”，后来成为名僧鸠摩罗什翻译佛经的主要参与者。有的人一生从事佣书，并以自己的劳动，使家道中兴，如北朝的刘芳家中困窘，但工于书法，便为人抄书换钱，后来为和尚写经论，一年可收八百余匹缣帛。或者专做书贩，如南梁傅昭 11 岁时便随外祖父到南京去卖日历。无论佣书或贩书都对当时图书的流通和文化的传播做出了贡献。

除了国内流通、传播外，魏晋以来还发展了对国外的交流，如三国时孙吴曾派康泰、朱应出使扶南（今柬埔寨），经历和听到了百多个国家的情况，于是康泰著《外国传》、朱异著《扶南异物志》，把海外见闻传播到国内。当时这种情况不少，《隋书·经籍志》中著录了记载外国史地情况的著述有几十种。当时中国书籍也有不少传到日本和朝鲜，如西晋时，《论语》就传到日本。南北朝时，中国文化典籍如《五经》、《千字文》等都由朝鲜传往日本，对日本封建文化的发展产生了相当大的影响。与朝鲜的交往更为频繁：宋元嘉二十七年（公元 450 年），宋文帝应朝鲜半岛的百济王请求，赠送了《易林》等图书；梁大同七年（公元 541 年）又应百济王之请，派“三礼”学者陆诩前往讲学。中国的“五经”、“三史”和《三国志》等书都陆续传入朝鲜，朝鲜许多人都能诵读讲解，也有人能用汉字写作。佛经的求取和翻译活动促进了魏晋南北朝时期的中外文化交流。那一时期从印巴次大陆来中国从事佛经翻译的僧徒有70多人，他们的活动直接促进了佛教文化的传播，丰富了中国图书的内容。同时，中国僧徒也不畏艰险西行取经求法，史传记载有89人。曹魏的朱士行是第一位去西域取经的僧人。他在魏甘露五年（公元260年），从雍州（陕西长安西北）出发，越过沙漠，到新疆的和田，求得梵文本的《放光般若经》90章，60余万字，派弟子送经回洛阳译出，比原在中土流行的《般若经》补充甚多，他留在西域直至80高龄才病故。另一位杰出代表是东晋的释法显，法显俗姓龚，今山西襄邱人。少时出家为僧，对佛经很有研究，他感到当时佛经的律藏传译不全，决心去天竺取经。他于后秦弘治二年（公元399年），从长安出发，西渡流沙，越过葱岭，经过6年的艰苦跋涉，终于到达中天竺夏多王朝的都城巴连弗邑（今印度巴特那）。当时的巴连弗是五天竺的政治、经济、文化中心。法显在那里住了3年，学习梵书、梵语，并撰写佛律，又搜求到经、律、论六部。后来，他又到经瞻波国和师子国各住了两年，于东晋义熙八年（公元412年）回到今山东省青岛崂山，以后到建康（今南京）专门从事译经和写作。法显西行历时16年，游历30余国，带回许多经律，并翻译了一部分。此外，他还写了著名的《佛国记》（一作《法显传》），记述了旅途见闻，是研究古代中亚、印度和南海各地的地理风俗和宗教情况的重要资料。《佛国记》已被译成英、法等国文字。在20世纪初，敦煌莫高窟发现一大批魏晋至唐的纸写古卷轴本图书，有佛经、经史子集和文书契约等，有汉文和古代少数民族文字，甚至还有中亚、西亚、南亚和欧洲文字。1907年，斯坦因在敦煌附近长城古烽燧遗址中发现9封粟特文书信。粟特文是居住在我国西北和苏联中亚一带粟特人所使用的文字。从这些例子可以想见魏晋南北朝时期中外文化交流的活跃情况。

前秦建元八年（公元 372 年），苻坚派使臣和僧人送佛经和经论到高勾丽，高勾丽便兴建寺院，成为朝鲜佛教的开始。陈天嘉六年（公元 565 年），陈文帝派使送佛经 1700 多卷到新罗。这些文化交流促进了与友邻国家的睦邻关系。

唐朝由于雕版印刷术的发明，对图书的流通和文化的传播更创造了良好的物质条件，特别为民间日常生活的需要提供方便，如历书、字书、小学和一些民间通俗读物也在江南、四川一带刊印流通。穆宗时，元稹和白居易的诗作被单篇刊印，流传街头；文宗时，由于民间印行日历，数量很大，迫使文宗不得不下令禁止私印日历流通。唐朝中外图书的交流也很繁盛，首都长安是当时对外经济、文化交流的中心，也是外国使臣、商人、学者、僧侣和留学生麇集的国际性城市。他们带来各国的文化，带走大批书籍，将灿烂的唐文化通过图书的流通而传播四方。当时的交流对象是日本、朝鲜、印度等国。日本在公元 7 至 9 世纪间与中国交往最频繁。在唐一代，日本正式派出的遣唐使团多达 13 次，每次不少于百人。每次回国，都带走大批图书。到 9 世纪末，日本所藏汉文图书已达 1979 部，16000 余卷。其中科技著作达 3000 余卷：有《周髀》、《九经》等数学书，《日月食晕占》、《天宫星占》等天文学书，《素问》、《难经》、《脉经》、《黄帝针经》和《神农本草》等医药书。这些图书的传播对日本科技发展具有重要作用。唐代的诗歌，特别是平易浅显的白居易诗作更为日人所欢迎，有《白氏文集》70 卷和《白氏长庆集》29 卷。大部头的类书如《华林遍略》、《修文御览》和《艺文类聚》和一些礼书、乐书等都流传到日本。朝鲜一直是中国文化外传的主要渠道，对中国文化也重视，如唐朝的文学家张鹭（zhuó）的文章就很受朝鲜等国的欣赏，朝鲜每次派使者来中国，都用重金购卖张鹭的文章；白居易的诗篇也在朝鲜广泛流传。中印文化交流，高僧玄奘和义净的贡献尤大。玄奘在太宗贞观初年赴印度从高僧求学，于贞观十九年（公元 645 年）回国，带回数量众多的佛教经典进行翻译，所撰《大唐西域记》记录了中亚、阿富汗、印度和巴基斯坦等100多个国家的历史、地理、风土人情等，是一部介绍域外情况的宝贵的文献资料。义净于高宗咸亨二年（公元671年）由广州海路赴印度，先后游历30余国，逾25年，于武后时回国，带回佛经400部，推动了中印文化的交流，他还编写了《大唐西域求法高僧传》，介绍印度和东南亚地区国家的宗教、文化以及中国入印僧人的事迹。此外，唐朝各个时期与尼泊尔、斯里兰卡和阿拉伯等国都进行了不同程度的图书交流，起到了互相传播文化的作用。

五代十国虽然各国政权分立，更迭频繁，但对图书的流通和文化的传播仍有所注意。其卓著成绩的是从后唐长兴三年开始，中经后晋、后汉，至后周广顺三年，历经四朝二十一年（公元932～953年）而刊成的监本“九经”。原来，汉唐两代为了统一儒家经典文字而立熹平石经和开成石经，供学子校正。但石经难以移动，不具备图书的流通特征，镌刻又耗资费工，各地士人集中一地校正又造成种种困难。监本“九经”之刊印，不仅是儒家经典合刊的开端，而且还使后来的历代封建政府，都把确立国家标准本的任务，由过去的石经转而赋予国家出版的监本或殿本去完成。这在传播文化方面有着划时代的意义。当时有些高官也都乐于从事流通传播文化的活动，如石晋宰相和凝，擅长短歌艳曲，自己写刻印行流行；后蜀宰相毋昭裔少年时代借书受辱，得意后自行出资刻印《文选》、《初学记》和《白孔六帖》，这是私人刻书之始。他们凭借权势所进行的这些活动，在增加图书流通量和扩大文化传播方面还是有贡献的。

宋朝的国家藏书与私人藏书都按一定读者范围开放流通，如政府藏书或宫廷藏书，对高级官僚开放；如工作需要，还可以供一般官员查阅资料，著名科技史家沈括在使辽时，为外交谈判做准备，曾详细查阅了有关宋辽边疆地带的历史文献。这些馆阁藏书还专门有外供书库，建立借阅制度，设置专职人员。地方州学藏书也允许外借，因为有的藏书还印有“关借官书，常加爱护”的字样。私人藏书更是广为流通，著名藏书家宋敏求藏书量大质高，所以喜读书的人就在宋府附近租屋居住以便借书，以致宋府附近的房价高涨一倍。宋朝对周边少数民族政权采取文化封锁，严格限制图书出口，但事实上禁而不止，因为当时辽以十倍高价收买图书，因此汉文图书大量输出，传播了汉族文明。辽也与宋采取同样的封锁政策，规定了文字出境处死刑的峻法，但也不能奏效，如辽的著名图书《龙龛手鉴》便流传在宋朝。西夏收藏的汉文图书很丰富，其中多来自宋朝，宋仁宗嘉祐七年（公元 1062 年），西夏曾准备用 50 匹马的代价，求取宋太宗御制诗章草隶书石本和监本“九经”、《册府元龟》、《唐书》等。次年，宋赠西夏“九经”、《孟子正义》和一些医书，而谢却换书的马匹。宋夏关系断绝，西夏转而通过金来搜求汉籍。西夏得到汉籍后，有计划地翻译为西夏文字，如《孝经》、《尔雅》、《四言杂字》和一些经子书籍都有西夏文刊本。其大规模的译书活动是组织对由宋朝赠送的《大藏经》进行西夏文的传译，共译成西夏藏经 3620 余卷，传播佛教文化。西夏为了更好地传播汉文字，就是以汉文注为依据，自行编写汉籍的注释，同时在西夏仁宗乾祐二十一年（公元 1190 年）编成《蕃汉合时掌中珠》作为汉夏、夏汉的对译字典，在夏字旁注汉字读音和释义，在汉字旁注夏字对音、译语，两两对照，极便检阅，对沟通民族间的文化交流有着重要作用。金的图书多来自辽宋。金世宗曾在宏文院设译经所来翻译汉籍。世宗、章宗两朝传译了大量汉籍，如《易》、《书》、《论语》、《孟子》、《老子》、《新唐书》、《唐宋著名文集》、《贞观政要》等多种，使汉文化得到了广泛的传播。宋金图书还可以互相流通，如宋遣使到金的礼物中就赠送过司马光的《资治通鉴》，金的图书也见于宋金互市的市场上。元朝也有大量的译书活动，不仅译汉籍《通鉴》、《贞观政要》和佛经等，而且还将蒙古著作《圣武开天纪》、

《太宗平金始末》等译汉；不仅以蒙译汉，而且还以畏吾儿等多种文字译书。其文种之繁、数量之多、范围之广都超越辽夏金诸朝。辽夏金元的传译汉籍和与宋的图书交流对增强各民族文化的融合和发展中华民族统一文化都有重要的作用。

明朝由于刻书业的兴盛，相应而起的则是图书市场的发达，许多政治、经济、文化中心都形成书市，如北京、南京、苏州、杭州等地都有专门书市和专业人员，使图书通过商品流通的途径，供应人们的文化需求。国家藏书除政府藏书比较严格控制外，国子监和地方州县学的藏书都允许士子借阅，但不准外借。私人藏书有一部分人什袭珍藏，不轻易示人，如金华藏书家虞守愚在他的藏书楼门口牌示“楼不延客，书不借人”。著名的天一阁订立严格禁约，不许外人借阅，甚至家中妇女也不许登楼阅读。有的人虽然允许借阅，但条件极严，如祁承爜的澹生堂规定本家子孙只能在藏书室阅读，不能带回住处，亲友只能借阅副本，等等。但是也有思想开放的，如江阴李鹗翀（chōng）主张天下好书，当与天下读书人共之，并且对外借阅做到“朝发夕至”，使图书流通，产生传播文化的效能。明朝的翻译西书是中外交流文化的一项重要活动。明代后期以利玛窦为代表的耶稣会士为了传播天主教义，带到中国一些哲学和自然科学的书，不仅通过自己学习汉语进行翻译，还与中国士大夫如徐光启等人合作译书，使西方文化传入中国，如利玛窦与李之藻合译的《同文算指》是介绍欧洲笔算的第一部著作，对后来的算术有很大的影响；汤若望译作《远镜说》是传入西方光学的第一部书；艾儒略等所译《职方外记》介绍了五大洲各国的风土民情、气候、名胜等；邓玉函译《泰西人身说概》是西方人体学传入中国的开始。外国传教士先后持续近60年的译书活动，虽然内容比较陈旧，但这是中国与西方文化融合吸收的开端，传入的西方哲学和自然科学知识颇有可借鉴和参考之处。明代的外交活动比较频繁，图书输出外国甚多。当时中国在世界上，特别是亚洲各国中，其物质文明与精神文明都很为这些国家所羡慕，他们把输入图书作为吸取中国文化的重要途径，而明朝政府则借图书输出以扩大政治影响。明政府在遣使出国时往往带去明朝历书《大统历》，给予臣服于明或明朝准备使之臣服的国家。安南、日本、爪哇都得到过这种赠书。外国使臣来访，回国时往往受赐一些书籍，如洪武二年赐朝鲜使臣以《六经》、《四书》和《通鉴》等，永乐二年赐暹罗（今泰国）使臣《列女传》百册。永乐五六年曾把成祖徐后所撰《劝善》、《内训》各百册赐给日本使臣带回去。那些跟随使臣来的商人、僧侣也都赐买一些图书带回国。明朝图书的大量输出，使明朝的先进文化传向国外，对传入国社会生活和科学文化的提高起了积极的推动作用。这是中外文化交流值得重视的事迹。

清朝前期，市场买卖是图书流通的主要方式。私人藏书的出借和传抄，朝廷的颁赐，南三阁《四库全书》对士子的开放，对图书的流通也起了补充作用。清朝前期南北两京和苏杭二州依然是图书交易中心。其中尤以北京的琉璃厂书肆最为繁盛。琉璃厂在清初便是一个繁华集市，许多书贾要在此设摊卖书。康熙以后，迅速发展到有几十家书坊。乾隆时纂修《四库全书》，刺激了各地书商纷纷进京设肆售书，所经营的图书多是有价值的罕见本、精刊本和名人手稿；有些学者多来访求需用的图书，有的甚至在琉璃厂赁屋居住以便就近得书。如王士祯、孙星衍、黄丕烈等都在琉璃厂附近居住过。近300年来琉璃厂成为流通图书，传播文化的中心而驰名全国。在市场买卖以外，私人藏书家间常以互相借阅、借抄来流通图书，清初藏书家黄宗羲读完家藏的万卷书后，曾向许多著名藏书家借抄图书，借书对象有黄丕烈的千顷堂、钱谦益的绛云楼、范钦的天一阁、徐乾学的传是楼等多家。乾嘉以后，藏书家彼此有无相易，互相抄补已成一时风气。这不仅加强了图书流通，也增加了各家的藏书量。清代后期，中国社会进入了半殖民地半封建时期，由于西方和日本的思想文化的传入，图书也相应输入，除了外国人进行译书外，一部分接受西方知识和思想的维新知识分子也纷纷投身于译书与介绍活动中，加速了东西方文化和中国的交流。有的私人藏书家逐渐开放藏书，甚至出现浙江绍兴古越藏书楼的公开借阅，服务社会的趋向，原有的以藏为主的藏书楼逐渐向藏用结合的图书馆模式发展。图书的流通日益通畅，而文化的传播更加活跃，对整个社会的发展起了推动作用。